Aprile 2012

... che mi sia d'esempio...

Mai arriverò a tali livelli

ma sicuramente lo pren

come insegnamento

come "imitazione" de

J

# PARAMHANSA YOGANANDA

*Una biografia*

*Traduzione di*
*Sahaja Mascia Ellero*

*Revisione editoriale di*
*Fabio Arrivas*

Ananda Edizioni

# PARAMHANSA YOGANANDA

*Una biografia*

CON RIFLESSIONI E
RICORDI PERSONALI

swami KRIYANANDA

Questa foto, che cattura tutta la dolcezza di Yogananda, è stata scattata il 7 marzo 1952, pochi attimi prima del suo *mahasamadhi* (l'uscita finale e consapevole di un grande yogi dal proprio corpo).

# Indice

# Prefazione

di D.R. Kaarthikeyan
*già direttore di CBI e National Human Rights Commission, India*

L'*Autobiografia di uno yogi* è la più famosa autobiografia di ogni tempo. È stata scritta da uno dei grandi e rari maestri spirituali che appaiono di tanto in tanto per benedire la nostra Terra. Questa biografia di Paramhansa Yogananda, scritta dal suo amato discepolo, ha la possibilità di diventare ugualmente popolare.

È appropriato che questa biografia sia stata scritta dal celebre discepolo diretto del maestro, Swami Kriyananda. Egli incontrò il suo Maestro nel 1948, dopo aver letto *Autobiografia di uno yogi*, e ha continuato a essere suo fedele discepolo per oltre sessant'anni.

Questo libro nasce da una conoscenza di prima mano. Non è, come spiega l'autore stesso, un'agiografia; in altre parole, contiene solidi fatti, non lodi altisonanti. Ogni capitolo, anzi, ogni pagina, lo rende una lettura coinvolgente. Il lettore ha l'impressione di essere seduto insieme a Swami Kriyananda e di ascoltarlo raccontare le sue esperienze personali in modo del tutto naturale.

In un capitolo insolito, il diciassettesimo, Swami Kriyananda descrive meravigliosamente le caratteristiche e le qualità salienti del suo Maestro, citando molti episodi della sua vita. Come dice lo stesso Kriyananda: «Un motivo per cui ho scritto questo libro su Yogananda è per presentare nella giusta luce il più grande uomo che io abbia mai conosciuto, e conosciuto bene (per lo meno esteriormente), nella mia vita.

Raccomando di cuore questo libro a tutti i lettori. Oltre a ciò, non posso che citare alcuni brani dal libro stesso:

«Il Maestro si preoccupava per l'elevazione dell'umanità ... Un'altra cosa che osservai in lui era la sua visione della vita sempre permeata di beatitudine ... Egli non desiderava nulla dagli altri, se non la loro felicità suprema».

«Il mio guru, come *avatar*, doveva svolgere un'opera sia qualitativa che quantitativa. Notando il mio ardente desiderio di portare tutti gli uomini a Dio, egli mi assegnò anche questo tipo di attività, in aggiunta alle mie meditazioni. "Il tuo dovere in questa vita" mi disse "sarà un'intensa attività, e la meditazione". Non potei fare a meno di notare che aveva messo al primo posto l'attività, prima ancora della meditazione».

«Verso la fine della sua vita, il Maestro disse a un gruppo di noi monaci: «Rispettatevi l'un l'altro come rispettate me».

«Le persone sono una parte importante di qualunque vita di servizio spirituale. Il nostro primo dovere è di amarle e rispettarle, come immagini di Dio».

«Grazie alla sua vita, il mondo diventerà un posto migliore».

In breve, sono convinto che questo libro, fra gli oltre 140 scritti da Swami Kriyananda, sarà accolto con entusiasmo in tutto il mondo.

# PARAMHANSA YOGANANDA

*Una biografia*

# Introduzione

Perché una biografia di Paramhansa Yogananda, quando lui stesso ha scritto un resoconto della sua vita, già famoso in tutto il mondo, nell'*Autobiografia di uno yogi*? La risposta, semplicemente, è che egli scrisse il suo libro con un tale spirito di umiltà che il lettore può dedurre la grandezza spirituale dell'autore solo dal suo perfetto atteggiamento in ogni situazione. Io stesso lessi l'*Autobiografia di uno yogi* nel 1948, e fui travolto da quella perfezione al punto che presi il primo pullman che attraversava il Paese, da New York a Los Angeles. A quell'epoca avevo già iniziato a cercare Dio, quasi disperatamente. Le prime parole che rivolsi a Yogananda quando ci incontrammo furono: «Voglio essere vostro discepolo». Mi accettò durante quello stesso incontro, ed ebbi la benedizione di vivere con lui come suo discepolo intimo per gli ultimi tre anni e mezzo della sua vita.

Questo libro sarà un'agiografia (la biografia di un santo, spesso espressa in termini idealizzanti o di devota ammirazione)? Dipende. Farò tutto il possibile per condividere con il lettore la reale grandezza che scorgevo nel mio guru. Tuttavia, se per te *agiografia* significa un'opera colma di lodi ossequiose, di aggettivi ridondanti e di numerose leggende che apparterrebbero più propriamente alla categoria del mito, allora quest'opera non sarà certamente tale. Condividerò con te ciò che so, ciò che ho udito dalle labbra del Maestro (sì, egli era davvero un maestro spirituale, e lui stesso non usava mai quella parola con leggerezza), quello che ho vissuto insieme a lui e quello in cui credo sinceramente, per averlo sentito raccontare da altri che gli erano vicini e le cui parole erano, a mio avviso, attendibili.

Il vantaggio di questo libro è che sarà scritto sulla base di una conoscenza di prima mano. Io non sono uno storico, anche se, senza dubbio, i veri storici entreranno in scena prima o poi, quando la portata universale della vita di Yogananda sarà universalmente riconosciuta. Questo libro non presenterà la prospettiva dello storico, ma sarà molto più intimo di qualunque cosa uno studioso potrebbe offrire.

Sono sinceramente convinto che la vita di Yogananda avrà un impatto considerevole sul mondo, anzi, credo che cambierà il corso stesso della Storia. Mi auguro che alla fine del mio racconto ti avrò persuaso che possiedo per lo meno dei validi motivi per questa mia convinzione.

Non ripeterò in questo libro le storie che compaiono nell'*Autobiografia di uno yogi*, anche se farò riferimento ad alcune di esse. Le ometto perché l'incantevole grazia usata da Yogananda nel narrarle merita di rimanere ineguagliata: raccontarle nuovamente significherebbe fare loro un'ingiustizia. Ci sono molte altre storie, tuttavia, che non hanno mai trovato una collocazione nel suo libro: storie che riguardavano lui stesso, e che egli non desiderava raccontare pubblicamente perché non poteva, e più semplicemente non voleva, parlare di sé in termini elogiativi. In realtà, anche se il suo libro è un'autobiografia, per certi versi parla quasi più di altre persone che di lui; è, soprattutto, una raccolta di memorie relative ad altri.

Lo scopo di quest'opera, dunque, è di renderti partecipe del modo in cui Yogananda era percepito dagli altri, e soprattutto da me. Voglio mostrarti che la vita di Paramhansa Yogananda era molto più di quella di un umile devoto che aveva avuto la buona sorte di incontrare tanti grandi santi e di "inciampare", per così dire, nei più alti livelli della realizzazione spirituale. La verità è che non tutti i devoti, nell'accingersi a percorrere il sentiero spirituale, possono aspettarsi benedizioni simili a quelle esperienze sublimi!

Yogananda era un gigante che torreggiava fra i santi: uno di quei pochi che si manifestano nel corso dei secoli, inviati da Dio con la divina missione di aiutare l'umanità a uscire dalle nebbie dell'illusione, nella chiara luce della comprensione divina. Nella Scrittura indiana più famosa, la *Bhagavad Gita* ("Il canto del Signore"), compare questa affermazione: «O Bharata (Arjuna)! Ogni qual volta la virtù (il *dharma*, o giusta azione) declina e il vizio (*adharma*, o azione sbagliata) predomina, Io (il Signore Supremo) Mi incarno sulla Terra (come *avatar*, o incarnazione divina). Apparendo di era in era in forma visibile, vengo per distruggere il male e ristabilire la virtù» (IV, 7-8). Potrei aggiungere che non è la prima volta in cui questa grande anima, che conosciamo come Paramhansa Yogananda, è apparsa sulla Terra.

Ripetutamente egli ci disse: «Ho ucciso Yogananda molte vite fa. Nessuno più dimora in questo tempio, tranne Dio». Questi versi di una sua poesia, intitolata "Il nocchiere di Dio" rivelano quanto fosse incredibilmente profonda la sua compassione per l'umanità:

*Tra mille aguzze rocce di dolore*
*coi piedi sanguinanti, io tornerò*
*ancora e ancora milioni di volte*
*se ci sarà bisogno, e ancora,*
*sino a quando anche uno solo*
*dei miei persi fratelli sarà rimasto indietro.*

Quella compassione è ciò che scorgevo nei suoi occhi ogni volta che guardavo profondamente in essi. Non era soltanto un sentimento. Era il modo in cui egli esprimeva la sua anima, mentre si protendeva con sollecitudine verso tutti coloro che si rivolgevano a lui con il desiderio di essere sollevati fino alla libertà suprema, in Dio.

# I suoi primi anni di vita

Il 5 gennaio 1893 un bambino nacque da una coppia bengalese a Gorakhpur, una città nel nord dell'India. Venne chiamato Mukunda Lal. Il suo cognome era Ghosh. Era il secondo di quattro maschi e il quarto di otto figli. Quando ancora era neonato, la madre già sapeva che il destino del figlio sarebbe stato quello di vivere per Dio e di servirLo. Una volta egli mi raccontò che sua madre, un giorno, lo vide parlare con alcune bambine. «Mukunda» gli disse «vieni via. Non fa per te». Lui capì e si allontanò.

Era un bambino dotato di una straordinaria forza di volontà. L'episodio seguente deve essere accaduto quando aveva poco più di due anni. Molto tardi, una sera, egli svegliò la madre dicendo: «Mamma, voglio del *sandesh* (un dolce bengalese)».

«Caro, il negozio è chiuso» gli rispose lei.

«Ma io voglio il *sandesh*! E lo voglio subito!».

«Che cosa dovremmo fare?» chiese la donna al marito.

«Non credo che dovremmo ostacolare la volontà di questo piccolino» rispose lui.

«Non penso che *potremmo* mai farlo!» disse lei.

Marito e moglie uscirono nella notte. Raggiunto il negozio del venditore di dolciumi, lo chiamarono dal suo appartamento al piano di sopra. Brontolando, alla fine l'uomo scese, aprì il negozio e vendette loro qualche pezzo di *sandesh*. Mukunda era soddisfatto, e lo erano anche i suo genitori, che finalmente poterono tornare a dormire! (Dovrei aggiungere che è una pratica comune, in India, permettere ai bambini piccoli, fino all'età di due anni, di averla vinta quando è possibile. La disciplina comincia di solito all'età di tre anni.)

Gorakhpur era la città natale di un saggio conosciuto come Gorakhnath. Il mio guru mi raccontò questa storia su di lui. Gorakhnath, con i suoi poteri yogici, visse fino alla veneranda età di trecento anni. In quel lungo arco di vita, sviluppò tutte le otto *siddhi* (poteri spirituali) menzionate da Patanjali, l'antica e suprema autorità nella scienza dello yoga. Quando Gorakhnath vide che era giunta l'ora di lasciare il corpo, cercò attraverso l'occhio spirituale qualcuno che fosse adatto a ricevere in dono quei poteri. Vide un giovane, seduto in posizione da yogi sulle rive del Gange. Ecco – pensò – un degno destinatario. Gorakhnath si materializzò davanti a lui e dichiarò: «Sono Baba Gorakhnath!». Senza dubbio si aspettava di essere accolto con meraviglia e timore reverenziale.

«Davvero?» chiese il giovane, che non sembrava affatto impressionato. «Che cosa posso fare per te?».

«Mi sono reso conto che è giunta l'ora di lasciare il corpo. Prima di farlo, però, voglio donare a qualcuno che considero degno le otto *siddhi* yogiche che ho sviluppato. Le accetterai?».

Il giovane non disse nulla, ma Gorakhnath gli diede comunque otto palline di fango. «Ho condensato i miei poteri» spiegò «in queste otto palline. Tutto quel che devi fare è tenerle nella mano destra e meditare su ciò che senti emanare da esse. I poteri, allora, diventeranno tuoi».

Il giovane prese le palline nella mano destra, le osservò per un istante e poi chiese: «Sono mie e posso farne ciò che voglio?».

«Certamente» rispose il vecchio saggio. «Te le ho donate. Ora sono tue e puoi farne l'uso che desideri».

Volgendosi verso il fiume, il giovane gettò nelle sue acque tutte e otto le palline, che scomparvero sciogliendosi.

«Che hai fatto!?» urlò il vecchio. «Mi ci sono voluti trecento anni per sviluppare quei poteri!».

Il giovane lo guardò con calma. «Ancora nell'illusione, Gorakhnath?».

Nell'udire quelle parole, il vecchio improvvisamente comprese che, nella sua ricerca dei poteri yogici, aveva dimenticato Dio. Offrendosi allora interamente al Signore, poté immergersi di nuovo nell'Infinito, come anima libera.

A Mukunda non interessavano i poteri. Egli era interamente un *bhakta* (un santo di devozione). Suo fratello Sananda una volta mi disse: «Ogni volta che Mukunda sentiva anche soltanto nominare la parola *Dio*, lacrime di nostalgia gli scendevano lungo le guance».

Una volta, quando era ormai abbastanza grande da saper scrivere in bengali per lo meno in modo rudimentale, Mukunda scrisse una lettera a Dio, parlandoGli del suo amore per Lui. Dopo aver indirizzato la lettera a "Dio nel cielo", la imbucò fiducioso. Da quel momento in poi, giorno dopo giorno, attese la risposta. «Signore» pregava quotidianamente «perché non mi rispondi?». Alla fine gli fu concessa una visione: la risposta di Dio apparve davanti a lui, scritta con scintillanti lettere di luce. Il cuore del bimbo fu colmato di profonda soddisfazione e gratitudine.

Per tutta la vita, Mukunda cercò di far comprendere agli altri che Dio non è soltanto un'astrazione. Pur avendo creato miliardi di universi, il Signore è anche molto umano nel modo in cui si relaziona ai Suoi figli terreni. È felice soprattutto quando scorge in loro un atteggiamento di infantile fiducia. Una volta, molti anni più tardi e non molto tempo prima della sua morte, Mukunda – che a quel tempo era conosciuto con il nome monastico di Paramhansa Yogananda – parlò di uno dei suoi discepoli, Horace Gray, un monaco molto semplice che, essendo spastico, trovava difficile perfino parlare. «Horace ce la farà in questa vita» commentò il Maestro. «La sua devozione è gradita a Dio». Un condiscepolo di Horace, cercando di conciliare questa predizione con l'idea che si era fatto di lui, commentò dicendo: «Dev'essere un tipo di devozione molto semplice, non è vero, signore?».

Con un sorriso beato il Maestro rispose: «Ah, questo è il genere di devozione che piace a Dio!».

Benché Mukunda possedesse certamente uno spirito fanciullesco, aveva anche un profondo senso della giustizia e una forte volontà. La sua forza di volontà ispirava i suoi compagni a fare quello che era giusto anche quando serviva molto coraggio.

Nella sua scuola c'era un ragazzo di diversi anni più grande di Mukunda che si divertiva a fare il bullo con i bambini più piccoli e più deboli di lui. Un giorno, mentre quel ragazzo stava picchiando brutalmente un bambino molto più piccolo, Mukunda gli si avvicinò a grandi passi e urlò: «Se vuoi combattere, fallo contro di me!».

«Con piacere!» rispose il bullo con un lampo maligno negli occhi. Lasciò andare il piccolo e si avventò su Mukunda.

Gli altri ragazzi si radunarono in cerchio per assistere a quella lotta impari. Dentro di loro erano dalla parte di Mukunda, ma non osavano dirlo apertamente.

Il bullo sollevò l'avversario sopra la testa, poi lo scagliò a terra, stordendolo temporaneamente. Quindi si chinò e lo sollevò di nuovo. Questa volta, però, Mukunda colse al volo l'opportunità: con entrambe le mani afferrò l'avversario al collo e strinse forte. Il ragazzo più grande, trovando difficile respirare, fece di tutto per scrollarsi di dosso Mukunda. Sbatté più volte a terra la testa del suo avversario, fino a fargli quasi perdere i sensi. Ma Mukunda non mollò la presa.

«Ti arrendi?» chiese Mukunda a denti stretti.

Alla fine il ragazzo fu costretto a gridare: «Sì! Sì! Lascia andare la mia gola! Mi arrendo!».

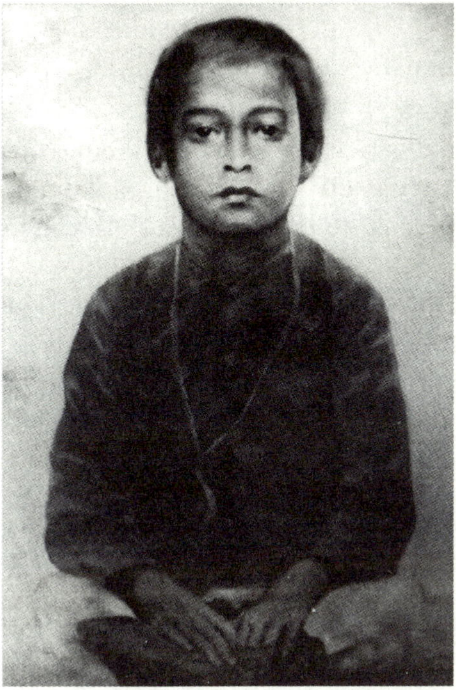

A SINISTRA: Mukunda Lal Ghosh (Paramhansa Yogananda) all'età di sei anni.
A DESTRA: La soffitta dove Mukunda trascorreva lunghe ore meditando.

Mukunda lasciò la presa. L'altro si alzò e prese grandi boccate d'aria. Una volta ritrovato il respiro, tuttavia, venne meno alla sua parola e si avventò per la terza volta su Mukunda. A quel punto, però, gli altri ragazzi intervennero.

«Mukunda ti ha sconfitto lealmente!» gridarono. «Se provi ancora a picchiarlo, ti salteremo tutti addosso».

Da allora in poi, riconoscendo di essere in minoranza, il bullo non cercò mai più di picchiare Mukunda. Dal coraggio di Mukunda i ragazzi ricevettero un'edificante lezione sull'importanza di difendere risolutamente la causa della giustizia.

Un'altra volta, a Bareilly, un folto gruppo di ragazzi circondò Mukunda con aria minacciosa. Lui stesso, nel raccontarmi la storia, disse: «Cinquanta ragazzi». Laurie Pratt, tuttavia, la sua principale responsabile editoriale, mi disse: «Cinquanta ragazzi non è plausibile. Deve aver detto quindici».* Beh, cinquanta è il numero che ho sentito, ma sono d'accordo che, date le circostanze, perfino quindici sarebbe stata una quantità di persone difficile da contare in quel momento! Di sicuro, qualunque numero il Maestro abbia detto, voleva semplicemente indicare un gruppo molto numeroso.

Il loro capo sfidò Mukunda: «Perché eviti la nostra compagnia?».

«Francamente» rispose Mukunda «non mi piace il linguaggio che usate».

«Noi parliamo come siamo!» rispose il capo, incollerito. «Chi sei tu per fare il presuntuoso con noi? Ti daremo una bella lezione!».

Un altro ragazzo urlò: «Sì, ti massacreremo!».

Un terzo si unì a loro: «Ti spezzeremo tutte le ossa! Quando ti trascinerai a casa da tua madre, lei non ti riconoscerà neppure!».

Mukunda retrocedette appoggiandosi a un albero e gridò con tono feroce: «Come siete coraggiosi a minacciarmi, visto che siete in tanti! Essendo così numerosi, potreste sicuramente fare tutto ciò che

* In inglese, *fifty* (cinquanta) e *fifteen* (quindici) hanno un suono simile. *(N.d.T.)*

avete detto. Ma vi dico una cosa: io "massacrerò" il primo che oserà mettermi le mani addosso!».

Ci fu un grande strascichio di piedi. Alla fine il capo disse: «Non dicevamo sul serio, Mukunda. Preferiamo essere amici».

Mukunda allora concluse: «Se volete l'amicizia, diventiamo amici». Lui e il capo della banda si allontanarono, ognuno con il braccio sulla spalla dell'altro.

CAPITOLO SECONDO

# Gli anni dell'adolescenza

Il padre di Mukunda ricopriva una posizione elevata nella compagnia ferroviaria Bengala-Nagpur. Grazie a quella posizione, poteva dare al figlio dei biglietti gratuiti anche per le città più lontane. Mukunda, a volte, approfittando di quell'offerta, viaggiava con un piccolo gruppo di amici.

Il dott. Nagendra Das, un suo amico d'infanzia, mi raccontò: «In qualunque posto ci fermavamo, in breve tempo Mukunda era circondato da gruppi di ragazzi attratti dal suo magnetismo». In effetti Mukunda – e in seguito Yogananda – aveva lo straordinario potere di conquistare amici ovunque andasse.

Mukunda era solito meditare nella soffitta della sua casa di famiglia, al numero 4 di Gurpar Road a Calcutta. Un giorno il cuoco prese a canzonarlo, dicendogli che avrebbe raccontato tutto al suo fratello maggiore, Ananta. Mukunda rispose con grande serietà: «Non prendermi in giro per una cosa come questa. Se voglio, io posso disciplinare *te*».

«Oh, certo!» rispose il cuoco deridendolo. «Allora dimmi, piccolino, che cosa puoi farmi?».

«Posso incollare la tua mano al muro».

«Allora provaci!» rise il cuoco.

Mukunda prese il palmo sinistro del cuoco e lo mise contro il muro, allontanando il braccio teso dal corpo. All'improvviso il cuoco scoprì di non poter più muovere la mano. Per quanto provasse, essa restava incollata al muro.

L'uomo supplicò di essere liberato, ma Mukunda rispose allegramente: «Dovrai rimanere lì per un po'. Questa è la punizione per esserti fatto beffe delle mie pratiche spirituali!».

Trascorse qualche tempo prima che Mukunda tornasse a liberare il cuoco, che immediatamente cadde in ginocchio e gli chiese perdono.

Le meditazioni di Mukunda non erano come quelle che ci si aspetterebbe da un ragazzino. Innanzitutto, egli meditava spesso per molte ore, sette o otto di seguito. Mi disse: «Ero solito praticare *Hong-So* (una tecnica di meditazione) per sette ore di fila, fino a entrare nello stato senza respiro». Inoltre, aveva spesso delle visioni straordinarie.

Tuttavia, egli disse a se stesso: «Un giorno dovrò fare una meditazione veramente lunga. Dopo tutto, che cosa sono sette o otto ore in una giornata di ventiquattro? Le persone non lavorano forse altrettanto a lungo solo per provvedere alle loro necessità materiali?».

Un mattino Mukunda si svegliò con il pensiero: «È trascorso un anno intero e non ho *ancora* mantenuto la promessa che ho fatto a me stesso! Una lunga meditazione aspetterà sempre fino a "domani"? Perché non *oggi*? Perché non questa mattina stessa?».

Si sedette in meditazione. Trascorsero quarantotto ore. A Mukunda sembrarono piuttosto quarantotto minuti. Durante una parte di quel periodo estatico, il suo corpo si sollevò da terra levitando.

Alla fine egli fece ritorno al pandemonio di questo mondo frenetico: il suono dei servitori intenti alle faccende domestiche, le voci dei familiari nelle stanze ai piani sottostanti, il frastuono della folla nelle strade e il rumore del traffico. Questa assordante cacofonia invase le sue orecchie, ma senza disturbare la sua pace interiore. Nel corridoio che portava alla cucina, Mukunda incontrò il cuoco, forse lo stesso che aveva tenuto con la mano incollata al muro. Quel fedele servitore soffriva da molti anni di un dolore alla schiena. Mukunda lo toccò e l'uomo fu istantaneamente guarito.

Era ora di pranzo. I familiari di Mukunda erano seduti in cerchio alla maniera indiana su stuoie di paglia poste sul pavimento della sala da pranzo. Non avevano prestato grande attenzione all'assenza di Mukunda, che era durata due giorni. Sapevano che gli piaceva meditare, e questo per loro era sufficiente.

Mukunda si unì a loro. Mentre mangiava, era consapevole di un distacco trascendentale da ogni cosa. A un certo punto, sollevando lo sguardo, notò Bodi, la moglie di Ananta (il fratello maggiore di Mukunda), che lo osservava con curiosità. Bodi, come Ananta, non aveva mai approvato quello che entrambi consideravano il "fanatismo religioso" di Mukunda. Sorridendo interiormente, Mukunda pensò: «Voglio divertirmi un po' con tutti loro, specialmente con Bodi!».

Ritirando parzialmente la coscienza dal corpo, egli ritornò un poco alla completa interiorizzazione che aveva sperimentato appena un'ora prima. Il suo corpo, improvvisamente privo di energia, cadde silenziosamente all'indietro sul pavimento. Bodi lanciò un grido di spavento. Lo raggiunse velocemente e gli ascoltò il polso: non c'era battito cardiaco. Il resto della famiglia, in preda al terrore, si raccolse attorno al corpo inerte.

Il medico di famiglia, chiamato d'urgenza, chiese che il corpo fosse deposto su un divano. Dopo un attento esame, pronunciò il temuto verdetto: «È morto».

Bodi si guardò intorno solennemente: «Questa» dichiarò «è la conseguenza di un'eccessiva pratica dello yoga!».

Il resto della famiglia pronunciò amorevoli parole di lode per questo caro figlio, ormai perduto per sempre.

Era presente nella stanza una servitrice molto amata dalla famiglia; solevano chiamarla "Maid Ma" ("Mamma di servizio"). Maid Ma li serviva da molti anni con devozione quasi materna, ma a volte litigava animatamente con Mukunda perché il ragazzo portava a casa i suoi amici, sempre più numerosi. La donna aggiunse le sue parole di cordoglio a quelle degli altri.

«Ahimè! Anche se è vero che era un monello, era comunque un bravo ragazzo». Poi, sconsolatamente, esclamò: «O Bhagavan (Signore)! Ora non avrò più nessuno con cui litigare!».

Mukunda non riuscì più a trattenersi. «Oh, sì che ce l'avrai!» esclamò.

«Tu!» gridò Maid Ma. «*Sapevo* che stavi solo giocando! Prese una scopa e, fingendosi in collera, gliela tirò contro».

In un'altra occasione, Mukunda disse a un amico: «Le persone non vedono mai Dio, perché non provano mai a vederLo».

«Non provano mai!? Migliaia di persone si recano ogni giorno nei templi, e tu dici che non *provano*?».

«Non provano mai *sinceramente*» rispose Mukunda, con un sorriso che era distante da questo mondo.

«Ma se Dio anela a manifestarsi agli esseri umani, come tu ci hai spesso detto, non potrebbe semplicemente farlo quando loro per lo meno Lo pregano, pur senza profonda concentrazione?».

«Non è che Lui non *desideri* venire» rispose Mukunda. «Piuttosto, sono loro che non Lo incontrano al Suo livello, ma insistono nel pretendere che sia Lui a scendere al loro. Perché mai *dovrebbe* manifestarsi? Sa bene che la maggior parte delle persone vuole solo litigare con Lui! Non c'è spazio nei cuori umani per la Sua perfetta beatitudine. Le persone si occupano più dei loro desideri mondani che del puro anelito per il Suo amore».

«Stai dunque dicendo che se stanotte ci sedessimo e Lo chiamassimo dal profondo del nostro cuore, Lui verrebbe?».

«Perché no? Certo che lo farebbe!» fu la decisa risposta. «Perché dovrebbe negarsi a noi, che non abbiamo alcuna motivazione recondita se non il nostro amore per Lui?».

«Stanotte!» esclamò il suo amico. «Perché non stanotte?».

«D'accordo» disse Mukunda.

Più tardi, si recarono nella stanzetta di Mukunda in soffitta e si sedettero su piccole stuoie nella posizione del loto.

«Pensi che potremmo vedere Dio nella forma del Signore Krishna?» chiese l'amico di Mukunda.

«Di nuovo, perché no? Sri Krishna verrà sicuramente a noi stanotte!».

Cominciarono a cantare. In seguito, finito il canto, praticarono il *Kriya Yoga*, poi *Hong-So* (l'osservazione del respiro), quindi chiamarono semplicemente Krishna nel silenzio, attirandolo con l'amore del loro cuore affinché comparisse al loro sguardo interiore. Le ore passarono. Il cielo notturno si oscurò. Cantarono, poi meditarono ancora un po'. Ma ancora Krishna non era apparso.

«Temo che non verrà» disse infine l'amico di Mukunda.

«Verrà di certo!» fu la ferma risposta.

Ancora più tardi: «Mukunda, è l'alba. Non è ancora venuto. Io ho sonno!».

«Tu dormi, se vuoi» sussurrò Mukunda con tono di rimprovero «ma io, a costo di morire nel tentativo, continuerò a chiamarlo finché non verrà!».

All'improvviso, nel suo tempio interiore, Mukunda contemplò una meravigliosa visione: Krishna che camminava su soffici nuvole d'oro! Krishna, con il suo dolce sorriso come un dono di pace celestiale!

«Lo vedo!» urlò Mukunda. «Vedo la "Luna di Gokula"!».

«Non può essere vero. Te lo immagini».

«Lo vedrai anche tu!». Mukunda si sporse e diede un colpetto all'amico sul petto, sopra il cuore.

«Lo vedo anch'io!» esclamò il ragazzo. «Oh, lo vedo anch'io!».

Che beatitudine colmò i loro cuori in quello straordinario mattino!

L'educazione di Mukunda fu in un certo senso diversa dalla norma: anche se si recava in classe, riceveva più rivelazioni dalla sua interiorità che dai suoi insegnanti. Di solito preferiva sedersi in fondo all'aula, dove poteva chiudere gli occhi senza che l'insegnante se ne accorgesse, per ascoltare le verità che gli giungevano da dentro. In una classe, tuttavia, l'insegnante lo costrinse a tenere gli occhi aperti e a prestare attenzione. Mukunda ci provò, ma non sempre ci riusciva.

«Vieni a sederti in prima fila, davanti a me!» gli ordinò allora l'insegnante.

«Lo feci» mi raccontò Yogananda molti anni dopo. «A quel punto, però, l'insegnante dava per scontato che avrei tenuto gli occhi aperti. Proprio davanti a lui, in realtà, mi fu più facile chiudere gli occhi e meditare».

Un giorno, a scuola, Mukunda diede un bigliettino al ragazzo seduto accanto a lui. Dio gli aveva detto di scrivere quel messaggio, così lui lo fece.

«Io sono il tuo guru» diceva.

«Il giovane mi guardò con rimprovero» mi raccontò Yogananda. «"Ragazzaccio!" fu il suo unico commento, appena bisbigliato.

«Io sorrisi. Quella notte, il mio compagno di classe ricevette una visita divina. Dio gli mostrò che quanto avevo scritto era vero. Estasiato, il giorno seguente mi cercò; ma io mi nascosi. Passarono ore prima che ci incontrassimo di nuovo».

Mukunda adorava Dio soprattutto nella forma della Madre. Gli Occidentali hanno disprezzato gli indù per quella che considerano "idolatria". In realtà, non si tratta di culto degli idoli, ma di "culto degli *ideali*". Culto degli idoli significa cercare le cose di questo mondo: la ricchezza, il potere, la fama e così via. Nessuno, in India, tranne forse la persona più ignorante, pensa a Dio come a un qualcosa di diverso da un Essere infinito. Tuttavia, poiché Dio è ovunque, anche un'immagine spirituale fa parte di quella vasta realtà e può aiutarci a concentrare la nostra attenzione su di Lui. L'infinito è un concetto difficile da mettere a fuoco. In effetti, ci sono molti esempi nella lunga storia dell'India in cui Dio ha realmente dato vita a un'immagine di pietra. C'è un racconto, ad esempio, tratto dalla vita di Trailanga Swami, un grande santo di Benares che, come Gorakhnath, visse per diversi secoli. Nel suo tempio egli aveva un'immagine sacra, forse di Kali, non ricordo con esattezza. Un suo devoto lo pregò ripetutamente di benedirlo attraverso quell'immagine.

Una sera i due erano seduti insieme nella stanza accanto. L'immagine stessa entrò nella stanza, si sedette e conversò con loro di argomenti elevati. Dopo qualche tempo, l'"idolo" se ne andò e ritornò alla sua posizione usuale. Il divino potere lo abbandonò.

Trailanga guardò il devoto con calma e gli chiese: «E ora, che cosa hai ottenuto?». Quel fenomeno passeggero era stato senza dubbio edificante, ma aveva forse trasformato il devoto fino a fargli trovare Dio? Come era solito dire il mio guru: «Il sentiero verso Dio non è un circo equestre!». L'importante è che trasformiamo noi stessi. Soprattutto in questo senso, Buddha aveva completamente ragione.

Ciò nonostante, le visioni possono essere certamente una consolazione, anche se non sono una garanzia che colui che le ha sia un santo.

Mukunda, come ho detto, adorava Dio particolarmente nella forma della Madre dell'Universo. Poiché i suoi amici sapevano che questo era il fulcro della sua devozione, erano felici di informarlo su qualunque nuovo tempio dedicato a Kali trovassero nelle vicinanze. Un giorno arrivarono portandogli la notizia di un nuovo tempio.

Mukunda sorrise: «Andateci voi, se volete. Questa sera preferisco stare in casa».

«Stare in casa! Perché?».

Mukunda si limitò a sorridere. I suoi amici andarono al tempio, si prostrarono davanti all'immagine della Madre Divina e cantarono alcuni canti devozionali. I loro cuori erano ispirati, ma quell'ispirazione durò solo per quella sera.

A casa, Mukunda salì nella sua stanzetta in soffitta. Anche i templi hanno il loro valore, soprattutto perché contribuiscono a focalizzare la devozione delle persone. Ma la devozione di Mukunda aveva già da tempo sviluppato quella concentrazione nel punto dell'estasi superconsciente nella fronte, vale a dire nel lobo frontale del cervello *dietro* a quel punto.

«Madre dai piedi di loto!» pregò. «Madre dai capelli che si spandono su tutta la creazione! O Madre, vieni a me! Madre, il Tuo sorriso scintilla in milioni di stelle. O Madre Divina, squarcia questo velo d'oscurità che Ti nasconde a me!».

A lungo La chiamò. Anni prima, quando aveva perso la sua madre terrena, aveva ridiretto il suo struggente amore per lei verso la Madre Divina dell'Universo. (Bambino saggio! Invece di disperarci per le nostre perdite terrene, dovremmo rivolgere il nostro amore a Dio; in Lui ogni dolore diventa una benedizione.) Ora, finalmente, quella Madre di tutte le madri gli apparve!*

«Kali!» egli sussurrò. «Madre Kali, sei venuta! Oh, come sei bella! Madre, possa la mia vita essere un canto di perenne amore per Te!».

La Madre Divina sorrise. «La tua preghiera è esaudita, figlio mio. Anche se dovrai viaggiare lontano e condurre molte anime alle Mie braccia protettrici, nel profondo del tuo cuore riposerai sempre nella Mia presenza senza forma. E tutte le volte che Mi chiamerai, ogni qualvolta lo desideri, sempre apparirò a te in questa forma».

Mukunda (Yogananda) disse che Kali, quando è contemplata in visione, è "bella". Tuttavia, le immagini che vengono presentate di Lei non lo sono affatto. Viene rappresentata con quattro braccia, una

* Nella sua autobiografia, nel capitolo intitolato "Il devoto estatico e il suo idillio cosmico", il Maestro descrive una visione della Madre Divina che egli ebbe da giovane. Non so quale delle due apparizioni avvenne per prima.

ghirlanda di teschi attorno al collo, i capelli scarmigliati e sparsi in ogni direzione, la lingua che Le sporge dalla bocca, mentre Lei si erge (quasi in trionfo, come penserebbero gli occidentali) sul corpo prostrato del Suo consorte, Shiva. Tutto questo, però, è profondamente simbolico. Gli inglesi pensarono che fosse la dea della morte, adorata dai *thug* (una banda di criminali assassini). Yogananda ci spiegò così questo simbolismo:

«Kali rappresenta Madre Natura. Le Sue quattro braccia simboleggiano rispettivamente la Creazione, la Preservazione, la Distruzione e il dono della salvezza per coloro che penetrano oltre la Natura, fino al cuore dell'Infinito. La ghirlanda di teschi simboleggia la Sua divina onnipresenza in tutte le menti umane. Perché dei teschi? Perché la vita umana è temporanea. I Suoi capelli sparsi in ogni direzione rappresentano l'energia di Dio che si espande in tutta la Creazione. Nella Sua danza, i passi ritmati simboleggiano la natura vibratoria della Creazione. Il Suo consorte, Shiva, viene rappresentato sdraiato perché Dio Padre, lo Spirito Eterno, è al di là della Creazione, oltre ogni vibrazione, esistente nel vuoto privo di vibrazione di Brahman (lo Spirito).

«La danza di Kali cessa quando il Suo lieve passo tocca il petto dell'Infinito. Il motivo per cui viene mostrata con la lingua sporgente è che si accorge all'improvviso di essersi spinta troppo oltre! La finitezza non può penetrare nel cuore dell'Infinito».

In India, una persona si morde la lingua, facendola sporgere un po' oltre i denti, quando è consapevole di aver commesso un errore. Anche in Occidente questo è un gesto comune e istintivo.

Ovviamente, molti indiani non comprendono questo profondo simbolismo e pensano che la lingua di Kali penzoli a causa della Sua sete di sangue; che i Suoi capelli scarmigliati ricordino l'immagine di una strega che si guarda attorno infuriata alla ricerca della prossima vittima da divorare; che la ghirlanda di teschi sia anch'essa un'indicazione della Sua sete di sangue; che le Sue quattro braccia non abbiano alcuno scopo; che la Sua posizione, in piedi sul petto di Shiva, indichi un atteggiamento di vittoria.

Le immagini indiane di Dio sono spesso volutamente prive di bellezza, affinché il devoto non pensi illusoriamente che una determinata immagine possa definire l'Infinito. Le immagini di Kali non sono certamente belle. Tuttavia, Ella è stata adorata da molti grandi santi e maestri, inclusi Yogananda e Sri Ramakrishna.

Anche Ram Proshad, un grande santo-poeta del diciassettesimo secolo, adorava Kali. Un giorno egli stava riparando un recinto nella sua proprietà, quando sua figlia arrivò per aiutarlo. Ram Proshad stava cantando. La figlia gli chiese: «A chi canti, papà?».

«Canto alla mia Madre Divina, Kali. Ma Lei è molto birichina! Anche se Le rivolgo spesso i miei canti, non viene mai».

«Se non viene mai, papà, perché continui a chiamarLa? Non è solo un'inutile perdita di tempo?». Ridendo allegramente, la figlia corse via.

Più tardi quello stesso giorno, dopo aver finito il suo lavoro, Ram Proshad rientrò in casa e raccontò alla moglie di come la figlia lo avesse aiutato. La moglie rispose: «Non è possibile. Sta trascorrendo la giornata dall'altra parte della città, con delle amiche».

La sera, quando la figlia tornò, Ram Proshad la interrogò. Lei rispose: «Papà, puoi chiedere a chi vuoi: non ero lì. Ero molto lontano, dall'altra parte della città».

Allora Ram Proshad comprese che era stata la sua Madre Divina a venire a lui nella forma della figlia e a canzonarlo dicendo: «Se non viene mai, perché continui a chiamarLa?».

Kali viene in molte forme e raramente, se non mai, nella forma che vediamo nei templi. Può essere anche infinitamente gentile, amichevole, perfino canzonatoria e giocosa! I Suoi occhi, tuttavia, benché siano simili a quelli di un bambino, rivelano anche la profonda calma, priva di ego, dell'Infinito.

Il Signore Jagannath, rappresentato nel grande tempio di Jagannath a Puri, viene mostrato con entrambe le braccia mozzate. L'immagine, di per sé, non è affatto bella e, con quelle braccia mozze, è stata volutamente deturpata. Lo scopo di questo sfregio è di mostrare che il Signore Infinito non può mai essere imprigionato in una forma umana.

È interessante come i tappeti persiani Bukhara contengano sempre anche un errore, inserito deliberatamente. Lo scopo è quello di affermare che la perfezione non può mai essere catturata in una forma esteriore.

I templi stessi sono simboli del corpo umano; in essi viene consigliato al devoto di sedere in meditazione per "entrare nel proprio intimo". Peraltro, Dio è onnipresente: non è possibile collocarLo nello spazio o nel tempo.

# CAPITOLO TERZO

# Il potere dell'illusione

Colmo del pensiero dell'onnipresenza di Dio, un giorno Mukunda camminava lungo una strada di Calcutta con un giovane amico, quando vide un mucchietto di riso putrefatto. Mentre lo osservava attentamente (dopo tutto, è facile pensare che Dio sia presente in un fiore, ma non è così facile pensare che sia ugualmente presente nella sporcizia), una mucca si avvicinò al riso, allungò il muso verso di esso, poi rapidamente si allontanò.

Mukunda pensò: «Quella mucca è ignorante. Io posso mangiare quel riso, se rimango saldo nel pensiero che Dio è anche nel riso».

Disse quindi al suo compagno: «Io posso mangiare quel riso».

Con tono di scherno, l'amico gli rispose: «Oh, certo! Beh, se lo mangi tu, lo mangerò anch'io».

Mukunda gli disse: «Ricordati che hai promesso!». Chinatosi, si mise in bocca una manciata di riso putrefatto, poi lo masticò e lo inghiottì, apparentemente deliziato. Nel vedere ciò, l'amico se la diede a gambe.

«Hai promesso!» esclamò Mukunda. «Quando si fa una promessa, bisogna mantenerla». Prendendo un'altra manciata di riso, lo rincorse. Quando lo raggiunse, gli cacciò a forza del riso in bocca. Tutto quello che il ragazzo aveva mangiato quel giorno tornò su con un forte moto di disgusto!

Così, Dio è presente perfino nel riso putrefatto. Questo significa che è presente anche nel male? Sì! Così come la Sua piacevolezza è

A SINISTRA: Il padre di Paramhansa Yogananda, Bhagabati Charan Gosh, discepolo di Lahiri Mahasaya. A DESTRA: Yogananda durante gli anni della scuola superiore, in piedi dietro il fratello Ananta.

presente perfino *dietro* il riso putrido e la Sua bellezza è presente *dietro* la bruttezza, allo stesso modo la Sua presenza si trova anche *dietro* il male. Non dovremmo cercarLo nelle cose che non ce Lo ricordano, ma dovremmo tuttavia sapere che esiste un unico Dio, ovunque, proprio come proclamano gli ebrei. Dio e Satana, alla fin fine, sono una cosa sola. Satana è soltanto quella forza creatrice e – sì – divina che cerca di condurre tutto sempre più lontano, nella manifestazione esteriore.

A volte le persone dicono: «Oh, posso giocare con i liquori, le droghe, il sesso e le altre attività che coinvolgono l'ego, ma se mantengo interiormente libera la mia mente, esse non mi toccheranno». Così come il più grande trionfo di Satana sta nel persuadere gli esseri umani che egli non esiste, il suo più grande potere si rivela in quel semplice pensiero: «Non mi catturerà, a meno che io non glielo permetta». Quello che le persone non sanno è che ogni passo che fanno, verso Dio o lontano da Lui, è un invito rivolto a poteri infinitamente più grandi di loro, che le influenzano a continuare a muoversi nella stessa direzione. I nostri pensieri, in realtà, non ci appartengono!

Molti anni fa a Cape Cod, nel Massachusetts, mi trovavo in una stanza con cinquanta o cento altri giovani. (Allora ero giovane anch'io.) Qualcuno che veniva da New York spacciava marijuana e cercava di rassicurare tutti dicendo: «Non crea dipendenza». Io fui l'unico tra i presenti che non provò le sigarette che circolavano quel giorno. Il motivo per cui non volli toccarne nemmeno una era che potevo sentire un'influenza maligna nella stanza.

Ho percepito la stessa presenza malefica in altre occasioni, quando qualcuno fumava "erba". Quella presenza mi ha impedito di sperimentare queste cose. Come disse Yogananda: «L'illusione ha il suo potere. Non giocare mai con essa». È un aspetto molto reale, e molto importante, del sentiero spirituale. Non provare questo e quello troppo liberamente. Stai giocando con la tua felicità, anche per le tue incarnazioni future.

Il modo più sicuro per rimanere sulla strada giusta è quello di servire gli altri, senza mai pensare a cosa si può ottenere da loro. Mukunda, un giorno, decise di dar da mangiare a duecento poveri. Dapprincipio, tutti pensarono che fosse un'idea folle. Un po' alla volta, tuttavia, man mano che egli attirava sempre più donazioni, l'entusiasmo della gente crebbe.

«Ci servono soldi» disse un amico, affermando l'ovvio.

«Li troveremo» disse Mukunda. «E verranno attraverso di te!».

«Attraverso di me? Impossibile!».

«Oh, sì. Tu hai una zia che ce li darà. Vai a chiederglieli».

«Ma mia zia è completamente contraria a tutto ciò che tu rappresenti!».

«Non importa, vai a chiederglieli».

Il ragazzo si recò dalla zia e le chiese una donazione, ma la donna fece una tirata contro il modo in cui Mukunda stava rovinando suo nipote. Il ragazzo stava per lasciare la stanza quando lei lo chiamò: «Fermati! Ho sentito dire che sta facendo qualcosa di buono con il banchetto che sta preparando per i poveri. Eccoti dei soldi. Digli di usarli per quello scopo».

Alla fine, se ricordo bene, i ragazzi servirono duemila persone, anziché le duecento che avevano originariamente previsto.

In modo simile, Mukunda creò anche una biblioteca per il quartiere. Andò di casa in casa, chiedendo libri che le persone fossero disposte a donare per quel progetto. Vidi io stesso quella biblioteca a Calcutta: esisteva ancora nel 1959.

Mukunda provò molte diverse pratiche spirituali, per avere la certezza di insegnare i metodi migliori. Per qualche tempo rimase immerso nell'acqua fino al collo, cantando a Dio. L'acqua lo aiutava a sentirsi più leggero e meno legato al corpo, mentre il freddo (era immerso nel Gange) lo aiutava a sollevarsi al di sopra della coscienza corporea.

Meditava anche nei campi crematori, per rafforzare la sua consapevolezza della natura effimera della vita.

Provò le pratiche tantriche. In seguito, mise in guardia le persone dal praticarle, poiché tali tecniche possono elevare rapidamente la coscienza dell'individuo, ma altrettanto rapidamente possono far crollare le sue aspirazioni spirituali. Aiutano le persone a risvegliare *kundalini* (il "potere del serpente addormentato" alla base della spina dorsale), ma non preparano moralmente o spiritualmente i praticanti. Di conseguenza, molti di loro cadono spiritualmente.

Il Tantra è anche un modo per indulgere "un pochino" nell'illusione, con l'intento di liberarsi infine da essa. Questa, tuttavia, è una pratica pericolosa. Se l'individuo è già preda di un'illusione, all'inizio questa pratica può effettivamente aiutarlo a sfuggire a essa, distogliendo un po' alla volta la sua mente in modo che egli non vi indulga ulteriormente. Poi, però, è necessario uno sforzo ancora più arduo per rinunciare completamente a quell'azione. Se una persona è già libera da un'illusione, è meglio che se ne tenga a distanza.

Mukunda, una volta, incontrò un santo che gli chiese: «Ragazzo mio, sei sposato?».

«No» rispose Mukunda.

«Meglio che tu rimanga così, allora!». Il santo stesso era sposato con una donna molto materialista. «Ma io l'ho ingannata» disse con un sorriso. «Non sa dove sono». Intendeva dire che era fuggito da lei ritirandosi nelle sfere spirituali interiori.

CAPITOLO QUARTO

# La bellezza della devozione

Solitamente, è meglio tenere segreta la propria vita interiore. Yogananda ci raccontò la storia di Mira, una regina vissuta in India diversi secoli fa. Lei stessa era una *bhakta* (una seguace del sentiero della devozione) e molti devoti si raccoglievano attorno a lei per dei *sankirtan* (canti di gruppo rivolti a Dio) colmi di beatitudine. Il suo unico dispiacere nella vita era che il marito non parlasse mai di Dio.

Lui, in realtà, era un amante di Dio ancora più grande di lei, ma aveva fatto questa promessa al Signore: «Se mai qualcuno scoprirà il mio segreto, io lascerò questo corpo, perché sentirò che la mia devozione sarà stata contaminata».

Una notte, mentre era sdraiata a letto accanto a lui, Mira si svegliò sentendolo piangere sommessamente, bisbigliando: «Oh, mio Amato, come posso vivere senza vederTi? Questo mondo di *maya* [illusione] non significa nulla per me! Aiutami a conoscerTi! Aiutami a fondermi in Te!».

Il mattino seguente, con il volto radioso, Mira gli disse: «Ah! Ho scoperto il tuo segreto!».

«Non dirlo!» urlò il marito. «Ti prego, non dirlo!».

«Oh, sì! Adesso so quanto ami Dio».

«Mi dispiace che tu abbia detto questo. Ora dovrò lasciarti, perché ho promesso a Dio che non avrei più mantenuto questo corpo se qualcuno avesse scoperto il mio prezioso segreto».

Si sedette sul pavimento nella posizione del loto e immediatamente lasciò il corpo.

L'intera vita di Mukunda fu un'offerta devozionale alla Madre Divina. In effetti, l'amore divino è l'espressione attiva della Beatitudine divina. Come disse egli stesso: «Tutti nel mondo cercano un'unica cosa: la Beatitudine». Ciò è dovuto al fatto che tutti gli esseri sono manifestazioni della Beatitudine di Dio. La maggior parte delle persone, però, traduce quel desiderio dell'anima in termini umani, cercando la felicità nelle emozioni. Traduce poi ulteriormente la felicità in definizioni molto umane e illusorie: denaro, potere, fama o, in modo ancora più oscuro, vendetta, distruzione e soppressione degli altri. Quando l'eterna Beatitudine viene fatta discendere fino al livello delle emozioni umane, essa entra nel regno della dualità (senza il quale l'universo non avrebbe potuto essere manifestato). E quando c'è dualità, ogni cosa è bilanciata dal suo opposto naturale. La felicità si alterna incessantemente all'infelicità; l'amore umano si alterna all'odio; il successo al fallimento. Esiste, infatti, un'unica realtà: lo Spirito Supremo. Gli opposti della Natura sono inevitabili; ogni cosa, alla fine, deve essere annullata. A prescindere da quanto una persona si impegni per avere successo, il successo che raggiungerà dovrà alternarsi al fallimento, proprio come il fallimento conduce nuovamente al successo. Nessuno stato di perfezione è possibile in questo mondo. Nulla è permanente. Nessuno può mai giustamente affermare: «Sono arrivato! Ho tutto ciò che ho sempre desiderato».

L'unica cosa che non ha un opposto è la Beatitudine interiore. E poiché l'amore divino è l'espressione esteriore della Beatitudine, non c'è alcun opposto all'amore generoso e altruistico.

Come scrisse Sri Yukteswar nel suo libro, *La scienza sacra*,* non è possibile porre un passo dinanzi all'altro sul sentiero spirituale fino a quando non si è sviluppato il naturale amore del cuore. Chiunque pensi di poter trovare Dio senza quell'amore, semplicemente fallirà. Gli aridi teologi cercano di afferrare le verità definendole fino all'ultima virgola con squisita precisione. Che cosa importa a Dio delle loro definizioni? Tutto ciò che Egli desidera da noi, Suoi figli, sono il nostro amore e la nostra devozione.

Con la fede di un bambino, tuttavia, giunge un potere che non è radicato nel desiderio egoistico. Durante gli anni in cui la famiglia di Mukunda visse a Bareilly, un fortissimo ciclone colpì la città. Nubi scure turbinavano ovunque, accompagnate da forti piogge. Il giardino della loro casa si allagò.

Proprio allora il padre di Yogananda fu chiamato a Calcutta, con l'ordine di presentarsi entro sette giorni.

«Come posso andare» chiese alla famiglia «con queste piogge torrenziali? I giornali dicono che si tratta di un ciclone. Predicono che durerà altri quindici giorni!».

«Ma è importante che andiate!» esclamò Mukunda.

Suo padre fece un gesto scoraggiato. Dopo aver lasciato la stanza, Mukunda si volse verso la sorella Nalini. «Nalini» chiese «perché sono tutti spaventati? È importante che nostro padre vada. Dovrò semplicemente fermare questa terribile tempesta!».

Con sarcasmo, Nalini rispose: «Sì, e comandare al sole di far evaporare quelle nuvole nere?».

«Perché no?». Mukunda andò alla porta di servizio e si sedette sulla soglia, guardando il giardino allagato. Poi si rivolse a Gora, suo fratello più giovane.

«Gora» gli disse «vai a prendermi una grande pila di giornali».

* Swami Sri Yukteswar, *La scienza sacra*, Edizioni Astrolabio. *(N.d.C.)*

Gora portò i giornali e glieli porse con un sorriso canzonatorio. «Che cosa hai intenzione di fare con questi?» chiese. «Li leggerai alla ricerca di buone notizie per sollevarci l'umore?».

«Vedrai» fu la risposta.

Mukunda fece una barchetta di carta, poi la gettò nell'acqua mormorando un *mantra* (una serie di sacre parole sanscrite) apparentemente incomprensibile.

«Che sciocchezza!» esclamò Gora.

«Non preoccuparti. Continua soltanto a darmi altre pagine».

Trenta minuti dopo, Mukunda stava ancora facendo delle barchette e le lasciava galleggiare sull'acqua. Gora alla fine si lamentò: «Lo stai facendo da mezz'ora. Dài, Mukunda, tanto vale che tu ti arrenda!».

Mukunda gli lanciò un breve sguardo, poi continuò. All'improvviso Gora, alzando gli occhi, esclamò: «Ha smesso di piovere!»

Allora anche Nalini urlò: «Il cielo si sta schiarendo!».

Un altro membro della famiglia, rimasto a bocca aperta, disse: «Piccolo Mukunda! Cosa hai fatto?!».

Tutti guardavano il ragazzo con evidente timore reverenziale. Il giorno dopo, l'intera famiglia prese il treno per Calcutta».

# CAPITOLO QUINTO

# Dalla rinuncia scaturisce una grande forza interiore

C'erano altri santi di cui ci parlò il nostro guru, oltre a quelli descritti nella sua autobiografia. Nel caso di uno di loro, c'era un uomo che si ostinava a criticarlo ferocemente di fronte ai suoi discepoli. Un giorno un discepolo si recò dal guru e gli disse con esultanza: «Maestro, il vostro grande nemico, quello che vi criticava sempre, è morto!».

«Oh, è morto il mio migliore amico!» si lamentò il maestro. «Era l'unico che mi faceva notare i miei difetti. Ho il cuore infranto!».

Un altro santo di cui mi parlò il mio guru era un *sadhu* nudo che conduceva una vita di completo non-attaccamento nella foresta. «I suoi genitali» mi disse il mio guru «avevano le dimensioni di quelli di un bambino piccolo. Ne fui commosso! Mi chiese: "Cosa faresti se ti stessi sedendo per mangiare e proprio allora arrivasse qualcuno lamentandosi di avere fame?".

«"Gli darei il mio pasto" risposi.

«"E se, dopo esserti preparato un nuovo pasto ed essere in procinto di mangiarlo, arrivasse qualcun altro con la stessa richiesta?".

«"Gli darei il mio secondo pasto".

«"E se ciò accadesse una terza volta?".

«"Gli darei metà del mio pasto e mangerei l'altra metà".

«"Via di qui! Vattene! Tu non sei un *sadhu*"».

Il mio guru mi raccontò questa storia senza il minimo tentativo di giustificarsi. A mio avviso, tuttavia, la sua terza risposta dimostrava un considerevole buon senso e una maggiore sintonia con la realtà di quanto avesse mostrato di possedere quel *sadhu*.

Per tornare alla vita di Mukunda, essa non era fatta soltanto di pratiche devozionali: egli era anche un ragazzo perfettamente normale e amava gli sport. Non gli piaceva la boxe, nella quale bisogna colpire gli altri, perché lui non aveva alcun desiderio di colpire o ferire nessuno. Gli piaceva però la lotta, come un'esuberante forma di esercizio fisico. Anni dopo, in America, egli esibì talvolta la sua forza in pubblico, per dimostrare i concreti benefici della pratica dello yoga.

In un'occasione, in una grande sala per conferenze a Boston, invitò chi lo desiderasse a fare una prova di forza con lui. Sei corpulenti poliziotti saltarono sul palco. Tutti i presenti pensarono che questa volta il Maestro avesse trovato chi gli avrebbe dato del filo da torcere!

Il Maestro si appoggiò con la schiena contro il muro, poi invitò i sei uomini a spingere contro il suo stomaco, tenendo le braccia dritte. «Siete pronti?» chiese.

«Sì!» grugnirono questi con spavalderia.

Egli incurvò la schiena. In un istante, tutti e sei gli uomini caddero all'indietro nella buca dell'orchestra.

Il Maestro era anche un corridore molto veloce. Da ragazzo, riusciva a battere chiunque gareggiasse contro di lui. Durante gli anni che trascorse a Ranchi (di cui parlerò brevemente in seguito), la scuola fu disturbata per qualche tempo da un branco di cani randagi, che rincorrevano i cavalli (tendiamo a dimenticare, al giorno d'oggi, quanto sia recente l'invenzione dell'automobile) e creavano molti disturbi. Il giovane yogi li rincorse con dei sacchi di juta, mise ogni cane in un sacco e lo legò strettamente. Poi i cani vennero portati a diverse miglia di distanza e liberati.

Anni dopo, sull'isola di Catalina, vicino alla costa della California, egli sfidò un giovane atleta a una gara di corsa. Quando il giovane ebbe superato il primo isolato, il Maestro aveva già superato il secondo.

Quando Yogananda giocava a tennis, era così veloce che sembrava quasi essere già lì dove cadeva la pallina. Un mio amico mi disse: «Ero solito chiedermi se il Maestro non si materializzasse, per gioco, in quel punto!». Ci si chiede, tuttavia, se usare un potere spirituale per vincere una semplice partita non avrebbe significato sminuirne il valore. In ogni caso, il Maestro era davvero giocoso!

Dopo che Mukunda si fu diplomato ed ebbe incontrato il suo guru, Sri Yukteswar, suo padre gli comprò una motocicletta con il sidecar. Mukunda si godette il nuovo giocattolo, che era un simbolo dell'incipiente sopraggiungere dell'età adulta. A volte il suo guru viaggiava con lui nel sidecar. Mentre sobbalzavano lungo le strade ridendo allegramente, la brezza soffiava nei loro vestiti, facendoli sventolare attorno ai loro corpi quasi con altrettanto entusiasmo. Per qualche tempo Mukunda fu conosciuto, scherzosamente, come "lo swami con la motocicletta".

Mukunda era davvero felice di questa nuova acquisizione. Era sicuramente il più bel regalo che avesse mai ricevuto. Non gli passò mai per la testa, tuttavia, di provare attaccamento per esso.

Un giorno parcheggiò la motocicletta nella strada davanti all'abitazione di suo padre ed entrò in casa. Più tardi, mentre stava uscendo, vide un conoscente che osservava la moto con ammirazione. «Non è bella?» esclamò Mukunda.

«Oh, *sì*!» rispose l'altro con calore. Una nota di desiderio si insinuò nella sua voce, mentre aggiungeva: «Se solo potessi averne una simile!».

«Ma tu *puoi*» rispose immediatamente Mukunda. «Prendila. È tua».

«Io... io... cosa vorresti dire?» balbettò il conoscente. Poi aggiunse, pensieroso: «Quanti soldi vuoi?».

«Non accetterei mai del denaro» rispose Mukunda con un sorriso. «Te la sto regalando».

L'altro era incredulo. «Ma... non puoi semplicemente *dare via* qualcosa di così prezioso!».

«Certo che posso! E lo farò. Sul serio» insistette Mukunda «*voglio* che tu la prenda. Io non potrei più godermela, sapendo che ti piacerebbe averla. Sarei felice se tu l'accettassi». Aggiunse anche: «Aspetta solo un momento. Vado a prenderti la carta di circolazione». Rientrò in casa e tornò qualche istante dopo con quell'importante pezzo di carta.

Il conoscente riuscì a malapena a balbettare la sua gratitudine. I suoi occhi, tuttavia, testimoniavano eloquentemente i suoi sentimenti.

Mukunda si sentì divinamente contento. «Io non possiedo nulla, amata Madre Divina» pensò gioiosamente. «Le cose che uso sono Tue, non mie. Le restituisco sempre con gioia a Te, che ne sei la legittima proprietaria, quando mi accorgo che le desideri attraverso gli altri».

Non sono sicuro di come si svolsero le cose, ma in qualche modo una volta Mukunda entrò in possesso di uno strumento musicale indiano a corde chiamato *esraj*. Amava suonarlo per accompagnare i suoi canti devozionali.

Un giorno, qualcuno espresse il desiderio di uno strumento «proprio come quello». Senza esitazione, Mukunda glielo diede. «Quando vedo qualcuno che ha bisogno di qualche cosa che mi appartiene, più di quanto ne abbia bisogno io» ci disse «gliela do».

CAPITOLO SESTO

# Incontra il suo guru

Dopo essersi diplomato, Mukunda si recò in un ashram di Benares, chiamato "Eremitaggio Mahamandal". Mentre si trovava in quella città, scoprì un'apertura nel pavimento di un tempio vicino. C'erano dei gradini che scendevano da lì.

«L'apertura era molto piccola» disse. «Forse le autorità, una volta, avevano cercato di chiuderla, ma io ero magro e potevo passarci attraverso. Scendevo in profondità sotto terra e rimanevo seduto lì in meditazione, nel silenzio assoluto. Il potente suono dell'*AUM* risuonava tutt'intorno a me. Mi perdevo beatamente in quella grande vibrazione».

Fu durante una passeggiata fuori da quell'ashram che egli incontrò il suo guru, Swami Sri Yukteswar. Non ripeterò lo splendido racconto di quell'incontro, poiché è già meravigliosamente narrato nell'*Autobiografia di uno yogi*. Dall'ashram di Benares egli intraprese un tortuoso percorso che lo condusse all'ashram del suo guru a Serampore (Sri Rampur). Che sollievo aver lasciato quel cosiddetto "eremitaggio"! Durante il suo soggiorno lì, i suoi compagni residenti avevano severamente condannato le sue pratiche spirituali, desiderando che egli dedicasse la sua dose quotidiana di ore al lavoro d'ufficio. Questo è il problema di quasi tutte le organizzazioni spirituali: il loro interesse è rivolto principalmente a ciò che possono prendere dall'individuo, non a ciò che possono dargli né a ciò che possono dare agli altri attraverso di lui.

Come ho affermato in precedenza, la legge della dualità (*dwaita*), regna suprema in questo mondo di illusione. Per ogni più c'è un meno; per ogni esaltazione emozionale c'è una corrispondente depressione. L'infelicità che Mukunda sperimentò nell'ashram rappresentò uno sfondo adeguato per il suo gioioso incontro con Sri Yukteswar in quella stretta viuzza di Benares.

Non racconterò la storia di ciò che seguì: di suo fratello Ananta ad Agra; di come Mukunda fu mandato a Brindaban senza un soldo; della conversione del fratello maggiore; della visita al suo guru a Serampore; della sua vita con lui in quel luogo. Tutti questi meravigliosi racconti sono contenuti nell'*Autobiografia di uno yogi*. Dirò soltanto che se non hai ancora letto quel libro, la lettura più straordinaria della tua vita ti attende come un dono prezioso. Quel capitolo, "Due ragazzi senza un soldo a Brindaban", è uno dei più belli del libro. Posso, tuttavia, aggiungere alcune storie su questo periodo della vita di Mukunda che non sono incluse nel suo racconto. Altre vi sono narrate, ma non in modo completo.

Una storia che potrebbe aggiungere dei dettagli interessanti è questa: Yogananda racconta di come Sri Yukteswar lo avesse criticato con suo padre e di come, in seguito, si fosse scusato umilmente con lui. Egli continua scrivendo: «L'unico motivo di dispiacere per Sri Yukteswar in quell'occasione fu il fatto che, nonostante un suo velato invito a non farlo, avevo cercato di convertire un certo uomo al cammino spirituale».

Quel "certo uomo" era qualcuno che in seguito tradì Yogananda. Al secolo, questa persona si chiamava Bagchi; il suo nome monastico era Swami Dhirananda. Sri Yukteswar aveva voluto proteggere il suo discepolo da un'esperienza che si sarebbe rivelata molto dolorosa in futuro; al tempo stesso, era sicuramente consapevole che Mukunda sapeva perfettamente cosa sarebbe accaduto. Durante lo stesso periodo, Mukunda confidò a Tulsi Bose, un suo amico intimo (come ap-

A SINISTRA: Swami Sri Yukteswar, discepolo di Lahiri Mahasaha e guru di Paramhansa Yogananda. A DESTRA E IN BASSO: Sri Yukteswar nel suo ashram di Serampore, circondato dai discepoli. Paramhansa Yogananda si trova alla destra del Maestro, sia nel corridoio del secondo piano (in alto) che nel cortile centrale. Yogananda trascorse in questo ashram la maggior parte dei dieci anni che precedettero la sua partenza per l'America.

prese dallo stesso Tulsi una mia condiscepola che visitò Calcutta molti anni dopo): «Un giorno Bagchi mi tradirà, rinuncerà ai suoi voti e sposerà una donna bianca».

Perché, dunque, pur conoscendo tutto questo, egli insistette nel cercare di aiutare quell'uomo? Esisteva uno stretto legame karmico tra loro. Il mio guru, pur conoscendo bene la vera natura del suo amico, sentì che era suo dovere cercare di aiutarlo. Quell'uomo lo aveva pesantemente tradito anche in una vita passata.

Era una vita di cui il mio guru ci parlò, dicendo di essere stato Guglielmo il Conquistatore. (Affronterò nuovamente questo argomento in un capitolo successivo; per ora, vi accennerò soltanto in parte.) Bagchi (Dhirananda) era stato Roberto Gambacorta, il figlio maggiore di Guglielmo. Per molti anni Roberto cercò di fomentare una ribellione contro il padre. Perfino mentre Guglielmo giaceva sul letto di morte, Gambacorta vagava nel Paese cercando di aizzare gli animi alla ribellione.

Sri Yukteswar, in quella vita, era stato Lanfranco, il più intimo amico, confessore e consigliere di Guglielmo.

È straordinariamente affascinante contemplare l'interazione fra i grandi maestri e i loro discepoli altrettanto grandi, come nel caso di Sri Yukteswar e Yogananda!

Un'altra storia raccontatami dal mio guru riguardava un tempo in cui alcuni suoi condiscepoli, stanchi della rigida disciplina del loro guru, si rivolsero a Mukunda dicendogli: «Siamo stufi di questa disciplina! Vieni, andiamocene. Seguiremo te».

«Voi andatevene, se volete» rispose lui con fermezza. «Io resto con il mio guru».

Ciò non significa che Sri Yukteswar non fosse veramente severo. «Era perfino sarcastico!» mi disse una volta il Maestro con un sorrisetto. «Ed era molto duro con me. Una volta ci trovavamo sulla balconata del suo ashram di Puri, di fronte a una grande folla; io andai a prendergli un bicchiere d'acqua e inciampai leggermente in un piccolo tappeto, sollevandone un angolo.

«"Guardate quell'incapace!" esclamò lui, con apparente disprezzo.

«Tutti i presenti risero. Io li guardai e pensai: "Nessuno di voi ha quello che possiedo io!". Ma sapevo che il Maestro mi stava preparando per la derisione che mi attendeva in America, e che ricevetti solo a causa di superficiali differenze culturali e non perché avessi fatto qualcosa di sciocco. Una volta, a Boston, delle persone mi tirarono addirittura contro delle mele! Ma nulla mi ha mai turbato».

# CAPITOLO SETTIMO

# Il suo impegno pedagogico

Dopo aver ricevuto da Sri Yukteswar il titolo di *swami* (Mukunda prese il nome di "Swami Yogananda"), il discepolo iniziò l'opera che Dio gli aveva assegnato. Fondò una scuola in un luogo chiamato Dihika. Aveva sempre nutrito nella sua vita un vivo interesse per l'educazione. Un detto (forse scozzese?) afferma: «L'albero cresce nella direzione verso la quale tende il virgulto».* Se la società deve essere elevata, il periodo cruciale per iniziare tale trasformazione è durante l'infanzia, poiché è allora che la mente è più malleabile. Alcune persone, anche solo a vent'anni, sono già diventate ciò che Yogananda soleva definire dei "ruderi psicologici". Dopo i quarant'anni – egli disse – per la maggior parte della gente è quasi impossibile cambiare.

D'altro canto, per non scoraggiare coloro che sono già in età matura, va detto che egli raccontava anche la storia di una donna che aveva incontrato a Seattle e che aveva più di ottant'anni. Era stata atea per tutta la vita, ma dopo aver incontrato Yogananda si trasformò completamente. Trascorse i pochi anni che le rimasero da vivere cantando il suo nome e meditando. «Ha raggiunto la liberazione in questa vita» mi disse il Maestro.

* Questo detto è originariamente attribuito al poeta romano Virgilio. Tuttavia, è un'immagine che viene in mente in modo così naturale da domandarsi se egli non l'abbia tratta da qualche altra fonte più antica.

Un'educazione adeguata durante l'infanzia è, quindi, estremamente importante. Il sistema educativo di Yogananda partiva dallo studente stesso, piuttosto che dalle informazioni da inculcare nella sua testa. I bambini hanno bisogno di valori spirituali e morali. Questi, di conseguenza, devono essere resi attraenti, mostrando come la loro applicazione conduca alla felicità che tutti gli uomini desiderano. Senza trascurare l'importanza delle altre nozioni, Yogananda si concentrava sullo sviluppo delle abilità dei propri allievi, soprattutto sulla loro capacità di concentrarsi e di assimilare le informazioni, sulla loro chiarezza mentale e sul loro coraggio nell'affrontare la vita con atteggiamento positivo. Solo dopo aver creato tale base, egli procedeva a risvegliare il loro interesse per lo studio.

Per esempio, qualche anno dopo, nella sua scuola di Ranchi (nel Bihar), c'erano due ragazzi che litigavano continuamente fra loro. Egli li fece dormire nello stesso letto! Da allora in poi ci fu o una costante lotta insonne o una pace forzata. I ragazzi cominciarono a mostrare i segni di una nascente amicizia.

Yogananda, allora, per assicurarsi che questa nuova amicizia fosse sufficientemente profonda, una notte si avvicinò in punta di piedi al loro letto e rimase lì accanto. Vedendo che dormivano profondamente, si chinò e colpì uno di loro sulla fronte. Il ragazzo si svegliò e apostrofò con rabbia il suo compagno.

«Perché lo hai fatto?» gli chiese.

«Che vuoi dire? Non ho fatto niente». Quella risposta sembrava così sincera che il primo ragazzo si calmò, troppo assonnato per chiedersi cosa fosse realmente accaduto.

Quando si fu riaddormentato profondamente, Yogananda si chinò di nuovo e colpì la fronte dell'altro ragazzo. Questi si alzò a sedere e gridò incollerito: «*Ti avevo detto* che non ho fatto niente!». Quando già erano entrambi seduti, pronti per azzuffarsi, volsero lo sguardo verso i piedi del letto. Lì videro Yogananda che sorrideva.

«Oh, *voi*!» esclamarono. Da quella notte diventarono amici per la pelle.

La scuola, come ho detto, era inizialmente situata a Dihika. Quella, però, si rivelò una zona malarica e gli studenti cominciarono ad ammalarsi. Swami Yogananda si rivolse allora al Maharaja di Kasimbazar, chiedendogli aiuto per trovare degli edifici scolastici in una zona più salubre del Paese.

Il maharaja rispose: «Credevo che foste tutti degli yogi! Come mai i vostri ragazzi si ammalano di malaria?».

«Una madre, una volta, voleva dare più energia al suo bambino» rispose Yogananda «così gli diede da mangiare del cibo. Immediatamente, gli chiese con sollecitudine: "Figlio mio, stai diventando più forte?".

«"Come posso dirlo, mamma?" rispose il bambino. "Il cibo non ha ancora raggiunto il mio stomaco".

«I ragazzi» concluse Yogananda «hanno appena iniziato la loro pratica dello yoga. Non c'è da stupirsi che si siano ammalati. Però, come vedete, io non sono malato!».

Il maharaja rimase ben impressionato dalla risposta di Yogananda. Poi, però, proseguì con queste parole: «Allora volete fondare una scuola spirituale? Come posso sapere se avete le giuste credenziali per trasmettere agli altri degli insegnamenti elevati?».

Egli chiamò a raccolta un gruppo di *pandit* (dotti teologi) e chiese loro di mettere sotto torchio quel giovane, per verificarne le credenziali.

«Quando entrai nella stanza» raccontò in seguito Yogananda «vidi un gruppo di vecchi inariditi, pronti a ingaggiare una battaglia spirituale. Quindi cominciai dicendo: "Parliamo solo di verità che abbiamo realizzato noi stessi".

«Beh, quello li mise sulla difensiva! Nessuno di loro aveva realizzato neppure una delle grandi verità insegnate nelle Scritture. Tutto ciò che potevano fare era citare le affermazioni altrui.

«Allora feci loro una domanda alla quale sapevo che nessuna Scrittura forniva la risposta. "Abbiamo tutti letto" dissi "che i quattro aspetti della coscienza umana sono *mon* (mente), *buddhi* (intelletto), *ahankara* (ego) e *chitta* (sentimento). Le Scritture affermano inoltre che questi quattro aspetti hanno quattro corrispondenti sedi nel corpo. Qualcuno di voi sa dirmi dove si trovano?".

«I *pandit* non seppero rispondere. Allora spiegai loro: "*Mon* (la mente) è situata sulla sommità del capo; *buddhi* (l'intelletto) nella fronte, tra le sopracciglia; *ahankara* (l'ego) nella parte posteriore della testa, nel midollo allungato; *chitta* nella regione del cuore". Di queste quattro collocazioni, quella di *mon* forse va accettata con fede, ma le altre tre sono facili da verificare.

«Quando una persona pensa profondamente, tende ad aggrottare le sopracciglia. Se un individuo è eccessivamente orgoglioso, la tensione dietro la testa e nel collo gli fa tirare la testa all'indietro. Quando la fidanzata di un giovane lo lascia per un altro, lui non esclama mai: "Mi si è spezzato il ginocchio!", ma dirà naturalmente: "Mi si è spezzato il cuore". Di nuovo, quando qualcuno ha uno shock emotivo, è naturale che metta la mano su quella parte del petto che si trova sopra il cuore.

«Spiegai inoltre ai *pandit*» continuò il Maestro «che "la mente è come uno specchio. Se un cavallo si trova davanti a uno specchio, questo rifletterà la sua immagine, ma non sarà in grado di discernere cosa sia quell'oggetto. Allora entra in scena l'intelletto, che dice: 'Oh, quello è un cavallo!'. Poi interviene l'ego, che esclama: 'Quello è il *mio* cavallo!'. Il sentimento emette poi il verdetto finale, dicendo: 'Come sono *felice* di vedere il *mio* cavallo!'.

«"L'illusione" conclusi "inizia con le reazioni dell'ego, ma è il sentimento a infliggere il colpo finale"».

Per questo motivo Patanjali, il principale e più antico esponente dello yoga, definì lo yoga come: "*Yogas chitta vritti nirodha* (lo yoga è la neutralizzazione dei vortici del sentimento)".

Swami Vivekananda, e anche altri studiosi, hanno tradotto quella definizione in questo modo: «Lo yoga consiste nel calmare le onde della sostanza mentale». *Vritti*, tuttavia, significa "vortici": una parola che rappresenta in modo molto più accurato ciò che accade realmente, poiché sia il sentimento che l'ego attirano nella loro spirale le impressioni. *Chitta*, inoltre, non è "sostanza mentale". Gli studiosi, che dipendono interamente dal loro intelletto, non sono stati capaci di comprendere il ruolo superiore che il sentimento svolge nella vita dell'essere umano. Hanno anche definito *chitta* come "la mente inferiore". Il sentimento, tuttavia, è l'essenza stessa della consapevolezza. *Adi* (il primo) Swami Shankaracharya definì Dio stesso come *Satchidananda*, che Yogananda tradusse come "sempre esistente, sempre cosciente, sempre nuova Beatitudine". *Chid (chitta)*, in realtà, è l'essenza stessa della coscienza.

Ci sono due cose che la scienza non sarà mai in grado di riprodurre: il sentimento e l'autoconsapevolezza.

Riguardo alla traduzione di Yogananda, gli studiosi eruditi potranno osservare: «Non c'è nulla nel termine originale che significhi "sempre nuovo"». Vero! Questa è stata l'aggiunta, estremamente significativa, di Yogananda al significato di quel termine. La Beatitudine è realmente sempre nuova: nuova di momento in momento nell'eternità, nuova (e in un certo qual modo unica) in ogni anima, nuova in ogni piccolo punto dello spazio infinito.

Gli eruditi chiamati a raccolta dal maharaja furono ben impressionati e diedero il loro benestare affinché venisse donata a questo giovane la proprietà che cercava. Il maharaja diede allora a Mukunda il suo palazzo appena fuori dalla città di Ranchi, nello stato del Bihar. Lì Yogananda portò i suoi studenti da Dihika. E lì la scuola fiorì. In soli due anni, le iscrizioni superarono di gran lunga la possibilità di accogliere tutti gli aspiranti.

Nel suo libro, Yogananda racconta la storia di un giovane ragazzo, Kashi, la cui morte imminente era stata predetta dal Maestro. Kashi in effetti morì. Prima del temuto evento, chiese però a Yogananda di rintracciarlo nella sua prossima vita e di ricondurlo al sentiero spirituale. Il Maestro lo fece.

Io stesso ho una storia da aggiungere a questo proposito. Nel 1959, in un ufficio di Calcutta, incontrai un uomo anziano, il quale mi disse che suo fratello Kashi era stato in contatto con il mio guru. Proseguì raccontandomi la storia della morte di Kashi, e fu chiaro che si trattava proprio dello stesso Kashi che frequentava la scuola di Ranchi! Allora gli raccontai la vicenda completa e lui saltò in piedi emozionato, specialmente quando gli parlai della successiva incarnazione del fratello. Gli consigliai di leggere il resoconto nell'*Autobiografia di uno yogi* ed egli disse con entusiasmo che lo avrebbe certamente fatto.

Yogananda chiamò la sua scuola *Brahmacharya Vidyalaya*. *Vidyalaya* significa "scuola": in questo caso, una scuola in cui un bambino si reca per ricevere la conoscenza (*vidya*). Nell'antica India, la vita era formalmente suddivisa in quattro stadi: lo studente, l'uomo di famiglia, la persona che si è parzialmente ritirata dalla vita attiva e colui che si è ritirato completamente per dedicarsi alla ricerca di Dio. Questi stadi vengono chiamati *brahmacharya*, *grihastha*, *vanaprastha* e *sannyas*. Le persone che sono già completamente dedite fin dalla giovinezza alla ricerca di Dio possono rimanere *brahmachari* (o, se donne, *brahmacharini*), passando direttamente dal primo stadio al quarto, quello del *sannyas*.

*Brahmachari* significa "istruito nelle vie di Brahma". È uno stadio inteso a favorire fin dall'inizio la sintonia del bambino con Dio e con gli atteggiamenti divini. Poiché il sesso è la tentazione più forte che l'essere umano deve affrontare, il termine *brahmacharya* è giunto a essere associato principalmente al controllo sessuale. In effetti, è molto importante per tutti raggiungere l'autocontrollo in questo aspetto della vita; dopo aver sviluppato questa virtù, sposarsi diventa più sicuro.

Per i successivi trenta o quarant'anni di vita, ci si aspetta che l'individuo si dedichi a guadagnarsi da vivere, a far crescere una famiglia devota e a offrire al mondo l'esempio di una vita vissuta nel *dharma*, o giusta azione.

Alla fine di questa fase della vita, si presuppone che l'individuo si ritiri parzialmente dalle attività esteriori. Potrà rimanere sufficientemente in contatto con la propria famiglia per guidarla, ma sempre meno, fino a sentire con tutta tranquillità di poterla lasciar crescere autonomamente.

Gli viene allora consigliato, se si sente incline a farlo, di entrare nella fase della completa rinuncia, *sannyas*, senza più rivendicare alcuna identità terrena e dedicandosi completamente a offrire il proprio ego nel fuoco dell'autotrascendenza.

Ciò che Yogananda intendeva fare era riportare in auge gli antichi valori, tradotti realisticamente in termini moderni. Cominciò al livello dell'infanzia.

Nel suo commento alla *Bhagavad Gita*, egli spiega anche il significato più profondo delle quattro caste. Questo sistema, egli disse, non intendeva essere repressivo; piuttosto, nella sua forma originaria, era offerto come una linea guida per il naturale sviluppo dell'anima. Nel modo in cui era originariamente concepito, il sistema non era ereditario come lo è diventato al giorno d'oggi.

Yogananda dava grande rilievo alle virtù supreme, indicandone sempre l'importanza per il completo appagamento dell'essere umano. Una di quelle virtù è *ahimsa* (la non-violenza), insegnata e praticata nel secolo scorso dal Mahatma Gandhi. Una storia che illustra la perfezione in questa virtù è la seguente. Un giorno il Maestro prese a nolo un carro trainato da buoi con un guidatore e portò un gruppetto di ragazzi nella giungla vicino a Ranchi. Mentre viaggiavano nel folto della foresta, incontrarono un santo *sadhu*.

Yogananda gli chiese: «Non avete paura delle tigri che vivono qui nella giungla come voi?».

«Oh, no» rispose il *sadhu* con indifferenza. «Le considero i miei gattini».

A SINISTRA: Paramhansa Yogananda nel 1919, mentre medita su una pelle di leopardo nella sua scuola di Ranchi (India). IN BASSO: Un gruppo di studenti e insegnanti di Ranchi in posa con il venerabile Maharaja di Kasimbazar (al centro, in bianco). Nel 1918 egli donò il suo palazzo Kasimbazar e dieci ettari di terra a Ranchi, affinché diventassero la sede permanente della scuola di Yogananda ispirata allo yoga.

Dopo qualche tempo, il gruppo si accorse che si stava facendo tardi. Il guidatore avrebbe dovuto iniziare il viaggio di ritorno verso Ranchi diverse ore prima; ora non rimaneva abbastanza tempo per farlo. Stava calando la notte. Fortunatamente, il gruppetto si imbatté in una capanna abbandonata. Qui trovarono protezione dall'aria notturna e dagli animali predatori. Entrarono e serrarono la porta.

Via via che la notte avanzava, si iniziarono a udire le grida delle creature notturne. Dopo un po', questi suoni cominciarono a includere anche i ruggiti delle tigri. All'improvviso, il ruggito di una tigre cominciò a risuonare minaccioso vicino alla capanna.

«S-sta cercando i nostri buoi!» esclamò il guidatore, intimorito. Prudentemente, si ritirò nel fondo della stanza, mettendo gli altri fra sé e la porta.

«Vuoi dire che non hai chiuso la porta della stalla?» chiese Yogananda. Quello sciocco se n'era dimenticato! Se i buoi fossero stati uccisi, tutti loro sarebbero rimasti bloccati in quel luogo selvaggio.

«Qualcuno vuole accompagnarmi alla stalla?» chiese il Maestro. Ci si può immaginare il coro di volontari! Da solo, quindi, egli uscì nell'oscurità. Prendendo per sicurezza una lanterna, chiuse la porta dietro di sé. Non appena la porta si chiuse, un soffio di vento spense la fiamma. Egli avanzò nell'oscurità. Proprio allora, una grossa tigre reale del Bengala apparve dall'altro lato della radura. Yogananda si trovava fra la tigre e la porta aperta della stalla!

Che cosa fece allora la tigre? Semplicemente, trasferì la sua attenzione dai buoi a quell'intruso. Lentamente si avvicinò al Maestro, con la coda percorsa da fremiti.

Yogananda la guardò. La sua mente era colma del pensiero: «Dio sta venendo a me in questa forma». Guardò la tigre con divino amore, senza scorgere alcunché di minaccioso nel suo avvicinarsi.

All'improvviso, non appena raggiunse Yogananda, l'enorme bestia si sdraiò a pancia in su. Yogananda l'accarezzò per un po' e le diede dei colpetti affettuosi, poi andò a chiudere la porta della stalla. La tigre si alzò e se andò con calma. Quando Yogananda ritornò alla capanna, non mancò di rimproverare quel guidatore negligente!

Secondo Patanjali, quando una persona ha perfezionato *ahimsa*, gli animali selvaggi e i feroci criminali diventano mansueti in sua presenza.

Conosco diverse storie che riguardano questo periodo della vita del Maestro. Una ha a che fare con una cascata nei pressi di Ranchi, chiamata Hoodroo Falls. A volte Yogananda portava un gruppo di ragazzi in gita a quella cascata. Attraversavano il fiume a piedi al di sopra della cascata, camminando sulle rocce per raggiungere l'altra riva. Era pericoloso, ma Yogananda gridava ai ragazzi: «Credete in Dio?». «Sì!» esclamavano loro in risposta. Così, armati della protezione divina, attraversavano sempre il fiume in tutta sicurezza.

«Alcuni anni dopo che me n'ero andato» mi raccontò il Maestro «un altro insegnante cercò di fare la stessa cosa. Era però privo di potere spirituale: uno dei ragazzi scivolò da una roccia e trovò la morte nella cascata. Da quel momento in poi, quella pratica fu abbandonata».

Durante gli anni che trascorsi in India, Binay N. Dubey, una persona che era entrata da poco a far parte dell'opera del Maestro, assunse la direzione dell'intera organizzazione, inclusa la scuola. Un giorno mi disse: «Il governo vuole promuovere le scuole. Se otteniamo delle sovvenzioni governative per la nostra scuola di Ranchi, potremo crescere quattro volte più in fretta!».

«Binay» gli dissi «se il governo ci darà anche un solo *paisa* (l'equivalente, più o meno, di un centesimo), da allora in poi possiederà e dirigerà ogni cosa». Lui, tuttavia, continuò con i suoi piani e la scuola di Ranchi si sviluppò; lo fece, però, a scapito di qualunque possibilità di continuare a impartire agli studenti gli insegnamenti di Yogananda, se non ad alcuni allievi, privatamente, al di fuori delle lezioni.

In India, l'innovativo sistema di Yogananda è ormai morto. Egli desiderava introdurlo in America, ma si rese conto che in quel Paese avrebbe dovuto innanzitutto risvegliare l'interesse dei genitori, se voleva che facessero partecipare i loro figli a un esperimento così innovativo.

Fortunatamente, i suoi ideali per un tipo di istruzione orientata soprattutto al risveglio della coscienza sono sopravvissuti nelle scuole che egli mi ha ispirato a fondare in suo nome: quattro finora in America, una in Italia e una in India. Tutte queste scuole stanno fiorendo. Il loro sistema educativo è basato su un mio libro, intitolato *Educare alla Vita*,* che si ispira agli ideali di Yogananda. Anch'io, infatti, sono rimasto deluso dalla maggior parte delle scuole che ho frequentato da ragazzo. E la mia esperienza scolastica è stata più ampia di quella della maggior parte dei bambini: ho frequentato, complessivamente, nove scuole.

Ci sono numerose illusioni alla base del sistema educativo moderno. Tra queste, la convinzione che la felicità e l'appagamento dipendano dal successo materiale. Un'altra illusione è che una vasta conoscenza garantisca un maggiore successo in ogni campo. Una terza illusione è che il successo, in qualunque ambito, dipenda dal denaro che si guadagna.

Il denaro, ovviamente, è necessario per costruire qualsiasi cosa, da una casa a un ospedale. Più importante che possedere denaro, tuttavia, è essere capaci di *attrarlo*. Il sistema "Educare alla Vita" offre un modo molto più significativo di raggiungere tutti questi obiettivi perfettamente naturali. Non si basa su vaghe teorie, ma su fatti concreti e assodati, dimostrati in oltre quarant'anni di esistenza di questo sistema educativo.

È un sistema idealistico? Sì, certamente! Nessuno può essere felice, e neppure raggiungere l'appagamento in alcun campo, se la sua coscienza è priva di uno scopo elevato.

* Swami Kriyananda, *Educare alla Vita*, Ananda Edizioni. (N.d.C.)

La felicità e l'appagamento derivano dal successo materiale? Il mondo è pieno di persone ricche che hanno trovato ben poca felicità nella loro vita. Ad Howard Hughes, ai suoi tempi l'uomo più ricco del mondo, appena una settimana prima della sua morte fu chiesto: «Lei è felice?».

«No» rispose lui sconsolatamente. «Non posso dire di aver trovato la felicità».

La felicità e l'appagamento sono atteggiamenti mentali. Dipendono da fattori intangibili, come la capacità di attrarre degli amici, di essere entusiasti, di essere orientati verso le soluzioni piuttosto che verso i problemi, di essere in pace con se stessi.

Il sistema "Educare alla Vita" insegna i *giusti atteggiamenti* per una vita realmente felice e appagante.

È giusto affermare che il successo, in tutti i campi, dipende dalla conoscenza di fatti specifici? In una certa misura sì, ovviamente! Non si può parlare il francese se non si conoscono la grammatica e i vocaboli di quella lingua. Esiste, tuttavia, un altro aspetto del successo che pochissime persone, e nessun sistema educativo di cui io sia a conoscenza, prendono in considerazione: la *sintonia mentale* con una materia è essenziale per poterla padroneggiare veramente. Per parlare bene il francese, bisogna *sentire* un'affinità con questa lingua; bisogna sentirsi quasi francesi. Per avere realmente successo negli affari, bisogna trovarli piacevoli e sentirsi parte della coscienza necessaria per avere successo in quel campo: bisogna anche godere di quello che si fa, invece di trovarlo stressante. Bisogna dire a se stessi: «Per ora, io sono *un uomo d'affari*!».

Il sistema "Educare alla Vita" non sminuisce l'importanza della conoscenza; impartisce le conoscenze necessarie per ottenere la padronanza in qualunque campo. C'è, tuttavia, un aspetto del vero successo che viene universalmente ignorato dai moderni sistemi educativi: lo strumento umano che deve *usare* quella conoscenza! Se una persona non ha imparato ad applicarsi con concentrazione a ciò che fa, è probabile che fallirà a prescindere dalla propria conoscenza. Tutte le persone di grande successo sono state capaci di concentrarsi perfettamente su quello che dovevano compiere.

C'è un'altra verità insegnata nel nostro sistema: pochissime persone sanno *come attrarre* il denaro. Cercano di guadagnarlo con il sudore della fronte, ma non comprendono che ad attrarre il denaro, il successo e perfino la comprensione necessaria per riuscire in qualsiasi campo, è soprattutto il magnetismo. Nella nostra epoca attuale si sta sviluppando la consapevolezza che l'energia è la realtà alla base dell'universo materiale. Proprio come un flusso di elettricità produce attorno a sé un campo magnetico, così anche l'energia, il pensiero e l'aspirazione elevati possono creare il magnetismo necessario per attrarre la salute, il successo, il denaro e l'appagamento a ogni livello.

Il sistema "Educare alla Vita" è profondamente in sintonia con queste realtà dell'epoca attuale. Si concentra su quegli aspetti della coscienza che soddisferanno sicuramente ogni necessità umana, perfino il bisogno di amore e di felicità.

Le parole volano, ma i fatti restano. Invariabilmente, gli allievi delle scuole di Ananda, quando le circostanze li obbligano a entrare nel sistema scolastico tradizionale, si distinguono sia come studenti, sia come leader o semplicemente come esseri umani. Negli Stati Uniti, dove è consuetudine condurre delle verifiche scolastiche a livello nazionale, i nostri bambini si collocano solitamente nella fascia alta delle classifiche, entro il primo cinque per cento.

La cosa più importante di tutte, comunque, è che sono *felici*!

Gli ideali fondamentali di Yogananda per la giusta istruzione scolastica sono vivi e vegeti nelle comunità Ananda in tutto il mondo. Parlerò di queste comunità più avanti, nel contesto appropriato.

CAPITOLO OTTAVO

# La partenza per l'America

Presto Yogananda sarebbe partito per l'America per iniziare quella che fu senza dubbio la fase più importante della sua vita. Che cos'era la cultura indiana che egli rappresentava? Quali ne erano i valori? Scrivere un trattato sull'argomento non richiederebbe soltanto alcune pagine, ma un'intera biblioteca! Ciò nonostante, si possono dire alcune cose al riguardo, in modo semplice e chiaro.

La cultura dell'India non è mai stata, come cercarono di far credere gli inglesi, qualcosa di importato dal di fuori dei confini dell'India, grazie a una razza ariana puramente mitologica proveniente dall'Occidente. Era una cultura indigena. Sono stati scritti molti libri basati sulla premessa che tutto ciò che di grande sarebbe possibile trovare nella cultura indiana non proverrebbe dall'India: così tanti che non è affatto facile affermare il contrario. Napoleone disse: «La Storia è una bugia sulla quale tutti sono d'accordo». Max Müller affermò perfino che il luogo d'origine della "razza ariana" era stato la Germania. Hitler usò questa dichiarazione per sostenere che i tedeschi (biondi, con gli occhi azzurri... come lui? In realtà non molti tedeschi corrispondono a questa descrizione!) erano la "razza superiore" (*Herrenvolk*).

A sostegno di coloro che propagandavano queste teorie interessate, vi era il fatto che la Storia non è mai stata di grande interesse per gli indiani. Ciò nonostante, alcune scoperte fatte a Mohenjo Daro e

Harappa (antiche rovine risalenti presumibilmente a migliaia di anni fa) includono artefatti chiaramente prodotti dalla cultura indù.

La cronologia della Storia può non essere stata la maggiore preoccupazione per gli antichi indiani, ma gli eventi antichi furono certamente registrati, e non erano mitologici. L'Induismo – questo stesso nome è un'imposizione straniera, basata sull'associazione occidentale di questa intera cultura con la sua localizzazione «al di là del fiume Indo» – era conosciuto dagli indigeni come *Sanaatan Dharma*, la "Religione Eterna". Questa religione non deve essere confusa con la pletora di divinità indiane, che sono solo rappresentazioni figurative di ideali spirituali; non sono idoli. Nella sua essenza, il messaggio dell'India proclama l'unità di tutte le religioni, poiché tutta la Creazione è un'emanazione dello Spirito Supremo ed è soltanto un sogno. Il destino della Creazione, e quindi il destino di ogni anima in essa contenuta, è di essere riassorbita, alla fine, in quello Spirito. Tutti noi siamo soltanto onde sull'oceano di Brahman. Traiamo la nostra coscienza da Quello, e non dal semplice fatto di avere un cervello. La coscienza non cessa quando lasciamo il nostro corpo, alla morte. In effetti noi siamo, in un senso molto reale, vecchi quanto Dio. L'anima non può essere creata né distrutta: è eterna.

Una volta chiesi al mio guru: «L'anima può mai essere distrutta?».

«L'anima» egli rispose «è una parte di Dio. Com'è possibile distruggere Dio?».

La concezione occidentale di un inferno eterno è semplicemente impossibile. Il pensiero di un paradiso eterno, con angeli che svolazzano incessantemente qua e là, è altrettanto assurdo. In realtà, non posso immaginare un inferno peggiore dell'essere imprigionati per sempre in un piccolo corpo! Il nostro destino finale è di essere riassorbiti *coscientemente* nell'Infinito. Neppure la nostra individualità andrà perduta, poiché, quando realizzeremo la nostra unità con lo Spirito Onnisciente, in quell'onniscienza ricorderemo sempre che, per una lunga serie di incarnazioni, noi stessi abbiamo giocato un ruolo unico come manifestazioni individualizzate del Divino. Ben prima di quella realizzazione suprema, inoltre, l'anima ricorda tutte le sue incarnazioni, forse svariati milioni di esse.

Quando Dio (Brahman, nell'aspetto del Creatore) manifestò l'universo, in realtà non *creò* nulla: si limitò a farlo esistere sognandolo. L'universo materiale, come ormai sappiamo, è solo una manifestazione di energia. Un giorno l'uomo scoprirà che l'energia, a sua volta, è solo una manifestazione del pensiero. Infine, nell'epoca più elevata, diventerà conoscenza comune il fatto che il pensiero stesso è solo una manifestazione della coscienza divina.

Il destino dell'India è di essere il guru di questo pianeta. Solo in quel Paese le antiche verità sono state preservate. Sarebbe bene che i rappresentanti delle altre nazioni seguissero l'antico messaggio dell'India, perché in esso si trova la salvezza del nostro pianeta.

Il ruolo di Yogananda nel rendere nota al mondo quella cultura iniziò (come ho già detto) con l'umile compito di educatore di bambini, allo scopo di ispirare le persone a vivere per gli ideali elevati durante quello stadio dell'esistenza in cui le abitudini e gli atteggiamenti non sono ancora divenuti fissi, e con l'obiettivo di insegnare ai bambini a trovare la vera felicità e il vero appagamento nella vita. Yogananda fu direttore della sua scuola di Ranchi per due anni, prima che Dio lo chiamasse in America.

Durante la sua vita a Ranchi, egli aveva costantemente cercato nuovi luoghi in cui poter meditare, fuori dalla portata, per così dire, dei rumorosi e curiosi scolari che aveva attirato. Un giorno si mise a meditare nel magazzino della scuola. Lì, all'improvviso, ebbe una visione: migliaia di persone sfilavano di fronte a lui.

«America! Sicuramente questi sono degli americani!» esclamò. Proprio allora un ragazzino entrò nella stanza. Il nuovo nascondiglio del Maestro, come tutti gli altri, era stato scoperto!

«Vieni qui, Bimal!» esclamò il Maestro allegramente. «Ho una notizia da darti. Il Signore mi chiama in America!».

Interiormente, egli disse a Dio: «Allora, il mio lavoro qui è concluso».

Bimal fece bene il suo lavoro di gazzettino a due gambe. Quando il giovane direttore emerse da quel magazzino, l'intera scuola sapeva già la notizia. Alcuni dei nuovi insegnanti dissero scherzosamente: «Dovremo tenere delle lanterne davanti a voi, per illuminare il vostro cammino in quelle oscure regioni?».

Yogananda rispose: «Non scherzate su questo. Partirò oggi stesso con il treno delle tre per Calcutta». Tutti si chiesero dove avrebbe trovato i fondi necessari. Non aveva mai ricevuto alcun salario; non aveva neppure un "ufficio contabilità" pieno di monete d'oro. Era, di fatto, più o meno senza un soldo.

Quello stesso giorno, tuttavia, egli partì per Calcutta. Quanto fu straordinariamente veloce la sua decisione! Aveva ricevuto quella visione tra le dieci e le undici del mattino; si mise in treno per Calcutta alle tre del pomeriggio di quello stesso giorno! Prima di partire dovette fare i bagagli, nominare i suoi sostituti, dare loro le istruzioni e i consigli dell'ultimo minuto, infine dire addio a tutti gli studenti.

Ebbe così inizio la fase successiva della sua vita, la più importante di tutte: la sua missione in Occidente. Dopo il suo arrivo a Calcutta, egli raccontò la novità a tutti i suoi conoscenti. Un insegnante universitario di nome Bhajan venne da lui quello stesso pomeriggio e gli disse: «Sai, il rettore della mia università, Haramba Maitro, parteciperà a una conferenza a Boston, Massachusetts, a settembre. Si tratta di un congresso di liberali religiosi, sponsorizzato dalla Chiesa Unitaria Universalista».

Yogananda disse: «Devi portarmi da lui».

Il rettore scelse Yogananda perché rappresentasse a quel congresso l'organizzazione che egli stesso aveva fondato per la propria scuola di Ranchi.

Così ebbe inizio l'avventura.

Come passo successivo, Yogananda si recò a Serampore a far visita al proprio guru. «È tutto vero, Maestro?» gli chiese. «Devo realmente andare?».

«Sì» rispose il grande guru. «Adesso o mai più. Tutte le strade sono spianate per te».

Yogananda tornò a Calcutta. La sera seguente, un amico venne a trovarlo e gli parlò di qualcuno che, a sua volta, stava andando in America. Anche quell'uomo gli fece visita e gli disse: «Ti presenterò un impiegato della biglietteria della compagnia di navigazione».

Alla biglietteria, l'impiegato gli disse: «Non ci sono posti disponibili. È tutto prenotato per i prossimi sei mesi».

Yogananda rispose: «Partirò comunque». La nave, la *The City of Sparta*, sarebbe partita il mese seguente.

«Semplicemente, non ci sono cuccette disponibili» rispose l'impiegato.

La risposta di Yogananda fu la stessa: «Partirò con quella nave».

L'impiegato (un inglese) a quel punto perse la calma ed esclamò: «Non ce la farà neanche a ottenere un passaporto in così poco tempo! La polizia avrà bisogno di sei mesi per le necessarie investigazioni». L'India sotto gli inglesi presentava delle difficoltà particolari.

«Non c'è problema» rispose il giovane swami. «Partirò con quella nave. Forse qualcuno cancellerà la sua prenotazione».

«Non ci speri!» gridò l'impiegato, con rabbia. Si scrisse quindi il nome di Yogananda sul polsino della camicia con una matita copiativa. Il mio guru in seguito commentò: «Lui non lo sapeva, ma quel gesto gli rovinò la camicia!». Perché mai l'uomo avesse scritto il nome di Yogananda proprio non lo so. Forse lo fece per ricordarsi della sua prenotazione, nonostante gli avesse detto che non c'era speranza; oppure per ricordare a se stesso di non avere più nulla a che fare con quel tafano umano!

Due giorni dopo, Yogananda voleva tornare alla biglietteria. «Questa volta non verrò con te!» gli disse il suo amico. «Siete quasi venuti alle mani!».

«No» rispose il giovane swami. Stavo solo facendomi valere!». Andò invece alla polizia e fece richiesta per il passaporto.

«Impossibile!» gli risposero. «Con la guerra appena finita, tutti sono sospettati. Per fare le adeguate indagini su di voi ci vorranno almeno tre mesi». La *The City of Sparta* era la prima nave passeggeri in partenza da Calcutta dopo la fine della prima guerra mondiale.

Più tardi, quel giorno, il padre di Yogananda gli disse che un loro parente, uno zio, si trovava nella stanza accanto. Quest'uomo era un magistrato supplente. Quando apprese della difficile situazione in cui si trovava il nipote, gli disse: «Ti farò avere subito il passaporto». Yogananda pensò: «Come ha detto il mio guru, tutte le strade sono spianate».

In brevissimo tempo egli ebbe in mano il passaporto. Tornò quindi alla biglietteria navale. L'impiegato non voleva neppure guardarlo. Il giovane swami tossì per attirare la sua attenzione, poi gli disse: «Venga qui».

«Dov'è il suo passaporto?».

«Dov'e la mia cuccetta?».

«Dov'è il suo passaporto?».

«Dov'e la mia cuccetta?».

«Va bene, sì, c'è una cancellazione, ma è per una cuccetta che lei sicuramente non può permettersi. È in prima classe».

«Chi le dice che non posso permettermela? Segni il mio nome per quella cuccetta».

Yogananda non aveva il denaro necessario. Possedeva a stento una rupia. Con sicurezza, tuttavia, tirò fuori il passaporto. L'uomo spalancò la bocca per lo stupore. «Va bene» disse «ma deve darmi una caparra».

«Vado a prenderla».

Suo padre gli disse: «Non aspettarti che sia *io* a darti quei soldi. Non *voglio* neppure che tu vada!».

«Ma Dio vuole che io vada».

«Beh, il denaro non verrà da me!».

«Non c'è problema, non ve l'ho chiesto».

Il giorno seguente, prima di andare al lavoro, suo padre lasciò un assegno a una delle figlie, dicendole: «Ho sbagliato a negare il denaro a Mukunda. Dio mi ha detto di dargli questo assegno». L'assegno era sufficiente per coprire il costo della cabina e anche qualche ulteriore spesa. Quando Yogananda vide suo padre, gli disse: «Padre, non posso accettare questi soldi da voi. Non voglio che vi sentiate obbligato a darmeli».

Suo padre rispose: «È stato Dio a farmi cambiare idea. Questo denaro non viene da me come padre, ma come devoto discepolo di Lahiri Mahasaya». Poi si mise a piangere: «Tornerai?» gli chiese.

«Tornerò fra tre mesi» rispose il figlio «se gli americani non avranno bisogno di me. Tutto dipende dal loro interesse e dal loro bisogno». Beh, conosciamo tutti il seguito della storia.

Le prove che Yogananda dovette affrontare nella sua vita furono molte. Ciò che mi ha affascinato più di tutto nella sua autobiografia è stato il suo perfetto atteggiamento in ogni circostanza immaginabile: egli ne uscì sempre con un bel sorriso.

# CAPITOLO NONO

# I primi anni in America

Yogananda approdò sul suolo americano a Boston. Trovò ad accoglierlo una delegazione della Chiesa Unitaria. La sua conferenza al loro congresso ebbe un grande successo. Aveva superato il primo ostacolo: innanzitutto la necessità di tenere una conferenza, e per giunta in quella che per lui era una lingua straniera. Con il passare del tempo, ricevette altri inviti a tenere conferenze.

La reputazione di Yogananda come straordinario uomo di Dio cominciò a diffondersi. Un ricercatore spirituale gli chiese un colloquio privato la vigilia di Natale e il Maestro acconsentì. Quando il giovane arrivò nella stanza di Yogananda, il Maestro gli chiese come si chiamasse.

«Dott. Minott Lewis» fu la risposta. «Sono un dentista».

Quindi il dottor Lewis chiese: «La Bibbia dice: "Se il tuo occhio sarà singolo, tutto il tuo corpo sarà pieno di luce". Potete spiegarmi il significato di questa frase?».

«Penso proprio di sì» rispose Yogananda con un sorriso. «Le dispiacerebbe sedersi su questo tappetino, di fronte a me?». L'uomo lo fece. Allora Yogananda si sporse in avanti e lo toccò sulla fronte. All'improvviso il dottor Lewis vide una luce brillante nella fronte. Insieme a questa visione, sperimentò una beatitudine suprema. Rimase seduto per qualche tempo, immobile, immerso nella profonda meditazione.

Quando aprì nuovamente gli occhi, Yogananda gli chiese: «Mi amerai sempre come io amo te?».

«Sì» fu la sbalordita risposta. «Sì, lo farò!».

«Bene! Allora mi assumo la responsabilità della tua vita».

Il dottor Lewis camminò verso casa dopo quell'incontro in uno stato di estasi. Era la vigilia di Natale. Sua moglie, sul piede di guerra perché il marito ci aveva messo così tanto per tornare a casa (dovevano ancora decorare l'albero di Natale), lo aspettava sulla porta con il matterello in mano. Tuttavia, quando vide il suo viso pensò: «Mio marito non può aver fatto nulla di male. Il suo volto è quello di un angelo!».

Il dottor Lewis fu il primo discepolo del *Kriya Yoga* che il Maestro ebbe in America. Rimase fedele al suo guru fino alla fine.

Il Maestro trascorse del tempo a casa dei Lewis. Furono molte le esperienze che il dottor Lewis ci raccontò, relative a quel periodo.

Un giorno, il dottore si trovava nel suo gabinetto dentistico. La sua mente era turbata. Qualcuno gli aveva appena raccontato delle storie molto negative su Swami Yogananda. La fiducia del dottore nel Maestro si basava sull'esperienza personale, tuttavia la sua fede era un po' scossa.

Proprio allora la porta del suo ufficio si spalancò. Yogananda entrò a grandi passi, andò dritto dal dottore e lo guardò profondamente negli occhi.

«Mi ami ancora, Dottore, così come io amo te?».

«Sì» disse il dottor Lewis, rinnovando nell'amore tutta la sua fede.

Il Maestro si era trovato su un tram a diversi isolati di distanza. All'improvviso era sceso e aveva camminato per almeno un miglio fino all'ufficio del discepolo, perché era preoccupato per il benessere spirituale del Dottore.

Io stesso, molti anni dopo, imparai questa importante lezione: il modo migliore per dissipare i dubbi è attraverso l'amore altruistico.

Una volta, il dottor Lewis uscì da solo in barca a vela nel Boston Harbor. All'improvviso si levò una violenta tempesta. Il dottor Lewis si rese conto che rischiava di annegare. Allora ricordò qualcosa che gli aveva detto il Maestro: quando sei nell'*AUM* (e questo include anche la luce), nulla può toccarti.

Il Dottore, quindi, guardò nella luce dell'occhio spirituale. Al tempo stesso, coprì la stiva con una tela cerata, sperando che le onde non inondassero la barca. Improvvisamente si sentì in salvo. Quando la barca finalmente tornò a riva, la sua famiglia lo accolse con lacrime di sollievo.

Più tardi, era appena entrato dalla porta di casa quando il telefono squillò. Era il suo guru.

«C'è mancato poco che ti bagnassi, vero, Dottore?».

Yogananda si era trovato in compagnia di un amico e stava leggendo a voce alta una storia di Joseph Conrad ambientata in mare. A un tratto era balzato in piedi e aveva cominciato a camminare su e giù per la stanza. «Il Dottore è nei guai, guai seri!».

Un'altra volta, il Maestro si trovava molto più a sud, a New York. Il dottor Lewis ebbe un attacco improvviso di una malattia molto dolorosa. «All'incirca alle tre del mattino» disse «sentii la voce del Maestro nel vialetto di casa, che mi chiamava». Aveva preso in prestito una macchina e aveva guidato fin lì da New York per stare con il suo discepolo. Guarì il dottor Lewis.

Guarì anche la figlia dei Lewis, Brenda, che soffriva di tanto in tanto di attacchi epilettici.

«Starà bene, adesso» dichiarò il Maestro. «Non avrà mai più un altro attacco». E così fu.

Durante quel periodo ci fu un grande interesse per il caso di un uomo che era accusato di un grave crimine, ma che tutti ritenevano innocente. L'uomo sarebbe stato giustiziato il mattino seguente e solo un'amnistia del governatore avrebbe potuto evitarlo. Sembrava a tutti una situazione disperata.

Il dottor Lewis, come molte altre persone, era addolorato per questo. Quando il Maestro venne a conoscenza della situazione, si fece molto serio. In silenzio, si ritirò dietro un paravento. Pochi minuti dopo ricomparve, sorridendo e strofinandosi le mani.

Il giorno seguente i giornali riferirono che, all'ultimo momento, era giunta l'amnistia del governatore.

Un'altra volta, verso la fine dell'anno, il dottor Lewis, suo figlio e Yogananda andarono alla spiaggia. «Facciamo una nuotata, Dottore?».

«Fossi matto!» esclamò lui.

Il Maestro allora si spogliò rimanendo in costume da bagno ed entrò in acqua. Vi rimase allegramente. Il figlio del Dottore chiese al padre: «Come è riuscito a farlo?».

«Tutto quel che posso dire» rispose il Dottore «è che quando è entrato in acqua ho visto una grande luce blu circondarlo all'improvviso».

Il dottor Lewis vide quella luce blu anche anni dopo, quando viveva con il Maestro a Encinitas, in California. Yogananda si era recato in Messico in macchina. Sulla via del ritorno aveva acquistato molti manghi. (I manghi messicani sono particolarmente deliziosi.) È severamente vietato importare frutta fresca in California da qualunque altra destinazione, ma specialmente dal Messico. Tutta la macchina, per di più, emanava quel profumo! Tuttavia, l'automobile del Maestro attraversò la dogana ricevendo solo una rapida occhiata dai funzionari di turno.

«Come c'è riuscito?» chiese al dottor Lewis una persona che si trovava nella macchina.

«Posso solo dire che ho visto una brillante luce blu attorno all'automobile!» rispose il Dottore.

Yogananda dovette sopportare molte situazioni divertenti durante i suoi primi anni in America. In un'occasione, si trovava a una mostra di fiori e voleva andare alla toilette degli uomini. Si avvicinò a un guardiano.

«Mi scusi» gli chiese «dov'è la toilette degli uomini?». Il guardiano osservò i suoi lunghi capelli e la sua pelle liscia e indicò in una certa direzione. Yogananda entrò in quella stanza e fece un balzo all'indietro. «Mamma mia!» raccontò poi. «Donne a destra, donne a sinistra!». Tornò dal guardiano e gli disse: «Ho detto LA TOILETTE DEGLI UOMINI!».

Il guardiano, questa volta, gli indicò un'altra direzione e il Maestro entrò finalmente nella toilette degli uomini.

«Non qui, signora! Non qui!» esclamarono subito alcuni dei presenti.

«So quel che faccio!» rispose lui con voce profonda.

Molte volte il Maestro incontrava delle persone che non erano sicure se egli fosse un uomo o una donna. La verità è che colui che ha superato il desiderio sessuale assume spesso le migliori qualità di entrambi i sessi: l'imparziale saggezza maschile e il sentire intuitivo femminile.

Un giorno, durante quei primi anni, Yogananda stava viaggiando in treno quando un facchino di colore, vedendolo, cominciò a camminare su e giù per il corridoio studiandolo da ogni lato. Alla fine, perplesso, si rivolse direttamente al Maestro.

«Ehi» gli chiese «ma tu cosa sei? Un uomo o una donna?».

«Tu che ne peeensi?» rispose Yogananda, con voce profonda. (Il suo accento bengali rendeva la storia ancor più deliziosa!)

In un'altra occasione, mentre passeggiava lungo una strada di Boston, un gruppo di ragazze adolescenti si mise a camminare dietro di lui, ridacchiando di quello spettacolo insolito. Una di loro allungò il braccio e tirò una ciocca dei suoi lunghi capelli. Yogananda si fermò e si voltò.

«Sono uno straniero nel vostro Paese. È forse strano che il mio abbigliamento debba essere diverso? Mi piacerebbe pensare che la mia gente vi riceverebbe con cortesia, se ci faceste visita. Sono venuto qui con rispetto per il vostro popolo».

Le ragazze rimasero sbalordite. Non si erano immaginate di poter trovare una tale dignità.

«Ci dispiace davvero, signore!» esclamarono. «Non lo faremo mai più».

In un'altra occasione, il dottor Lewis si trovava per strada con il Maestro, che indossava la sua veste arancione. Un uomo si avvicinò in bicicletta, vide il Maestro e gli fece uno sberleffo. Qualche metro più in là, l'uomo entrò in una grande pozzanghera. Era arrivato giusto nel mezzo quando la ruota anteriore della bicicletta si staccò ed egli cadde lungo disteso nell'acqua! Il Maestro fece un sorriso birichino, ma non disse nulla. Il dottor Lewis, invece, si contorse dalle risate.

In un'altra occasione, il Maestro ricevette una lettera nella quale lo si accusava di sbagliare a "promuovere" Gesù Cristo in America. «Non si rende conto» chiedeva l'autore della missiva «che Gesù non è mai neppure esistito?». La lettera era anonima.

«Mi piacerebbe incontrare chi l'ha scritta» disse Yogananda. Pregò di essere guidato a incontrare quella persona.

Una settimana dopo, egli entrò nella biblioteca pubblica di Boston. Lì, la prima cosa che vide fu un uomo seduto su una panca sotto una grande finestra. Andò da lui, gli si sedette accanto e gli chiese: «Perché mi hai scritto quella lettera?».

«C-che vuol dire? Quale lettera?».

«La lettera nella quale affermavi che sbaglio a promuovere Gesù Cristo in questo Paese».

«M-ma come fa a sapere che sono stato io a scriverla?».

«Diciamo che ho i miei metodi» rispose il Maestro con un sorriso. «Ma voglio che tu sappia che grazie allo stesso potere che mi ha condotto da te, io so che Gesù Cristo è realmente esistito ed era proprio come lo descrive la Bibbia».

«Devo ammettere che è straordinario» disse l'uomo, sbalordito ma comunque dubbioso. Dopo una breve pausa, aggiunse: «Va bene, ma

IN ALTO A SINISTRA: Un gruppo di delegati al congresso internazionale dei liberali religiosi a Boston, nel 1920, dove Yogananda tenne il suo primo discorso in America. IN ALTO A DESTRA: Yogananda in viaggio verso l'Alaska nel 1924. IN BASSO A SINISTRA: Paramhansa Yogananda a New York nel 1926. IN BASSO A DESTRA: Yogananda a Chicago con il suo primo discepolo americano, il dottor Lewis. In America, il Maestro preferiva presentarsi in pubblico con un abbigliamento occidentale e raccoglieva i suoi lunghi capelli in uno chignon per dare l'impressione che fossero corti. Nelle occasioni spirituali, invece, indossava abiti indiani e teneva i capelli sciolti.

ecco una domanda: come poteva Gesù – come potrebbe qualsiasi essere umano – essere "l'unico" figlio di Dio?».

«Questo» rispose Yogananda «è un comune errore di comprensione. In nessun passo della Bibbia Gesù, l'uomo, viene definito il Figlio di Dio. Quel titolo è riservato alla coscienza cristica: quell'aspetto dell'unico Dio che è onnipresente in tutta la Creazione e con cui la coscienza di Gesù era identificata».

«Quindi, l'espressione "Dio il Padre, Dio il Figlio e Dio lo Spirito Santo" non si riferisce a delle entità separate, individuali?».

«Assolutamente no! Si riferisce ai tre aspetti fondamentali dell'Unico Dio Onnipresente». Il Maestro fece una pausa, poi continuò: «Anche tu sei QUELLO! Ogni cosa nella Creazione è una parte di Dio, perché ogni cosa presente nella manifestazione cosmica è il Suo sogno. La maggior parte delle persone, però, è addormentata nell'illusione. Gesù Cristo era diverso da loro solo perché era risvegliato in Dio!».

«Quindi è vero che, con la crocifissione, egli ha assunto su di sé i peccati di tutto il mondo?».

«Per questa domanda posso solo dire: "Usa il buonsenso". Il mondo è forse migliorato dopo la sua crocifissione? Mi sembra, piuttosto, che sia peggiorato! Pensa all'empia euforia manifestata, secoli dopo, nei "circhi" romani nel Colosseo! Neppure durante l'epoca di Gesù i soldati romani esultarono di gioia per la sua crocifissione come invece accadde, secoli dopo, quando i cristiani venivano dati in pasto ai leoni. Il punto più basso nel ciclo della consapevolezza umana è stato raggiunto nel 500 dopo Cristo.

«C'è stato, tuttavia, un gruppo di persone che ha tratto beneficio dalla crocifissione di Cristo: i suoi discepoli. Loro sono cambiati profondamente. Con la sua morte sulla croce, Gesù ha preso su di sé il loro karma, portandoli in tal modo più vicini a Dio».

Yogananda, in questa storia, si riferiva ai quattro *yuga* (ere del tempo), accettati come realtà in India fin dai tempi antichi. (In verità, oltre duecento civiltà antiche presentavano un simile insegnamento. In Egitto, molto tempo fa, le persone credevano nelle quattro ere degli dèi, dei semidei, degli eroi e degli uomini. Gli antichi greci credevano in quattro età discendenti dell'oro, dell'argento, del bronzo e del ferro. Questi sono soltanto due esempi.) Gli *yuga*, così come sono stati descritti in India, sono il *Kali* (oscuro), il *Dwapara* (l'attuale era dell'energia in un nuovo ciclo ascendente, in cui l'uomo ha scoperto che la materia è soltanto una vibrazione di energia), il *Treta* (un'epoca in cui l'uomo comprende che ogni cosa è fatta di pensiero o, come ha affermato il fisico Sir Arthur Stanley Eddington, di «sostanza mentale») e il *Satya* o *Krita* (un'epoca in cui l'umanità nel suo complesso comprende che ogni cosa è soltanto un sogno di Dio).

Swami Sri Yukteswar condusse uno studio approfondito su questi antichi insegnamenti e scoprì che la datazione insegnata in India ai nostri giorni è sbagliata. L'errore si introdusse durante il *Kali Yuga*, quando la mente dell'uomo era avvolta da una relativa oscurità. In realtà – egli disse – il *Kali Yuga* non dura 432.000 anni, come si ritiene generalmente al giorno d'oggi, ma soltanto 1.200 anni. Il *Dwapara Yuga* dura 2.400 anni, il *Treta Yuga* 3.600 e il *Satya Yuga* 4.800. Il *Kali Yuga*, inoltre, non termina con un improvviso balzo nel *Satya Yuga*, come si crede comunemente in India ai nostri giorni.

Ogni cosa nella natura è ciclica. L'estate si trasforma lentamente in autunno prima di divenire inverno; l'inverno si risveglia attraverso la primavera prima di diventare nuovamente estate. Il giorno muta in crepuscolo prima di trasformarsi nell'oscurità della notte; la notte si illumina nell'alba prima di tornare nuovamente alla piena luce del giorno.

Il punto più basso del *Kali Yuga* fu raggiunto, come disse il Maestro, nel 500 d.C. Da allora, la consapevolezza dell'umanità ha cominciato a risalire. Il *Kali Yuga* terminò nel 1700, con i primi bagliori del *Dwapara Yuga*. Gli ultimi cento anni del *Kali Yuga*, che ebbero luogo durante il diciassettesimo secolo, segnarono una graduale uscita da quell'epoca di oscurità. Durante quel periodo, l'umanità assistette all'avvento della scienza moderna, accompagnato dalla nascita di Isaac Newton e di altri luminari della scienza.

Il *Dwapara Yuga* ebbe inizio nel 1700, con un periodo di transizione di due secoli. Il diciottesimo secolo fu testimone di un graduale risveglio della coscienza dell'uomo, verso una nuova consapevolezza della sua dignità. Ecco, quindi, la rivoluzione industriale, la spinta a scardinare il costrittivo sistema aristocratico in Francia e l'inizio di un'era completamente nuova in America.

Quella transizione si concluse nel 1900, quando ebbe inizio il vero e proprio *Dwapara Yuga*. Da allora, le persone sono divenute sempre più consapevoli dell'importanza dell'energia. Già nel 1905 Albert Einstein scoprì la legge della relatività. Durante gli attuali 2.400 anni del *Dwapara Yuga*, l'uomo supererà l'illusione dello spazio e raggiungerà pianeti lontani. È per lo meno concepibile che riuscirà perfino a comprendere che lo spazio non è altro che un concetto mentale e che la galassia più lontana, in realtà, non è più distante della sua stessa mano!

In questo momento, ad appena un centinaio d'anni dall'inizio del *Dwapara Yuga*, ci troviamo di fronte a una lotta tra la vecchia coscienza del *Kali Yuga* e i nuovi raggi del *Dwapara Yuga*. Questa lotta porterà inevitabilmente a sconvolgimenti sociali; i prossimi anni saranno molto faticosi per l'umanità.

Yogananda, in un certo senso, è giunto a queste rive come un araldo della nuova era del *Dwapara Yuga*. Uno dei suoi insegnamenti fondamentali, infatti, è contenuto nei suoi Esercizi di ricarica, concepiti per aumentare la consapevolezza dell'energia nel corpo.

Dopo i suoi primi tre anni in America, Yogananda fu pronto per divulgare ampiamente questi insegnamenti rivoluzionari. Era questo il motivo per cui era stato inviato in America. Quel Paese è davvero un "nuovo mondo", più adatto ad accogliere i nuovi raggi di coscienza che sono destinati a elevare l'umanità verso epoche sempre più alte. L'Europa, come disse una volta il Maestro, sarà «devastata». La Russia sarà «annientata». L'America sopravvivrà alle imminenti difficoltà, uscendone forse un po' malconcia, ma non vinta.

Verso la fine del 1923, o all'inizio del 1924, Yogananda cominciò la sua incredibile "campagna" di conferenze in tutta l'America. Iniziò – se le mie informazioni sono corrette – dalla Symphony Hall di Boston, dove la sala era gremita di gente. Ero presente quando Oliver Rogers, un mio confratello monaco a Mount Washington (il quartier generale internazionale di Yogananda, di cui parlerò in seguito), gli disse: «C'ero anch'io alla Symphony Hall, signore. Sapete, durante tutto il vostro discorso avete tenuto lo sguardo fisso su di me».

«Me lo ricordo» rispose il Maestro con un calmo sorriso.

«Non sono rimasto con voi, allora» continuò Mr Rogers. «Invece, ho vagato qua e là, interessandomi di spiritismo e di altri insegnamenti. La mia mente, però, era sempre con voi, e mi chiedevo cosa ne fosse stato di voi».

In un'altra occasione il Maestro, mentre parlava con i monaci, guardò Mr Rogers e gli disse: «Rogers, avrai la strada spianata».

Questo accadde, tuttavia, molti anni dopo. Nel 1924 il Maestro si trasferì a New York, dove ebbero concretamente inizio le sue campagne spirituali.

CAPITOLO DECIMO

# Le sue campagne spirituali

Sulla nave che aveva condotto Yogananda in America, la *The City of Sparta*, c'era un giovane mussulmano di nome Rashid, che potrebbe essere descritto, a voler essere gentili, come un burlone. A quell'epoca Yogananda portava i capelli e la barba lunghi. Mentre si avvicinavano all'America, Rashid gli disse: «In questo Paese, le persone non ti accetteranno se avrai sia i capelli che la barba lunghi. Devi raderti la barba, oppure tagliarti un po' i capelli».

Poiché Sri Yukteswar aveva detto al suo discepolo di portare i capelli lunghi, Yogananda decise di sacrificare la barba. Rashid si offrì di raderlo.

Riempì ben bene il viso di Yogananda di schiuma, poi rase la prima metà. Quindi se ne andò, lasciando Yogananda con mezza faccia ancora coperta di schiuma. Qualche tempo dopo, Rashid tornò ridendo e acconsentì a radergli l'altra metà. Il Maestro non si innervosiva mai, quindi sopportò lo scherzo con calmo buonumore. (Molti anni dopo, mi disse di farmi crescere la barba. Era cresciuta – per così dire – rigogliosa, quando i miei genitori mi scrissero che sarebbero venuti a Los Angeles a farmi visita. A quell'epoca mi trovavo con il mio guru a Twentynine Palms. Avevo in programma di andare da lì a Los Angeles per incontrarli. Il Maestro mi disse: «Non posso lasciare che tu veda tuo padre in questo stato!». Mandò subito a prendere un paio di forbici, mi fece sedere e mi tagliò la barba lui stesso, ridendo allegramente per tutto il tempo, forse al ricordo di Rashid, anche se nel mio caso si trattenne dal farmi uno scherzo simile. Da quel giorno ho portato la barba corta, così come me l'aveva tagliata lui.)

In qualche modo, Yogananda e Rashid riuscirono a incontrarsi di nuovo a New York. Forse si erano scambiati gli indirizzi o forse si erano incontrati per caso, non lo so. Ad ogni modo, da allora in poi Rashid diventò il segretario del Maestro. Rashid era piuttosto efficiente, anche se, così come gli alcolisti fanno fatica a restare lontani dalla bottiglia, lui faceva fatica – anzi, diciamolo, non ci provava neppure – a stare lontano dalle donne. Di tanto in tanto si assentava dai suoi doveri di segretario. Immancabilmente, la sua spiegazione era: «Beh, ho incontrato una persona che conoscevo; non potevo mica girare i tacchi e dirle: "Devo andare a lavorare"!».

Il Maestro sapeva come stavano realmente le cose. Una volta seguì il suo segretario a uno dei suoi "appuntamenti". Il sentiero conduceva nel parco. Rashid si sedette su una panchina con un'affascinante giovane donna. Il Maestro si nascose dietro un cespuglio vicino. Proprio quando Rashid stava per mettere un braccio attorno alla donna per baciarla, il Maestro lo chiamò con una profonda voce di basso: «Rashiiid!».

«Si spaventò così tanto» ci raccontò il guru ridendo «che per qualche tempo venne fedelmente al lavoro!».

Fu Rashid a rendere famoso il Maestro come conferenziere. Affiggeva manifesti che Yogananda contestava (poiché gli sembravano eccessivamente carichi di lodi), ma che servivano al loro scopo. Yogananda acquisì una grande notorietà e con il tempo diventò probabilmente il conferenziere più famoso di tutta l'America. Divenne anche il beniamino dell'alta società newyorchese.

Una volta fu invitato a una cena con persone di quell'ambiente sociale. Al banchetto veniva servito anche alcol, forse solo sotto forma di vino. Ogni volta che gli riempivano il bicchiere, Yogananda (che non beveva mai alcol, in nessuna forma) lo passava al signore seduto alla sua destra, che lo riceveva in silenzio (per non dire con gratitudine!) e lo beveva fino all'ultima goccia.

Dopo cena, mentre gli ospiti si stavano alzando, la padrona di casa annunciò: «Swami Yogananda sa stare al gioco. L'ho visto tracannare un bicchiere dopo l'altro del mio vino».

«Madre Divina» pregò silenziosamente il Maestro «Ti prego, aiutami a uscire da questa situazione!».

Proprio allora, l'uomo che era stato seduto di fronte a lui dichiarò: «In verità, lo swami non ne ha toccato neanche una goccia. Ogni volta che gli riempivano il bicchiere, l'ho visto passarlo al signore alla sua destra».

Proprio in quel momento il lieto destinatario della generosità del Maestro cercò di alzarsi in piedi, barcollò incerto sulle gambe e cadde a terra!

In un'altra occasione, Yogananda partecipò a un banchetto formale dell'alta società. Erano presenti circa cinquanta persone. Mentre sedeva in loro compagnia, egli continuava a pensare: «Che modo di sprecare una buona incarnazione! Queste persone hanno tutto, eppure stanno gettando via questa opportunità di migliorare il loro karma. Non si rendono conto di quale fortuna sia l'essersi incarnati in un corpo umano?».

Più tardi, l'ingioiellata padrona di casa gli si avvicinò e gli disse con un sorriso: «Swami, sono sicura che la nostra élite di New York sarebbe assai felice di sentire qualche parola da lei».

«Mi perdoni» rispose lui «ma non ho proprio nulla da dire che sarebbe gradito a qualcuno dei presenti».

«Oh, la prego, dica qualunque cosa, Swami. Lei è un oratore straordinario. Tutti i miei ospiti sarebbero deliziati di sentirla».

Tra sé e sé, Yogananda pensò: «Non farò il cagnolino da salotto!».

Con riluttanza si alzò, si diresse a capotavola e si rivolse a tutti loro con un'espressione calma ma intensa.

«Voi vi definite "l'alta società"» disse. «Che cosa vi rende tali? "Alta" dovrebbe implicare uno stato di coscienza elevato. La vostra coscienza è alta? È in qualche modo elevata? Almeno la metà di voi è ubriaca. I vostri interessi nella vita sono superficiali. Se per "alta" intendete dire che i vostri stagni sono così bassi che il fondo si trova quasi in superficie, allora sono d'accordo con voi! Ma a giudicare dalla vostra conversazione, questa sera, ho l'impressione che tutto ciò a cui pensate siano i soldi, il profitto e le lusinghe, nonché a rubarvi a vicenda le mogli. Il far parte dell'"alta" società dovrebbe ispirarvi un senso di responsabilità nei confronti di coloro che si trovano più in basso di voi sulla scala sociale. Dovreste far loro da esempio. Potreste agire con nobiltà e chinarvi per aiutarli, invece cosa fate? Se vi chinate, è per svuotare le loro tasche dei pochi soldi che potrebbero esservi rimasti. Vergognatevi! Speravo, venendo qui stasera, per lo meno di incontrare persone di cultura. Invece, quello che vedo sono tanti maiali davanti al trogolo, che tracannano, divorano e ingoiano come se la vita non offrisse nulla di più elevato a quella creatura presumibilmente nobile, l'uomo, di un po' di calce per il proprio sepolcro. Non c'è da stupirsi che Gesù Cristo abbia detto: "Lascia i morti seppellire i loro morti!"».

Molti degli ospiti erano in lacrime. Tutti sembravano quasi tramortiti dallo stupore. Una donna si rivolse a Yogananda esclamando: «Che quadro terribile ha dipinto di tutti noi! E il peggio è che è tutto vero!».

La padrona di casa reagì inizialmente con astioso disdegno. «Posso ringraziarla per queste accuse così prive di sensibilità?».

Poi, guardandosi attorno, vide in molti occhi un'espressione di profondo rimorso. Allora proseguì con maggiore umiltà: «Mi dispiace... Tutti noi... Beh, facciamo del nostro meglio. Lei ci ha castigati, ma (si sciolse in lacrime) che Dio ci perdoni!».

Yogananda disse interiormente a se stesso: «Satana, quante volte hai cercato di adescarmi! Questa volta ci hai provato offrendomi il prestigio sociale!».

Una sera, alla Carnegie Hall, il Maestro ispirò tutte le persone che gremivano la sala a intonare il canto di Guru Nanak "*He Hari Sundara*" in inglese: "*O God Beautiful*". Per un'ora e mezza tutti i presenti, ispirati dal suo magnetismo, ripeterono quel canto fino a raggiungere uno stato che rasentava l'estasi. Più tardi, mentre si riversavano nelle strade, i loro volti erano illuminati dal sorriso: uno spettacolo raro in quella città!

Dopo la conferenza, il Maestro si trovava nella saletta riservata ai colloqui quando un tipo dall'aria dura e dall'aspetto da gangster irruppe nella stanza e gettò una pistola sul tavolo. In preda a una forte emozione, esclamò: «Potrei uccidervi per quello che mi avete fatto stasera! Non posso più tornare a quella vita!».

Yogananda lo guardò con gentilezza e gli disse: «No, non puoi, perché adesso sai per quale motivo ti eri dedicato a quella vita: perché pensavi che il denaro che avresti guadagnato con il crimine ti avrebbe reso felice. Ora sai che non sarà mai così!».

L'uomo cominciò a singhiozzare. «Oh, fatemi sentire la beatitudine di cui avete parlato! Il mio cuore è stato un deserto! Ora voglio soltanto la beatitudine!».

«Caro figlio di Dio!» gli disse Yogananda con compassione. «Anche se Gli volgi le spalle, Lui ti ama sempre. Ora cerca di vederLo in tutti. Quando arriverà la morte, ti eleverai nella Sua luce!».

L'uomo si chinò sul tavolo, sempre singhiozzando. L'intero corso della sua vita era stato trasformato.

Yogananda incontrò altri delinquenti armati di pistola. A Philadelphia, una volta, si trovava all'angolo di una strada quando tre uomini gli si pararono davanti con la pistola in mano.

«Dacci tutti i tuoi soldi!» ringhiarono.

Yogananda mise la mano in tasca e ne estrasse un rotolo di banconote. «Sono felice di darvi questo» disse loro «ma ho un altro tesoro dentro di me che non potrete mai portarmi via».

Gli uomini si guardarono in tralice: «Che cos'ha questo tipo? È pazzo?».

«Non potrete mai derubarmi della mia pace interiore». Poi li guardò con uno sguardo penetrante. All'improvviso, i tre malviventi cominciarono a tremare.

«Ehi, senti! Non vogliamo i tuoi soldi. Non vogliamo niente!». Gli restituirono il denaro e corsero via a gambe levate.

Molte persone percepivano il potere spirituale che emanava dal Maestro. Pochi, però, lo comprendevano veramente. Un giorno egli entrò in un hotel di Minneapolis, indossando la sua veste arancione. Un uomo si fece largo fino a lui, ubriaco fradicio.

«Ciao, Gesciù Crischto!» disse, e lo abbracciò con affetto.

«Ciao a te» rispose affettuosamente il Maestro, che non era un severo moralista sempre pronto a rimproverare gli altri. Poi, però, fece provare a quell'uomo un piccolo "sorso" di beatitudine.

«Accipicchia!» esclamò lui. «Ma tu cosa bevi?».

«Posso dirti questo» rispose il Maestro. «È roba forte!».

Lasciò quell'uomo sobrio, stupito e immerso in una profonda riflessione.

Una volta, a Chicago, il Maestro entrò nel Lakeside Park dopo il tramonto. Un corpulento poliziotto gli disse: «Non entrerei lì a quest'ora, se fossi in lei. Presto farà buio, non sarebbe sicuro».

«Oh, non mi preoccupo» rispose Yogananda. «Non può succedermi nulla».

Entrò e si sedette su una panchina, con l'intenzione di godersi il sorgere della luna. Proprio allora, un delinquente grande e grosso gli si avvicinò con fare minaccioso e gli disse con un ringhio: «Dammi dieci centesimi!».

Il Maestro si mise la mano in tasca e gli diede dieci centesimi.

«Dammi venticinque centesimi!».

Il Maestro gli diede venticinque centesimi.

«Dammi cinquanta centesimi!».

Il Maestro gli diede cinquanta centesimi.

«Dammi un dollaro!».

A quel punto il Maestro decise che la storia non poteva andare avanti all'infinito. Era lì per godersi la luna! Con una forza travolgente balzò in piedi e urlò: «VATTENE!».

«Non voglio i tuoi soldi! N-non voglio i tuoi soldi!». Subito l'uomo fece un passo indietro, lasciando cadere quello che aveva già ricevuto da quel misterioso sconosciuto. Poi, improvvisamente, si girò e corse via.

Il Maestro si sedette nuovamente e si godette con calma il sorgere della luna. Quando lasciò il parco, qualche tempo dopo, lo stesso poliziotto gli si avvicinò e gli chiese: «Mi dica, cosa è successo tra voi? Conosciamo quell'uomo. È un tipo molto pericoloso».

«Oh, abbiamo trovato un accordo» rispose Yogananda, senza aggiungere altro.

Durante un lungo viaggio in treno, il Maestro era solito sedere sempre allo stesso tavolo della carrozza ristorante per consumare i suoi pasti. Un cameriere di colore lo serviva sempre con molto amore. Un giorno, però, a pranzo, tutti i tavoli assegnati a quel cameriere erano occupati e Yogananda dovette sedere altrove. Il cameriere era così deluso che si mise a piangere.

Più tardi, quell'uomo cercò il Maestro e gli chiese: «Che cos'è che voi avete e che desidero anch'io?».

«Io ho Dio» rispose semplicemente il Maestro. «Lascia che ti insegni come puoi sentire anche tu la Sua presenza». Insegnò all'uomo qualche nozione sulla meditazione e gli diede una tecnica yogica per aprirsi più completamente a Dio.

Una volta, a Los Angeles, Yogananda si recò a un incontro di rinascita religiosa. Lo guidava una donna. (Ho sempre pensato che fosse la famosa evangelista Aimee Semple McPherson, ma non lo so con

Alcune conferenze di Yogananda in America durante gli anni Venti. IN ALTO A SINISTRA: Yogananda con il suo primo gruppo di studenti afro-americani a Washington, D.C., nel 1926. IN ALTO A DESTRA: Con centinaia di studenti di yoga a Washington D.C. IN BASSO: Con un folto gruppo di studenti di Minneapolis.

certezza.) Durante il suo sermone, la donna esclamò: «Dio non sa che farsene dei peccatori! Ai suoi occhi sono un abominio!».

Voci si levarono ovunque in fervente risposta: «Alleluia! Sia lode al Signore! Ben detto, sorella!».

«Se non accettate Gesù Cristo e se non vivete nella sua gloria, finirete all'inferno!».

Di nuovo quelle risposte, con qualche variazione.

La donna continuò dicendo: «L'uomo è intrinsecamente peccatore. Può essere redento solo dalla fede in nostro Signore Gesù Cristo!».

Di nuovo la congregazione intonò delle appassionate risposte.

«Siete tutti peccatori! Inginocchiatevi!».

In quella grande folla, Yogananda fu l'unico a rimanere in piedi. In seguito, egli commentò: «Mi rifiutai di accettare la sua affermazione che ero un peccatore! Nessuno dovrebbe mai dire questo. Definirsi peccatori è il più grande peccato di fronte a Dio! Non identificarti con i tuoi errori. Quando conoscerai Dio, diventerai consapevole della Sua presenza ovunque. Allora non giudicherai mai nessuno».

In un'altra occasione, nel Pacific Northwest, egli si fermò in una fattoria per acquistare delle ciliegie e fu coinvolto dal fattore in una discussione sulla religione. A un certo punto quell'uomo, che si rivelò essere un fanatico religioso, esclamò: «Siamo tutti peccatori! Destinati a rimanere all'inferno per l'eternità!».

Il Maestro fece una pausa prima di rispondere. Poi, come se non c'entrasse nulla, chiese: «Lei ha un figlio, non è vero?».

L'uomo rispose addolorato: «Sì, ho un figlio».

«Le dà un sacco di guai, vero?».

«Oh, mio Dio, quanti guai!».

«Beve, per caso?».

«Come una spugna! Non può immaginare quanto mi addolori tutto questo».

Allora Yogananda annunciò con sicurezza: «Ho una cura per il suo problema».

«Oh, signore, se lei potesse aiutarmi le sarei grato per tutta la vita!».

«Beh, ecco cosa deve fare: la prossima volta che suo figlio torna tardi la sera, ubriaco...». Si interruppe per un attimo, poi continuò: «Lei ha un grande forno?».

L'uomo lo guardò con sospetto. «Ehi» chiese «che cos'ha in mente?».

«No, no, aspetti» disse Yogananda con tono rassicurante. «Le sto offrendo una soluzione per il suo problema».

Con esitazione, l'uomo rispose: «Sì, ho un forno di questo tipo».

«Con un grande sportello?».

L'uomo si fece di nuovo apprensivo ed esclamò: «Un momento! Dove vuole andare a parare?».

Il Maestro gli disse dolcemente: «Stia calmo, le risolverò ogni cosa».

L'altro si rilassò leggermente contro lo schienale della sedia.

«Allora, ecco cosa deve fare: la prossima volta che suo figlio torna a casa ubriaco... beh, per prima cosa deve tenere il forno bello caldo e pronto...».

L'uomo si drizzò, inorridito.

Yogananda adesso parlava velocemente: «Lo afferri, lo leghi con una corda robusta e lo scaraventi nel forno!».

Furibondo e indignato, l'uomo urlò: «Blasfemo! Malfattore! Chi ha mai sentito di un padre che getti il figlio nel forno! Fuori subito da questa casa!».

Allora Yogananda gli parlò con tono suadente: «Non capisce che cosa le ho appena detto? Lei afferma che Dio vuole gettarci tutti all'inferno. Ma Lui è il nostro vero Padre! Lei, un semplice essere umano, era inorridito al pensiero di gettare suo figlio nel forno, nonostante tutti i guai che le procura. Può seriamente credere che Dio, che è la Perfezione stessa, provi meno amore per lei di quanto lei ne prova per suo figlio?».

La furia dell'uomo gradualmente si placò. «Ora capisco» disse. Rifletté per un momento. «Sì, ha ragione». Guardò il visitatore con un sorriso di gratitudine. «Oh, grazie! Lei mi ha guarito da un grave errore. Dio è amore. Non *può* desiderare la nostra distruzione! Grazie! Grazie!».

# CAPITOLO UNDICESIMO

# Attraversa il Paese

Louise Royston, un'anziana discepola, nel parlarmi di Yogananda come conferenziere lo descrisse in questo modo: «Usciva correndo sul palco, con i lunghi capelli che ondeggiavano dietro di lui. Le sue prime parole erano: "Come state tutti?". Gli rispondevano gridando come lui: "Desti e pronti!".

«"Come vi *sentite* tutti?" urlava allora.

«"Desti e pronti!"».

Era disposto a parlare solo a coloro che gli andavano incontro per lo meno a metà strada con la loro energia e il loro entusiasmo.

Nel 1925 il Maestro attraversò il Paese in automobile. «Il mio cuore» disse «mi chiama a Los Angeles, la Benares d'America». Lo accompagnavano due uomini: Ralph (non ho mai saputo il suo cognome) e Arthur Cometer. Credo che Ralph, più che essere un devoto, fosse stato ingaggiato come autista. A quel tempo non c'erano le autostrade che attraversano il Paese, come oggi; per la maggior parte erano strade di campagna. Ralph si divertiva a investire le lepri e a ucciderle.

«Per favore, non uccidere quelle lepri!» lo supplicò il Maestro. «Non le vuoi neppure mangiare. Le investi solo per il piacere di schiacciare quelle povere bestiole».

«Che importa? Mi diverto».

«Se continui così, attirerai qualcosa che non ti piacerà affatto».

«Ma la smetta! Tutti quei discorsi sul karma che fa sempre. Nessuno me li ha mai dimostrati».

Continuarono a viaggiare per un po'. All'improvviso, il Maestro gridò: «Ferma immediatamente la macchina! Fermati!». C'era una tale urgenza nella sua voce che Ralph frenò subito. Proprio mentre si fermavano, una delle ruote anteriori si staccò e rotolò via lungo la strada. Se non si fossero fermati in quel preciso istante, avrebbero avuto un brutto incidente.

Da allora in poi Ralph (senza ammettere nulla!) guidò con molta più cautela.

A Los Angeles, un gruppo di fanatici dell'alimentazione serviva quelli che soleva definire "cibi non toccati dal fuoco". Poiché Yogananda era vegetariano – una cosa assai poco comune per gli americani a quell'epoca – e poiché era famoso, lo invitarono a una sorta di banchetto, durante il quale speravano che facesse anche un discorso.

«Mi fecero visitare tutti orgogliosi la loro cucina» raccontò in seguito il Maestro. «Tutto quel che vidi lì sembrava fatto apposta per suscitare disgusto!

«Poi mi portarono nella sala da pranzo e mi servirono il "banchetto" che avevano preparato. Carote, carote e ancora carote! Riuscii a malapena a inghiottirne qualcuna!

«Dopo questa ordalia, mi chiesero di fare un discorso per loro e i loro ospiti. Io cercai di tirarmi indietro.

«"Oh, per favore, solo qualche parola".

«"Francamente, non credo che vi piacerà quello che ho da dire" risposi.

«"Suvvia! Deve esserle piaciuto quello che le abbiamo servito. *Deve* dire qualcosa".

«"Benissimo" dissi. "Perdonatemi, ma devo essere sincero. Tanto per cominciare, non ho mai mangiato nulla di più insipido del pasto che mi avete dato".

«“Ma si vergogni! Era così meravigliosamente sano”.

«“Il cibo, per essere sano, deve anche soddisfare il palato. Questo, tuttavia, è il mio prossimo punto: voi tutti lo considerate sano, ma era seriamente privo di alcuni importanti elementi nutritivi”.

«“Si sbaglia!” esclamarono. “Era assolutamente scientifico!”.

«“No, non lo era. È come se vi sentiste orgogliosi di punire voi stessi. Però vi avverto: se non cambierete qualcosa, tra quindici giorni uno di voi morirà di malnutrizione”.

«Beh, erano oltraggiati e si rifiutarono di continuare ad ascoltarmi. Quindici giorni dopo, uno dei loro membri morì di malnutrizione. Venne la polizia e l’intera organizzazione fu chiusa».

Così tanti torti sono stati commessi nel nome dell’alimentazione “scientifica”! Una donna, seguace del Maestro, si ammalò di cancro. Decise di andare in una sorta di ospedale che prometteva di curare il cancro grazie a una dieta speciale. Si ricoverò lì, ma peggiorò sempre più. «Allora feci delle ricerche» disse Yogananda «e scoprii che tutto quello che davano ai pazienti era acqua, e neppure trattata con qualche sostanza particolare. Quando la mia amica morì, pregai Dio: “Signore, *distruggi* quel posto!”. Di lì a poco arrivò la polizia; il posto fu chiuso e coloro che lo gestivano finirono in prigione».

Anni dopo, durante il periodo della grande depressione, il Maestro tenne una conferenza a New York. Alcune persone molto ricche si stavano approfittando della povera gente che non aveva neppure i mezzi per proteggersi. In quella conferenza, Yogananda parlò con veemenza di questo fatto. Fece anche qualche nome, accusando quegli individui di causare una grande sofferenza agli altri.

Dopo la conferenza, diverse persone lo misero in guardia. «Non ritorni alla stazione da solo. Si lasci almeno accompagnare da qualcuno di noi».

«Non ho paura» rispose lui. «Dio è con me».

Si trovava in un vicolo buio, nei pressi della Grand Central Station, quando sentì una pistola contro la schiena. Una voce minacciosa gli chiese: «Perché hai detto quelle cose contro quelle persone?».

Yogananda si voltò e guardò in faccia il suo assalitore. «Dio» disse «si trova nei Suoi figli poveri tanto quanto in quelli ricchi. E non è contento quando i ricchi si approfittano dei poveri». Immagina, parlare così a qualcuno che ti sta puntando contro una pistola!

Allora Yogananda guardò quell'uomo con il potere spirituale della Beatitudine. All'improvviso, questi prese a tremare violentemente. La pistola gli cadde a terra.

«Che cosa mi stai facendo?» gridò. «Ero stato mandato per ucciderti!».

«Così non vai da nessuna parte» gli disse Yogananda. «Raccogli la pistola».

«Non posso tornare alla mia vecchia vita!» esclamò l'uomo. Poi, terrorizzato da ciò che era accaduto, corse via nella notte.

Questi erano tutti tentativi di ferirlo o di ucciderlo. Nella stessa categoria rientrano i tentativi di screditarlo, che furono a loro volta numerosi. Di uno di essi parlerò ora, anche se accadde, credo, nel 1932. Riguarda un uomo che si era recato in visita a Mount Washington. Forse l'uomo era addolorato perché la sorella aveva accettato Yogananda come suo guru, oppure era diventato estremamente geloso del Maestro. Fatto sta che decise di dare al Maestro una buona dose di legnate, per potersi poi vantare in pubblico di come aveva dato una lezione a quel "ciarlatano". L'illusione assume molte forme! Come lui potesse immaginare che picchiare questo uomo di Dio avrebbe migliorato la sua immagine, è qualcosa che mi sfugge completamente. Ciò nonostante, un giorno quest'uomo stava salendo le scale diretto all'appartamento di Yogananda, mentre il Maestro meditava sul letto a gambe incrociate. Nella meditazione, il Maestro lo vide arrivare. Quando l'uomo giunse alla porta, il Maestro aprì gli occhi e gli disse con calma: «So perché sei venuto. E voglio che tu sappia che potrei facilmente sopraffarti. Sono molto forte. Ma non voglio ricorrere alla forza fisica. In ogni caso, ti avverto: non oltrepassare quella soglia!».

«Continua pure, profeta!» disse lui con scherno. «Cosa potresti mai farmi?».

«Ricordati che ti ho avvertito».

«Sì, certo, ma che me ne importa delle tue vane minacce?».

Fece un passo oltre la soglia. Un istante dopo cadde a terra gridando: «Sto bruciando! Sto bruciando!».

Balzò in piedi, poi si precipitò giù per le scale e fuori dalla porta principale. Il Maestro si alzò e lo seguì. Quando arrivò in giardino, trovò l'uomo che si rotolava sul prato, sempre gridando: «Sto bruciando! Sto bruciando!».

Yogananda gli si avvicinò, allungò il braccio e lo toccò sulla testa. Il dolore scomparve.

«Non toccarmi! Non toccarmi!» gridò l'uomo. Non volle neppure rientrare nell'edificio. Si fece portare le sue cose dalla sorella e se ne andò immediatamente.

# CAPITOLO DODICESIMO

# Mount Washington

Los Angeles» soleva dire Yogananda «è la Benares d'Occidente, proprio come la città di Benares, in India, è la città sacra degli indù».

Si potrebbe obiettare: «Ma Los Angeles è il cuore di ogni sorta di "stranezza mistica" d'America! Se un gruppo dovesse saltar fuori sostenendo di avere un intimo contatto telepatico con una civiltà superiore che vive sotto la superficie di Marte, quel gruppo avrebbe sicuramente la sua sede a Los Angeles!».

I teosofi affermavano di conoscere una profezia secondo la quale la prossima "razza degli uomini" (qualunque sia il significato di questa espressione) avrebbe preso avvio dalla California meridionale. Secondo una tradizione, una civiltà molto elevata sarebbe esistita in quelle zone molte migliaia di secoli fa. Poiché sono incline a credere a questa tradizione, chi vuole potrà trovare una giustificazione a questa mia "stranezza" nel fatto che io stesso ho vissuto a Los Angeles per dieci anni! Devo dire, tuttavia, che sono sensibile alle vibrazioni dei luoghi e ogni volta che vado a Los Angeles sento, sotto il traffico e il frastuono, delle vibrazioni straordinariamente elevate.

Una tradizione indiana sostiene che Arjuna visse proprio lì, nel *Patal Desh*, la parte inferiore o opposta della Terra. Yogananda ci disse di essere stato Arjuna in una vita precedente. Sentiva forse una speciale affinità con questa parte del globo?

Basta, però, con le speculazioni. È sufficiente sapere che, mentre attraversava il Paese, il Maestro disse: «Il mio cuore mi chiama a Los Angeles». Aveva avuto una visione ricorrente, durante l'infanzia, di un edificio in cima a una montagna. Presumo che quella visione gli avesse mostrato che l'edificio era situato a Los Angeles, ma in ogni caso, quando raggiunse quella città, egli decise di stabilirvi il suo quartier generale.

L'accoglienza che trovò a Los Angeles fu più entusiastica che mai, perfino per lui che era abituato ad attrarre moltitudini di persone. Dalla sua stanza al Biltmore Hotel poteva vedere migliaia di persone in fila intorno all'isolato per entrare nell'auditorium dove, nel giro di pochi minuti, egli avrebbe tenuto una conferenza.

Quando annunciò che avrebbe stabilito il suo quartier generale nazionale a Los Angeles, l'entusiasmo crebbe a dismisura. Quasi immediatamente Yogananda cominciò a cercare del terreno. Ralph e Arthur Cometer, che lo avevano accompagnato in auto attraverso il Paese, lo seguirono anche nella ricerca della terra. Naturalmente, seguendo la visione che aveva avuto da bambino, egli conduceva le sue ricerche soprattutto nelle zone collinose della città.

Un giorno intravide Mount Washington e chiese a Ralph di portarlo lassù. Mentre passavano davanti al cancello principale di un'ampia tenuta, il Maestro esclamò: «Ferma la macchina!». Ralph parcheggiò e il Maestro scese. Stava per entrare nella proprietà quando Ralph protestò dicendo: «Non può andare *lì*! È proprietà privata!».

Senza dire una parola, il Maestro entrò e percorse il lungo viale di accesso che conduceva a un ampio edificio. Quando raggiunse l'edificio, disse quietamente: «Questo posto sa di casa!». Lo aveva *riconosciuto*.

La tenuta un tempo era stata un hotel alla moda, successivamente era caduta in declino e ora era in vendita. Il Maestro era così sicuro che fosse destinata a essere sua che invitò tutti i suoi studenti della

California meridionale a una cerimonia d'inaugurazione della proprietà, anche se doveva ancora acquistarla formalmente. «Questo luogo» annunciò quel giorno durante un breve discorso «è vostro».

Il prezzo di vendita per la proprietà era di 65.000 dollari, una somma molto elevata a quell'epoca. Il Maestro era sul punto di firmare l'accordo di vendita quando la sua mano si immobilizzò. Dio voleva che ottenesse la proprietà a un prezzo inferiore. Qualche giorno dopo, un altro agente immobiliare acconsentì a negoziare i termini. Il venditore accettò di scendere a 45.000 dollari, ammesso che l'importo totale fosse pagato all'atto dell'acquisto e fosse saldato entro tre mesi dalla firma dell'accordo preliminare.

Il denaro avrebbe dovuto arrivare dai suoi studenti. Uno di loro esclamò con sgomento: «Ci vorrebbero vent'anni per racimolare così tanto denaro!».

Yogananda rispose: «Vent'anni per chi *pensa* vent'anni. Venti mesi per chi pensa venti mesi. E *tre* mesi per chi pensa tre mesi!».

Egli riuscì, infatti, a ottenere il denaro in tre mesi. La storia di come lo fece illustra meravigliosamente il potere della fede.

Il marito di una studentessa di Yogananda, una certa Mrs Ross Clark, si era ammalato di doppia polmonite qualche mese prima e i medici avevano detto che non sarebbe sopravvissuto. Mrs Clark si era rivolta al Maestro chiedendogli aiuto. «*Vivrà*!» l'aveva rassicurata lui. Si era recato dal marito e, sedutosi al suo capezzale, aveva pregato profondamente. L'uomo era guarito. Quando Mrs Clark venne a sapere del problema del Maestro, gli disse: «Avete salvato la vita di mio marito. Voglio aiutarvi. Accettereste un prestito di 25.000 dollari per tre anni, senza interessi?». Eccome se lo avrebbe accettato!

«Altro denaro» mi raccontò «cominciò ad affluire dai nostri centri in tutto il Paese. Ben presto avevamo altri 15.000 dollari, per un totale di 40.000. Tuttavia, la data finale per l'acquisto si stava avvicinando e ci mancavano ancora 5.000 dollari per raggiungere la somma completa. Scrissi nuovamente a Mrs Clark per chiederle se avrebbe potuto aiutarci con quella somma, ma lei mi rispose dispiaciuta: "Ho fatto tutto quel che potevo". Le rinnovai i miei ringraziamenti per l'enorme aiuto che ci aveva già dato. Ma da dove sarebbe arrivato l'aiuto finale?

«All'improvviso rimaneva solo un giorno! La situazione era disperata. Se non avessimo trovato quei 5.000 dollari entro il mezzogiorno seguente, avremmo perso la nostra opzione».

Il Maestro fece un risolino mentre mi raccontava la storia. «Credo che alla Madre Divina piaccia mantenere interessante la mia vita!

«Mi trovavo nella casa di un uomo d'affari ricco ma insincero, che avrebbe potuto facilmente aiutarci se ne avesse avuto voglia, ma che non faceva alcun passo in tal senso. Io combattevo con Dio: "Come pensi di farmi avere quel denaro entro mezzogiorno di domani?».

«"Andrà tutto bene" disse il mio ospite, per rassicurarmi.

«"Perché dice questo?" gli chiesi. Sapevo che il denaro sarebbe arrivato, ma Dio ha bisogno di strumenti umani e quell'uomo non si era mostrato per nulla interessato a essere tale strumento. Egli uscì lentamente dalla stanza.

«Proprio allora un soffio di vento mi fece voltare il viso verso il telefono». (Quel soffio di vento era una manifestazione dell'*AUM*, la Vibrazione Cosmica. Anche Santa Bernadette Soubirous la sentì, subito prima di ricevere la visione della Vergine Maria. Parlerò ampiamente in seguito della Vibrazione Cosmica; la filosofia che la permea è importante per comprendere i profondi insegnamenti che Yogananda portò in Occidente, nonché i profondi insegnamenti che egli mise in luce nel messaggio di Gesù Cristo contenuto nel Vangelo.) Il Maestro continuò dicendo: «Vidi il volto di Miss Trask, una signora che era venuta due volte da me per un colloquio. Una voce disse: "Chiamala". Lo feci immediatamente e le spiegai la difficile situazione in cui mi trovavo.

«Dopo una pausa, ella disse: "Qualcuno, proprio l'altro giorno, mi ha restituito un prestito che gli avevo fatto molti anni fa. Non mi aspettavo di rivedere mai più quel denaro. Erano 5.000 dollari! Sì, potete averli".

«Offrii una silenziosa preghiera di ringraziamento. "La prego" la sollecitai "venga a Mount Washington Estates domattina prima di mezzogiorno".

«Promise che sarebbe venuta. Tuttavia, a mezzogiorno del giorno seguente non era ancora arrivata! Gli altri potenziali acquirenti aspettavano lì come lupi! Uno di loro raccontava a tutti che aveva in progetto di creare una scuola di cinematografia su quella proprietà. Il venditore, però, annunciò: "Sono disposto ad aspettare per tutta la giornata".

«Solo pochi minuti dopo, Miss Trask arrivò. Il dramma era finito. Pagammo l'intero prezzo d'acquisto e la proprietà di Mount Washington fu nostra!».

Così fu fondato il quartier generale internazionale della Self-Realization Fellowship, l'istituzione attraverso la quale Paramhansa Yogananda disseminò in tutto il mondo i suoi insegnamenti sullo yoga.

Ho accennato prima al "vento", che fece voltare il Maestro verso il telefono, dove vide Miss Trask. Questo vento, come ho detto, era una manifestazione dell'*AUM*. Ciò a cui mi riferivo era la Vibrazione Cosmica, che è un importante aspetto della Trinità eterna: nell'Induismo, *AUM TAT SAT*; nella teologia cristiana, Padre, Figlio e Spirito Santo.

L'*AUM* è lo Spirito Santo. Vorrei cominciare dalla sommità, per poi scendere e infine risalire nuovamente.

In principio – vale a dire prima della Creazione Cosmica – esisteva soltanto lo Spirito eternamente calmo, privo di vibrazione, insondabile. La Sua natura è sempre esistente, sempre cosciente, sempre nuova Beatitudine, o *Satchidananda*. (È stato Paramhansa Yogananda ad aggiungere "sempre nuova" alla traduzione.) Perché mai la perfetta Beatitudine, completa in Se stessa, dovrebbe sentire l'esigenza di creare? In India è stato suggerito che «Dio voleva godere di Se stesso attraverso molti». Swami Sri Yukteswar rispose all'inevitabile domanda sul perché Dio abbia creato l'universo, dicendo: «Lasciate che qualche mistero venga risolto dopo che avrete raggiunto il Divino». Tuttavia, la definizione che Yogananda aggiunse al concetto di Beatitudine – "sempre nuova" – suggerisce una spiegazione più soddisfacente (per lo meno per la ragione umana). Ciò che sembra indicare è che la Beatitudine, per Sua natura, desidera esprimere Se stessa. L'aspetto sempre nuovo della Beatitudine Cosmica fa sì che Essa si esprima periodicamente in modo creativo, espandendo la Sua autoconsapevolezza nella manifestazione esteriore.

Nella Sua condizione di assorbimento nel Sé, sotto forma di Spirito Supremo, la Verità Assoluta è Brahman. Quando manifesta la Coscienza Cosmica, Essa *è* quella Creazione: *è* quell'universo creato. Una porzione del Suo Sé Infinito si mette in movimento, divenendo vibrazione.

Ovunque ci sia vibrazione, c'è un movimento in direzioni opposte a partire da uno stato di equilibrio nel centro. La Vibrazione Cosmica deve auto-annullarsi, poiché di fatto non esiste nulla se non la Coscienza Assoluta: lo Spirito Infinito. Tutto il resto è un sogno di Dio (Dio come Suprema Coscienza nel Suo aspetto di Creatore).

La Vibrazione Cosmica, l'*AUM*, ha tre aspetti: Brahma (la Vibrazione Creativa), Vishnu (la vibrazione che conserva ogni cosa in uno stato di manifestazione) e Shiva (la vibrazione che dissolve ogni cosa facendola ritornare nuovamente nello Spirito Privo di Vibrazione). Queste tre vibrazioni sono distinte e diverse l'una dall'altra perfino nel tono. Brahma ha la vibrazione più alta e produce il tono più alto; il tono di Vishnu è nella tonalità media; quello di Shiva nella più bassa. Possiamo paragonare questi tre toni, in modo umoristico ma

IN ALTO: La sede centrale della Self-Realization Fellowship a Mount Washington, Los Angeles, fondata nel 1925. IN BASSO: La Chiesa della realizzazione del Sé di tutte le religioni a Hollywood, in California.

accurato, a un'automobile o una motocicletta. Quando il motore si avvia, mentre aumenta i giri emette un suono alto. Quando il veicolo ha raggiunto la velocità di crociera, il suo suono si trasforma in un ronzio più dolce e continuo. Quando si arresta e il motore viene spento, il suono si dissolve con un brontolio dalla tonalità bassa e discendente.

In India, le persone cantano spesso quello che chiamano "il triplice *AUM*", iniziando con tre note alte, quindi due note un po' più basse e infine altre due note più basse e più lente delle altre. Le prime tre note vengono propriamente cantate ad alta voce; le due note successive con un tono un po' più sommesso; le ultime due fievolmente.

L'*AUM* stesso, quando è pronunciato correttamente, ha tre suoni. In inglese la parola viene spesso scritta come *OM*, per il semplice motivo che il suono di *O* in questa lingua consiste in realtà di due suoni. (Poche vocali in inglese sono pure.) Il suono di *A*, tra l'altro, dovrebbe essere breve, come nella parola *was*, e non lungo come in *happy* o ancora più lungo come in *car*.* (Ammettiamolo: l'inglese, per quanto sia bello, costituisce un imbarazzo perfino per i madrelingua! Il suo spelling, in particolare, è terribile. Eppure, per certi aspetti l'inglese è forse la migliore lingua al mondo, la più facile da imparare – per lo meno per parlarla male! – e certamente quella dal vocabolario più ricco, poiché contiene molti più vocaboli di qualsiasi altra lingua!)

L'*AUM* è l'aspetto della Creazione che corrisponde alla Madre Divina. Quando lo si sente nella meditazione, la sua vibrazione ci conduce all'interno di noi stessi, fino alla nostra fonte nella Beatitudine. Nel suo aspetto esteriore, tuttavia, esso attrae ogni cosa lontano da quella fonte. La Creazione cosciente è centro ovunque, circonferenza inesistente. L'impulso creativo, tuttavia, essendo una manifestazione esteriore di *Satchidananda*, cerca di espandersi continuamente. Si può dire che la Creazione Cosmica cosciente, essendo stata messa in

*In italiano questa parola viene pronunciata come *OUM*. *(N.d.T.)*

movimento, cerca sempre di continuare a muoversi all'esterno a partire dalla propria realtà centrale, che ne costituisce l'essenza.

In questo modo, la Creazione stessa possiede due impulsi fondamentali: uno che si muove verso l'esterno e l'altro che si ritira verso l'interno. Questa è l'espressione ultima della Dualità. Entro la sfera della Dualità, ogni cosa possiede il suo opposto corrispondente. La fisica moderna ha scoperto che ogni elettrone possiede il suo doppio: ovunque esista quel doppio nello spazio, se uno dei due si muove, l'altro si muove in risonanza con esso.

Questo fatto può giustificare l'espressione "anime gemelle", un concetto a cui Yogananda, per quanto io ne sappia, accennò una sola volta nella sua vita, in un articolo pubblicato su una rivista all'inizio degli anni Trenta. Ovviamente, egli non voleva che le persone cercassero la loro anima gemella a ogni angolo di strada! In quell'articolo egli scrisse che, prima di poter raggiungere la liberazione definitiva, può essere necessario per l'anima unirsi spiritualmente al proprio gemello, che potrebbe anche vivere su un altro pianeta e pertanto essere raggiungibile solo in visione. In ogni caso, l'unione deve essere spirituale: non può mai essere sessuale, e non deve neppure essere necessariamente fra due persone di sesso opposto.

Oh, sì, c'è vita sugli altri pianeti, un infinito numero di pianeti! Una volta chiesi al mio guru: «Le stesse persone che ora si trovano sulla Terra ritorneranno qui quando la Terra entrerà nel *Satya Yuga* (l'epoca più elevata)?

«Oh, no» rispose. «Vi ho già detto che c'è un infinito numero di pianeti su cui è possibile vivere. Se una persona tornasse sempre sullo stesso pianeta, scoprirebbe le cose troppo presto! La volontà di Dio è che l'uomo faccia questa scoperta esercitando il proprio discernimento».

Ho accennato all'attrazione verso l'esterno esercitata dall'illusione (*Maya*) o dalla Natura (*Prakriti*). L'attrazione interiore è chiamata *Paraprakriti* (l'*AUM* nel suo aspetto di Madre Divina). L'aspetto che si auto-manifesta è conosciuto come *Aparaprakriti*. Esso è anche l'Illusione Cosmica stessa: Satana.

Che cos'è il male? Tutto ciò che esiste nella sfera dell'illusione è relativo. Il male è quell'aspetto dell'illusione che cerca di attrarre ogni essere vivente verso l'esterno (il che significa anche verso il basso), a partire da qualunque livello evolutivo egli abbia fin lì raggiunto. Così, se un individuo ha raggiunto lo stadio in cui desidera percepire se stesso negli altri in modo espansivo e vuole cercare di condividere con loro la felicità che ha trovato, farà un passo nella direzione sbagliata se cercherà di tenere solo per sé tutte quelle cose buone. Se invece è fondamentalmente pigro e ottuso, sarà bene per lui fare qualsiasi sforzo per raggiungere la felicità, perfino una felicità egoistica. Per essere ancora più specifici, se un mattino il Mahatma Gandhi dovesse affermare: «Sono stanco di servire l'umanità; adesso mi metterò a lavorare e a fare soldi per diventare milionario», perfino le persone mondane direbbero: «Quest'uomo è caduto». Ma se una persona pigra, priva di qualunque stimolo a fare qualcosa di positivo nella vita, un bel mattino si svegliasse decidendo: «Andrò a lavorare, guadagnerò del denaro e diventerò milionario», perfino i santi dichiarerebbero: «Quest'uomo si comporta nel modo giusto».

Satana, comunque, come tutto ciò che esiste, è una parte di Dio. Non può esserci dualità nell'Assoluto.

Ho scritto che lo Spirito, quando crea, è «centro ovunque, circonferenza inesistente». È il centro immobile e silenzioso nel cuore di ogni Vibrazione Cosmica. È la coscienza cristica, il riflesso immobile dello Spirito al di là della Creazione, esistente in ogni atomo. Abbiamo così la Santissima Trinità. Negli insegnamenti cristiani la troviamo come Padre, Figlio e Spirito Santo; è espressa invece in ordine inverso negli insegnamenti dell'Induismo: *AUM, TAT, SAT*.

*SAT* rappresenta il Padre, al di là di ogni vibrazione. *AUM* rappresenta la Creazione stessa. *TAT* rappresenta il Figlio, la *Kutastha Chai-*

*tanya.* Negli insegnamenti cristiani, Cristo è «l'Unigenito del Padre», ma non come uomo, come Gesù Cristo, bensì come la coscienza infinita con la quale Gesù era identificato.

Nella meditazione, la vibrazione dell'*AUM* è percepita nell'orecchio interno destro. C'è una parte corrispondente del cervello, subito sopra l'orecchio destro, che può produrre esperienze spirituali quando viene stimolata. Ascoltando quel suono, il devoto dovrebbe cercare di portarlo gradualmente anche all'orecchio sinistro; dovrebbe poi sentirlo vibrare in tutto il corpo; infine, dovrebbe espandersi con esso fino a raggiungere la beata unione con l'*AUM* in tutta la Creazione. A quel punto, scoprirà di poter percepire la coscienza cristica nel corpo nel punto fra le sopracciglia; poi, gradualmente, di poterla percepire in tutto il corpo; infine, di poterla percepire all'esterno, nell'unione con la coscienza cristica in tutto lo spazio.

È per questo che i mistici cristiani hanno affermato che bisogna passare attraverso Maria (la Madre Divina, l'*AUM*) per raggiungere il Cristo, e attraverso Gesù Cristo, l'unione con lo Spirito Supremo.

Una volta chiesi al mio guru: «Che livello deve aver raggiunto una persona per essere definita un maestro?». Egli rispose: «Deve aver conseguito la coscienza cristica».

Per raggiungere quello stato, tuttavia, bisogna prima affrontare il cimento del fuoco: essere messi alla prova al limite delle proprie forze, essere purificati da ogni impurità. Come disse Gesù Cristo: «Beati i puri di cuore, perché vedranno Dio». La purezza di cuore significa non avere nessun'altra motivazione all'infuori del desiderio di unione con Lui. Un maestro ha raggiunto quella purezza, ma il suo ruolo è quello di rappresentare l'esempio più elevato per gli altri. Il compito di Paramhansa Yogananda non si limitava a offrire quell'esempio: egli doveva bruciare il karma che ostacolava l'America impedendo che l'energia venisse rivolta in una direzione interiore e più spirituale. La forza satanica fece del suo meglio per intralciare i suoi sforzi eroici, perfino per annientarli. Nelle vite dei santi, gli ostacoli di questo tipo sono del tutto consueti.

Per entrare in comunione con l'*AUM*, è necessario chiudere le orecchie con i pollici. Io trovavo sgradevole e scomoda questa posizione.

«Maestro» gli chiesi una volta «se si riesce a trovare un luogo davvero tranquillo, si può ascoltare senza chiudere le orecchie?».

«Quando le orecchie sono chiuse» rispose lui «si è nella "sala macchine" del corpo. È meglio chiudere le orecchie. È questo lo scopo di quel piccolo lembo di pelle davanti all'orecchio».

Il Maestro stesso, tuttavia, per risolvere il problema di come chiudere le orecchie nel modo migliore aveva creato "il tempio del silenzio": un congegno che passava sopra la testa e scendeva sulle orecchie, con una pallina di gomma attaccata a entrambe le estremità. Un'altra soluzione sono i tappi per le orecchie, che però hanno lo svantaggio di premere contro le orecchie dall'interno, facendo sentire eccessivamente il rumore del sangue che pulsa nelle vene.

Mi si è presentata, però, un'altra soluzione. Poiché sono debole d'udito, nella mia vita ho portato una serie di apparecchi acustici sempre più sofisticati. Per una "incarnazione" di questi apparecchi, furono fatte delle forme dell'interno delle mie orecchie. Ebbi poi un altro apparecchio che consisteva solo in quelle forme, senza i fori per l'udito. Questi tappi per le orecchie estremamente perfezionati (li ho chiamati "Porte del silenzio", perché trasformano la testa in una Grotta di silenzio) sono molto comodi da indossare, non creano un'eccessiva pressione dall'interno e non comportano quindi la distrazione del rumore del cuore che pompa. Chi lo desidera può farsi fare delle forme simili ad Ananda: credo che le apprezzerà quanto me.*

Per tornare alla nostra storia, il Maestro riuscì ad acquistare Mount Washington, sebbene tutte le probabilità fossero a suo sfavore. Dap-

* Per informazioni sul centro Ananda nei pressi di Assisi, si vedano le pagine alla fine di questo libro; ulteriori informazioni si possono trovare sul sito www.ananda.it. *(N.d.C.)*

principio ci furono cause legali. Una certa Emma Mitchell, precedente proprietaria di una parte del terreno di Mount Washington, intentò causa contro di lui presso la corte suprema di Los Angeles il 13 ottobre 1925, per rientrare in possesso della sua proprietà. Si giunse a un accordo extragiudiziale. Anche il suo vecchio amico Rashid gli fece causa, sostenendo di avere diritto al 25% dei «proventi netti di tutte le conferenze, contributi, donazioni o altri compensi ricevuti da Yogananda». Se c'erano soldi per comprare un hotel – pensò Rashid – doveva esserci anche il denaro per pagare lui. Le notizie peggiorarono ulteriormente cinque giorni dopo, quando Rashid ottenne un ordine di sequestro e fece pignorare due dei conti correnti di Yogananda.

In entrambe le cause legali si giunse ad accordi che soddisfecero tutte le parti coinvolte. Yogananda, però, aveva ancora dei debiti da estinguere. Per far fronte ai suoi obblighi, si impegnò in alcuni cicli di conferenze. Infine un giorno, disperato di fronte a tutte quelle difficoltà e con una grande somma di denaro che doveva essere pagata "immediatamente", si recò nel deserto, determinato ad affidare l'intero problema a Dio.

«Madre Divina» pregò «non Ti ho chiesto tutti questi problemi finanziari. Non ho mai voluto denaro. Avrei preferito di gran lunga trascorrere la mia vita in qualche grotta himalayana, meditando sulla Tua presenza. Perché mi carichi di prove così pesanti? Sono pronto a lasciare ogni cosa: a incamminarmi nel deserto e a non voltarmi indietro mai più!».

La Madre Divina dell'universo gli rispose: «Io sono le Tue azioni e obbligazioni. Di che cos'altro hai bisogno, se hai Me? La danza della vita e la danza della morte: sappi che entrambe vengono da Me, e gioisci!».

L'aiuto giunse in tempo e la proprietà di Mount Washington fu salva. Ma questo accadde solo nei primi anni Trenta. Le prove continuarono. E tutto era dovuto soltanto all'amore di Yogananda per le anime che avevano un disperato bisogno dei suoi insegnamenti, pur senza saperlo. Alla fine della sua vita, egli aveva buoni motivi per attendere con gioia la sua prossima incarnazione che, come ci disse, avrebbe trascorso principalmente rimanendo ritirato dal mondo.

Ciò nonostante, fu una vita eroica quella che Yogananda visse in questa incarnazione. Era una vita destinata ad avere un grande impatto sulla nostra civiltà.

# CAPITOLO TREDICESIMO

# Attacchi razziali, religiosi e giornalistici

Arrivare in America dall'India negli anni Venti presentava le sue difficoltà. Il pregiudizio razziale era ancora forte e, sebbene molte persone in India abbiano la pelle chiara, Yogananda non era uno di loro. I suoi lineamenti non erano negroidi, poiché indiani ed europei sono morfologicamente uguali, ma talvolta la sua pelle marrone scuro era comunque scambiata per quella "sfumata" di un africano.

C'è veramente da meravigliarsi nel constatare quante persone sembrino effettivamente *desiderare* che ci siano altri esseri umani da poter guardare con disprezzo. Come disse Sri Yukteswar, la gente ama tagliare la testa degli altri per apparire più alta. Così, i tedeschi si convinsero che gli ebrei erano inferiori a loro, anche se gli ebrei, in realtà, hanno sempre raggiunto livelli eccezionali in quasi ogni campo d'attività. Gli inglesi si convinsero che gli indiani erano inferiori a loro. I bianchi americani si convinsero che i "negri" appartenevano a un'etnia inferiore. E i tedeschi si proclamarono i "veri ariani". (Occhi azzurri, capelli biondi: qualche persona di questo tipo si trova realmente in Germania, anche se non tante quante ci si aspetterebbe, dopo tutta quell'autopromozione. Hitler stesso difficilmente potrebbe essere portato ad esempio!)

Yogananda disse: «Se una persona fuma ma non beve, dirà: "Beh, è vero che fumo un po', ma per lo meno non *bevo*!". E se beve ma non fuma, dirà: "Beh, sì, bevo un pochino di tanto in tanto, ma per lo meno (detto con sdegno) non *fumo*!"».

Yogananda ci insegnò che le vere razze dell'uomo non dipendono dal colore della pelle, ma dalla *coscienza* dell'individuo. Un contabile di San Francisco sentirà probabilmente più affinità con un altro contabile di Nairobi che con l'artista della porta accanto. E quello stesso artista potrebbe, di fatto, sentirsi spiritualmente più vicino a un altro artista del Vietnam, piuttosto che, per così dire, a un agricoltore del suo stesso Stato.

In origine – spiegò Yogananda – il sistema delle caste definiva le vere razze dell'umanità. Esso riconosceva che l'evoluzione dell'uomo era suddivisa in quattro stadi distinti, con sottocaste che indicavano la transizione tra uno stadio e il successivo.

Le quattro caste fondamentali erano *sudra*, *vaishya*, *kshatriya* e *bramini*. Gli *sudra** (coloro che appartenevano alla casta più bassa) erano classificati come contadini; i *vaishya* (la casta successiva) come mercanti; gli *kshatriya* (la terza casta) come guerrieri; e i *bramini* (la quarta casta, la più alta) come sacerdoti. Ovviamente, perfino in quei giorni la società non era stratificata in modo così semplice. C'erano artisti, studiosi, insegnanti, artigiani, l'intera gamma di categorie che conosciamo anche oggi. E sebbene non vi fossero probabilmente i tecnici informatici, c'erano comunque persone dalle capacità molto più elevate, individui che al giorno d'oggi rimangono senza pari.

Per esempio, sembra che almeno due opere letterarie abbiano avuto origine nel *Treta Yuga* discendente (un'epoca in cui, come sostiene la tradizione, l'uomo può sciogliere l'illusione del tempo, così come sarà capace, nell'epoca attuale, di sciogliere l'illusione dello spazio). Quelle due opere furono scritte da due saggi, Bhrigu e Agastya. Con-

* Si pronuncia come se fosse scritto *sciudra*. *(N.d.T.)*

tengono dettagliate profezie sulla vita di individui che a quel tempo non erano ancora nati, e che in alcuni casi sarebbero venuti al mondo soltanto migliaia di anni dopo. Io stesso ho fatto qualche esperienza con queste opere e ho scoperto che contenevano la prova della straordinaria grandezza dell'India antica.

(Ad Agastya si accenna nell'autobiografia di Yogananda, nel capitolo su Babaji. Lì il Maestro scrisse: «Una considerevole letteratura poetica in lingua tamil si è sviluppata attorno ad Agastya, un *avatar* dell'India meridionale. Egli compì numerosi miracoli nei secoli che precedettero e seguirono l'era cristiana e si ritiene abbia conservato il proprio corpo fisico sino ai giorni nostri». Bhrigu è nominato nella *Bhagavad Gita*, dove Krishna afferma: «Tra i santi, Io sono Bhrigu».)

La suddivisione in caste – per tornare al nostro tema – aveva lo scopo di simboleggiare certi tratti fondamentali che la coscienza umana assume via via che si evolve verso la perfezione in Dio. Quando l'uomo si è appena innalzato dallo stato animale, è abituato a usare il corpo, piuttosto che la mente, per trovare la felicità, che è lo scopo consapevole di ogni essere vivente nel suo viaggio di ritorno verso l'eterno stato di Beatitudine divina. Gli *sudra* erano definiti contadini solo perché, in qualsiasi sistema sociale, è più probabile che siano i contadini a utilizzare soltanto la forza del proprio corpo.

A mano a mano che l'anima continua a sperimentare gli stati umani relativamente più elevati, giunge spontaneamente a comprendere che l'intelligenza umana di cui è stata dotata è un dono inestimabile. Si può ottenere molto di più per se stessi con un'intelligenza acuta che con dei muscoli ben gonfi. Così, l'individuo raggiunge il livello di coscienza del *vaishya*, simboleggiato dal mercante: questo non perché i mercanti non siano mai raffinati, sensibili e altruisti o, d'altro canto, non siano mai legati al corpo, ma perché la loro vocazione tipica è quella di guadagnare denaro e diventare ricchi, ovvero di usare l'astuzia per raggiungere questi obiettivi.

Man mano che il *vaishya* diventa sempre più raffinato nel proprio sviluppo, si accorge che può trovare la felicità che cerca soprattutto quando può espandere la propria autoconsapevolezza, condividendo con gli altri la felicità che ha raggiunto. Per questo Gesù Cristo disse: «Vi è maggiore benedizione (cioè beatitudine) nel dare che nel ricevere». In questo modo, la persona dal temperamento *vaishya* si evolve gradualmente fino al livello di coscienza successivo, quello dello *kshatriya*.

Uno *kshatriya* viene classicamente identificato con il guerriero o il nobile. Va da sé che ci sono molti aristocratici che non sono affatto nobili di natura, e che ci sono molti guerrieri che manifestano soltanto una natura crudele. In ogni caso, a livello ideale il nobile ritiene che il proprio ruolo nella società sia quello di aiutare gli altri e di elevarli in ogni modo possibile. Dal canto suo il guerriero, a livello ideale, è quello che è disposto a sacrificare la propria vita per la sicurezza e il benessere dei suoi compatrioti. Così, uno *kshatriya* è colui che, idealmente, cerca la felicità anche per gli altri, poiché comprende che la felicità si espande quando si includono anche gli altri nella propria gioia.

Via via che l'ego si evolve ulteriormente, giunge a comprendere che è possibile godere solo temporaneamente dei doni materiali; che la conoscenza intellettuale è superficiale e non è mai del tutto gratificante; che la saggezza spirituale è l'unica conoscenza che valga veramente la pena di possedere. L'individuo cerca quindi di includere anche la saggezza fra i doni che elargisce agli atri. Diventa così un *bramino*.

Il *bramino*, o sacerdote, è solo un simbolo di questo tipo di persona che condivide la spiritualità con gli altri. Ci sono, ovviamente, molti preti per i quali il sacerdozio è soltanto una professione. Ugualmente, ci sono molti non-preti il cui temperamento, in questo senso, è sacerdotale. In ogni caso, un sacerdote dovrebbe, in termini ideali, essere per lo meno una persona che si prende cura delle esigenze spirituali degli altri.

Queste, dunque, sono le quattro caste e le quattro razze degli esseri umani, non definite dall'ereditarietà, ma dalle naturali inclinazioni dell'uomo. Diventare illuminati significa superare completamente le quattro caste: non essere più definiti dalla tipologia del proprio ego, ma dal proprio livello di libertà da qualunque associazione con l'ego stesso.

Questo antico sistema ha anche il merito di indicare, universalmente, la giusta direzione di sviluppo per ogni essere umano. Vorrei sottolineare nuovamente come il sistema delle caste, in origine, non fosse ereditario. Le persone, inoltre, possono evolversi nel corso di una vita raggiungendo un livello superiore a quello della loro casta naturale. (A dire il vero, possono anche sprofondare al di sotto di esso.) Come afferma la *Bhagavad Gita*: «Persino il peggiore dei peccatori, attraverso la costante meditazione, può giungere a Me».

Il peccato, purtroppo, è sempre pronto ad attirare nuovamente l'essere umano verso il basso, se egli è incline a farlo. Il sistema delle caste era originariamente inteso a incoraggiare le persone a continuare a evolversi verso l'alto. Le antiche inclinazioni animali, tuttavia, possono anche esercitare un'attrazione verso il basso, e continuare a farlo finché non ci si è sollevati completamente al di sopra della coscienza dell'ego.

In questo modo anche la società stessa, come pure gli altri individui, possono fare di tutto per attirare in basso la persona virtuosa, adducendo questa giustificazione: «È presuntuoso da parte sua pretendere di essere migliore di me! Se io non riesco a salire fino a quel livello, significa che quel livello non esiste neppure».

Yogananda giunse sulle sponde americane recando un messaggio di speranza e una promessa divina. Per molti egli era un disturbo e una minaccia. I bigotti non erano contenti, perché egli mostrava l'inadeguatezza dei loro dogmi. I sostenitori della supremazia della razza bianca non erano contenti, perché egli dimostrava di essere infinitamente superiore a loro. I giornali, invece, erano molto contenti: potevano dire di lui tutto quello che volevano e, se si spingevano troppo oltre, potevano sempre inserire una piccola ritrattazione in una delle ultime pagine di un numero successivo, dove nessuno l'avrebbe notata (ma al tempo stesso nessuno avrebbe potuto dire che non si erano scusati).

Yogananda non aveva un'opinione molto buona della stampa. La vedeva distruggere allegramente la vita e la reputazione degli altri solo per conquistare un po' di notorietà. Dopo tutto, era la notorietà a vendere i giornali. Non era una professione molto onesta.

Il fatto è che egli era ciò che in sanscrito viene definito *triguna rahitam*: una persona che è al di là di tutte le qualità dell'ego ed è anche libera da qualunque motivazione personale, anzi, libera da *qualunque* motivazione che non sia l'elevazione degli altri. L'uomo che è schiavo dell'ego non è in grado di comprendere un essere umano così raro. Chi è immerso nell'illusione pensa: «Tutti hanno una motivazione di qualche tipo. Se non la dichiarano apertamente, è solo perché è una motivazione oscura». Questo spiega perché Guglielmo il Conquistatore sia stato così frainteso dagli storici. Spiega anche il motivo per cui molte persone non riuscivano a capire Yogananda e si sentivano minacciate da lui.

Yogananda raggiunse quello che potrebbe essere definito il suo nadir a Miami. Il capo della polizia locale era il classico cattivo. Qualcuno mi disse che usava addirittura le persone di colore per allenarsi al tiro al bersaglio. In effetti, finì per essere processato per omicidio (ma non ho idea di quale fu il verdetto). Tra i fautori della supremazia della razza bianca nel "profondo sud" degli Stati Uniti, alcuni – benché si stenti a crederlo – consideravano perfino lodevole l'assassinio dei negri. Una volta sentii personalmente un bianco a Charleston, nel South Carolina, affermare: «L'unico bravo negro che io abbia mai visto era un negro morto». (Ovviamente, nella prossima vita un individuo simile si reincarnerà inevitabilmente nel corpo di una persona di colore! In quella condizione, di nuovo "ovviamente", odierà i bianchi.) Considerando atteggiamenti come questi, che favoriscono la chiusura dell'ego, c'è forse da meravigliarsi se le anime, a volte, regrediscono fino a tornare al livello animale, e perfino più in basso?

Quel capo della polizia si chiamava H. Leslie Quigg. Yogananda si era recato a Miami per tenere delle conferenze allo Scottish Rite Temple, seguite da lezioni di yoga presso l'Anglers' Club. Manifesti erano stati affissi in tutta la città. I suoi piani furono interrotti quando il capo della polizia gli ordinò senza mezzi termini di lasciare la città. La stampa riportò che Swami Yogananda, «il capo indiano di una setta dell'amore», aveva «rischiato la vita per mano di un gruppo di cittadini indignati» durante una sua conferenza. Molti personaggi eminenti si levarono in sua difesa da ogni angolo del Paese. Alla fine Yogananda se ne andò. Due mesi dopo, Quigg fu processato per omicidio. Chissà, forse avrebbe potuto perfino cercare di uccidere Yogananda.

Anche le diverse Chiese (per usare la famosa espressione della regina Vittoria) «non erano divertite» da quello che consideravano un "attacco" da parte di Yogananda, condotto con la spada di cristallo della logica cristallina. In realtà, ovviamente, egli non attaccò mai nessuno: presentava semplicemente le verità cristiane così come era stato inviato a fare da Gesù Cristo stesso (e questo egli lo dichiarava apertamente). Faceva tuttavia una netta distinzione tra il Cristianesimo e il "Chiesismo". Inoltre, come egli stesso affermava, era stato mandato per insegnare "il Cristianesimo originale".

Una volta, due uomini armati si recarono a Mount Washington per ucciderlo (questo accadde diversi anni dopo). Il Maestro sapeva che lo aspettavano vicino all'ascensore, così rimase semplicemente al piano superiore. La persona che mi raccontò questa storia disse che erano stati mandati da degli ecclesiastici, ma non ho alcun modo di verificare la veridicità di questo racconto.

Molte volte, nel corso degli anni, ci furono persone che gli fecero causa per varie ragioni. Il più doloroso di questi tradimenti fu quello di Swami Dhirananda. (Ne parlerò in un capitolo successivo.)

# CAPITOLO QUATTORDICESIMO

# Personaggi famosi

Paramhansa Yogananda incontrò anche molti personaggi famosi nel corso della sua vita. Devo ammettere che, per me, lui era l'unica persona famosa che mi interessasse. Il lettore, tuttavia, potrà essere interessato a conoscere i nomi per lo meno di alcuni di coloro che incrociarono il cammino del Maestro.

Primo per importanza nazionale fu il presidente Calvin Coolidge, che in seguito parlò bene di lui. Il Maestro divenne talmente famoso a Washington che un noto fotografo mise una sua foto a grandezza naturale sul marciapiede davanti al proprio negozio.

Il Maestro incontrò anche il presidente del Messico Portes Gil. Fece visita a quel Paese – credo – nel 1929, cercando di sfuggire temporaneamente a una delle sue numerose "crocifissioni". Al dottor Lewis scrisse che non sapeva quando, e neppure se, sarebbe tornato. Mi addolora pensare a quante persecuzioni il Maestro dovette sopportare, per di più in un Paese in cui era venuto con il solo desiderio di elevare le persone.

La persecuzione che provocò la sua fuga in Messico riguardava il tradimento a opera del suo intimo amico d'infanzia, Dhirananda.

A Washington, Yogananda incontrò la famosa cantante lirica italiana Amelita Galli-Curci. Louise Royston, un'anziana monaca che risiedeva a Mount Washington, mi raccontò di una serata alla quale ella stessa era presente. Si trattava di un concerto di Mme Galli-Curci.

IN ALTO A SINISTRA: Amelita Galli-Curci, la famosa cantante lirica italiana, era una devota studentessa del Maestro. IN ALTO A DESTRA: Swami Yogananda mentre lascia la Casa Bianca il 24 gennaio 1927, dopo una visita al Presidente Calvin Coolidge. Il Presidente si intravede nella finestra dietro di loro. A DESTRA: Yogananda con il famoso botanico Luther Burbank e sua moglie Elizabeth.

«A un certo punto» disse Mrs Royston «Mme Galli-Curci vide Yogananda in un palco. Interruppe il concerto e, tirato fuori un fazzoletto, lo sventolò con entusiasmo in direzione del Maestro. Il Maestro allora si alzò in piedi e le fece un inchino, sorridendo. Quando il pubblico vide di chi si trattava, proruppe in un fragoroso applauso. Fu un momento molto commovente!».

Mme Galli-Curci era molto piccola, ma aveva una grande forza di volontà. Il suo primo matrimonio era stato combinato. Sfortunatamente, suo marito era alcolizzato. Un giorno, mentre era nuovamente ubriaco, l'uomo sollevò una sedia con l'intenzione di colpirla. Lei rimase ferma, ergendosi con dignità davanti a lui, e gli disse con calma: «Metti giù quella sedia». Sorpreso dalla sua fermezza, egli le ubbidì. Lei allora se ne andò di casa e, per quanto ne so, non lo vide mai più.

Il suo secondo marito fu Homer Samuels; Yogananda descrisse il loro matrimonio come una vera «unione di anime». Mr Samuels, che a sua volta conosceva il Maestro, era un insigne pianista.

George Eastman, il fondatore della Kodak, fu un altro personaggio famoso che incontrò Yogananda. Durante quell'incontro, il presidente della famosa azienda fotografica gli disse: «Sono disgustosamente sano e disgustosamente ricco».

«Ma non siete disgustosamente felice!» esclamò Yogananda.

«No, non lo sono». Eastman divenne studente di Yogananda.

Un altro suo studente era Alvin Hunsicker, presidente della Standard Textile Company, che dapprincipio aveva creduto che lo yoga avesse qualcosa a che fare con la divinazione con la sfera di cristallo.

«Ascolti» gli disse Yogananda «i cristalli furono importati in India dalla Francia. Le sfere di cristallo non hanno nulla a che fare con gli insegnamenti dell'India. "Guardare nella sfera di cristallo", in realtà, significa osservare le dimensioni interiori dello spazio e del tempo. Ciò può essere fatto solo fissando lo sguardo nell'occhio spirituale, nella fronte».

«Fu allora che diventò mio studente» disse il Maestro.

Warner Oland, l'attore hollywoodiano che interpretò Fu Manchu in una serie di film e anche Charlie Chan in diciassette altri film, era un uomo piuttosto arcigno, ma era famoso. Yogananda si trovò seduto di fronte a lui durante un viaggio in treno. L'attore guardò il Maestro con disgusto, poi girò la testa dall'altra parte.

«Mi scusi» gli disse il Maestro «perché ha quell'espressione?».

«Non sono affari suoi!» rispose l'altro, maleducatamente.

«Mi scusi, ma *sono* affari miei» rispose Yogananda. «Devo stare qui seduto a guardarla! Sarebbe molto più piacevole se la sua espressione non fosse così corrucciata».

«Lei mi sembra una persona molto audace!» commentò Oland con una risata. «Ma chi è lei?».

«È proprio questo il punto!» rispose Yogananda. «Abbiamo una grande opportunità, oggi. Sa, tutti a questo mondo sono un po' folli, ma nessuno riesce a scoprire la propria follia perché frequenta solo persone la cui follia è simile alla sua. Io conosco il suo tipo di follia, perché l'ho vista sullo schermo, ma lei non conosce la mia. Se può convincermi che il suo modo di vivere è migliore del mio, allora diventerò un attore cinematografico. Ma se riuscirò a convincerla che è il mio modo a essere migliore, dovrà seguirmi».

«Lui acconsentì e discutemmo a lungo la questione. E... io non divenni mai un attore, ma lui divenne mio studente!».

Greta Garbo gli fece visita nell'eremitaggio che egli ricevette in dono tempo dopo a Encinitas, in California. Daya Mata si ricordava di lei soprattutto perché aveva invidiato a San Lynn le sue lunghe ciglia!

Il personaggio famoso più spirituale che Yogananda incontrò in America fu Luther Burbank, al quale dedicò la sua *Autobiografia di uno yogi*. Poiché il Maestro ha scritto un intero capitolo del suo libro su quell'amicizia, non aggiungerò altro.

Il Maestro incontrò molte altre persone famose. Per mia comodità (e per quella del lettore), le presenterò quasi come in una lista della spesa, inserendo brevi commenti qua e là dove mi sembra opportuno. Devo ammettere che non conosco affatto molti di questi personaggi, ma forse saranno noti al lettore.

Herb Jeffries. Mi trovavo con il mio guru quando Herb venne a fargli visita. Era un mulatto che aveva cantato con l'orchestra di Duke Ellington ed era anche conosciuto come "Bronze Buckaroo" ("Cowboy di bronzo"), poiché era il primo attore di colore ad aver recitato nei film western.

Dick Haymes. Ero presente nella stanza ogni volta che Dick venne a fare visita al Maestro. Eravamo insieme anche al banchetto durante il quale Yogananda lasciò il corpo, il 7 marzo 1952. Dick pensava che il Maestro fosse svenuto, ma io sapevo che non sarebbe mai svenuto: sapevo che ci aveva lasciati. Dick era un cantante nell'orchestra di Harry James e anche di Benny Goodman. Divenne poi un attore hollywoodiano e sposò la famosa attrice Rita Hayworth. Sua madre, Marguerite Haymes, divenne mia amica.

Oscar Saenger era un altro cantante famoso. Yogananda celebrò il suo funerale nel 1929. Mr Saenger fu anche uno dei primi a trarre vantaggio dall'invenzione di Edison del grammofono, presumibilmente registrando le sue canzoni su uno dei dischi di argilla che si usavano allora.

Vladimir Rosing era un illustre tenore, che diresse anche l'American Opera Company. Mi trovavo con il mio guru quando Mr Rosing diresse *Il pipistrello* di Johann Strauss al Hollywood Bowl. In seguito Margaret Lancaster, una monaca che risiedeva a Mount Washington e che era stata seduta in un punto diverso della sala, disse al nostro guru: «Non era proprio uno spettacolo spirituale, vero?». (Certamente non era l'ideale per dei monaci!)

«Era un *bello* spettacolo!» commentò il guru. Fui profondamente commosso dalla sua ferrea lealtà nei confronti di un vecchio amico.

Walter Y. Evans-Wentz era un antropologo e scrittore, autore dell'eccellente volume *Milarepa, il grande yogi tibetano*. Scrisse anche la prefazione all'*Autobiografia di uno yogi.*

Grant Duff Douglas Ainslie, poeta e scrittore scozzese.

George Liebling, pianista e compositore.

Leopold Stokowski, direttore d'orchestra molto famoso (perché molto teatrale; personalmente, il suo stile non mi piaceva molto).

Luigi von Kunits, direttore e fondatore della New Symphony Orchestra di Toronto, Canada.

Maria Carreras, famosa pianista.

R.J. Cromie, proprietario ed editore del *Vancouver Sun*, grande sostenitore di Swami Yogananda.

Jan Paderewski, pianista. Era stato anche il secondo primo ministro della Polonia. Paderewski era stato fra i firmatari del Trattato di Versailles e ambasciatore per il suo Paese, prima di tornare alla carriera musicale.

Ruth St. Denis, pioniera della danza moderna. La vidi danzare quando aveva più di settant'anni. Era flessibile come una donna cinquant'anni più giovane: una buona pubblicità per intraprendere una carriera nella danza!

Clara Clemens Gabrilowitsch (in seguito Samossoud), figlia di Mark Twain.

Infine, Harry Lauder, poeta e cantante scozzese.

E molti altri, inclusi numerosi personaggi di rilievo in India, alcuni dei quali sono menzionati nell'autobiografia del Maestro.

# CAPITOLO QUINDICESIMO

# La reincarnazione

Vivendo con Paramhansa Yogananda, ci si abituava a sentir parlare della reincarnazione. Egli vi faceva spesso riferimento, non tanto come a un concetto, ma come a un semplice fatto.

Una volta Yogananda si recò a vedere uno spettacolo insieme ad alcune discepole. Una di loro, Vera Brown (in seguito Meera Mata), continuava a guardare intensamente una bambina di circa tre anni, seduta nella fila davanti a loro. Più tardi il Maestro le disse: «Ho notato che guardavi quella bambina».

«Sì, Maestro! Non potevo distogliere lo sguardo da lei. Mi sembrava così triste, e al tempo stesso così saggia».

«Nella sua ultima vita» egli disse «è morta in un campo di concentramento in Germania. Le esperienze che fece in quel luogo erano molto tristi, ma al tempo stesso l'hanno resa santa».

In un'altra occasione, qualcuno diede al Maestro un neonato da tenere in braccio e da benedire. «Per poco non lo feci cadere» egli raccontò in seguito. «Vidi che la persona in quel corpicino era stata un assassino nella sua ultima vita».

A Jan Savage – un bimbo di nove anni – lo sentii dire una volta: «Jan non è un bambino piccolo. È un uomo anziano!». Si poteva infatti scorgere un vecchio in quel piccolo, esile corpo. Ricordo che una volta Jan era sdraiato sull'erba a pancia in giù.

«Che cosa stai facendo, Jan?» gli chiesi.

«Sto cercando di influenzare le formiche ad andare in una certa direzione». Mi sembrò un interesse piuttosto sofisticato per un bambino di nove anni. Un giorno Jan stava meditando con un discepolo più anziano, quando all'improvviso esclamò: «Vedo Gesù Cristo!». I due decisero di chiedere al Maestro se la visione fosse stata reale, così la domenica successiva si misero in fila per salutarlo all'uscita della chiesa.

«Allora!» esclamò Yogananda non appena giunsero da lui. «Il piccolo Jan ha avuto una visione di Gesù Cristo! Bene! Era una vera visione». Arruffò affettuosamente i capelli al bambino.

In seguito Jan lasciò Mount Washington; sua madre decise di non rimanere. Tuttavia, ho spesso sperato che Jan restasse fedele a Dio e al guru. Yogananda una volta mi disse: «Molti di coloro che se andranno da qui apriranno i loro centri» e a questo riguardo accennò a Jan. Mi sono spesso chiesto se lo avesse detto semplicemente per incoraggiarmi. I miei superiori, infatti, finirono per estromettermi dalla SRF in maniera poco gentile. (Mi ero dimostrato più creativo di quanto li facesse sentire a loro agio.) Da parte mia, non potevo neppure immaginare di vivere senza servire il mio guru. «Accetta qualunque lavoro ti si presenti» mi dissero dopo avermi abbandonato a New York con il solo denaro che avevo nel portafoglio. Io, però, non potevo fare altro che continuare a servire il Maestro. Al tempo stesso, non volevo rivaleggiare con loro in alcun modo. Le sue parole, quindi, «Molti di coloro che se andranno da qui apriranno i loro centri», mi furono d'incoraggiamento nel rimanere attivamente suo discepolo, anche se non potevo più servirlo all'interno della sua organizzazione.

Il tentativo di Jan di guidare il movimento di quelle formiche mi fa pensare a qualcosa che ho sentito e che provo l'irresistibile desiderio di raccontare a questo punto, anche se la mia giustificazione per farlo è quasi inesistente. Una donna dotata di poteri psichici che conobbi a Sedona, in Arizona, una volta mi disse: «Un giorno feci una torta al cioccolato e la misi sul davanzale a raffreddarsi. Quando tornai, la trovai coperta di formiche. Così mi chinai e dissi gentilmente: "Voglio parlare con il vostro capo!".

«Per un attimo ci fu un'attività frenetica. Poi tutte le formiche si acquietarono, come se si preparassero ad ascoltarmi. Allora dissi loro: "Questa torta è nella mia casa. L'ho preparata per la mia famiglia. Non voglio farvi del male, ma se resterete qui sarò costretta a farlo. In fondo al mio giardino c'è un albero molto alto. Voglio che andiate là. Quando tornerò, fra qualche minuto, voglio vedere questa torta senza formiche. Saprò che mi avrete obbedito se vi vedrò su quell'albero".

«Tornai quindici minuti dopo. Sulla torta non c'erano più formiche. Poi andai all'albero e vidi una lunga fila di formiche che camminavano su e giù lungo il tronco».

Va bene, *posso* offrire una minuscola giustificazione per aver raccontato questa storia a questo punto, a parte il fatto che non avrei saputo dove altro inserirla! Non ho voluto presentare il mio guru come se fosse unico. Anche se ho parlato di lui perché la sua missione era infatti unica, in realtà ho cercato di parlare di principi universali.

Norman, un mio confratello discepolo, una volta ebbe una visione nella quale si trovava con il nostro guru in Lemuria, 80.000 anni fa. Non sapevo se fosse una vera visione, ma ero inorridito di fronte alla possibilità che occorra così tanto tempo per trovare Dio.

«Signore» chiesi al Maestro poco tempo dopo «sono stato vostro discepolo per migliaia di anni?». (Non osavo chiedergli quante migliaia!)

«È stato per lungo tempo» rispose il Maestro. «Non aggiungerò altro».

Norman una volta disse al Maestro: «Non credo di avere un karma molto buono, signore».

«Ricordati questo» rispose il Maestro. «Ci vuole un karma molto, *molto*, *MOLTO* buono anche solo per avere il desiderio di conoscere Dio!».

* o molto cattivo!

Quanto a lungo vaga ogni anima nell'illusione? Non ero pronto per questa verità, ma in effetti può volerci persino più di un giorno di Brahma! Quanto di più? Preferisco non contemplare la questione! Nella *Bhagavad Gita*, Krishna afferma: «All'inizio di un nuovo giorno di Brahma, Io getto nuovamente tutte queste anime nell'illusione». E nel *Rubaiyat di Omar Khayyam* (una vera Scrittura e non un semplice poema d'amore, come si ritiene comunemente) Yogananda spiega in questo modo una particolare quartina: «Molti di coloro che entrano nella creazione all'inizio di un giorno di Brahma stanno ancora vagando nell'illusione alla fine di esso».

Ci vogliono da cinque a otto milioni di vite affinché l'anima si evolva fino al livello umano. Da quel momento in poi, il dono del libero arbitrio può rendere molto lungo il viaggio. Per evitare che qualcuno si scoraggi, va detto che quel viaggio è *sempre* molto lungo. Una volta chiesi al Maestro, riguardo al mio caso personale: «Ci vuole sempre così tanto tempo?».

«Oh, sì» rispose lui piuttosto casualmente. «Il desiderio di conquistare la buona reputazione, la celebrità e così via trascina lontano l'essere umano, più e più volte». Presumo che avesse nominato le mie particolari illusioni principali, anche se in questa vita ho sempre provato quasi un senso di repulsione per questi "dolci appiccicosi".

Il Maestro ci disse che Hitler era stato Alessandro il Grande. È interessante come entrambi questi personaggi, Hitler e Alessandro, abbiano sviluppato una tattica che Hitler chiamò *Blitzkrieg* (guerra lampo): un attacco improvviso e molto rapido.

«Hitler era malvagio» ci disse il nostro guru «ma in confronto a Stalin era un boy scout». Mi sembra di ricordare che il Maestro ci raccontò (anche se in realtà potrebbe aver detto soltanto che lesse questo racconto nelle memorie dell'ex autista di Stalin): «Stalin, che in russo significa "acciaio" [il vero nome di nascita di Stalin era Ioseb Besarionis Dze Jughašvili] sedeva sul sedile posteriore della sua automobile ripetendo continuamente: "Sono *stalin*, sono acciaio!". Quando sua moglie morì, Stalin fu udito dire: "Quando muoiono milioni di persone è una statistica; quando ne muore una è una tragedia!".

«Stalin era Genghis Khan in una vita precedente. Il suo karma è tale che gli ci vorranno altri centomila anni per essere liberato!».

«Solo centomila anni?» si meravigliò Debi Mukerjee, un giovane discepolo di Calcutta.

«Quanto a lungo vuoi che soffra una persona?» chiese il Maestro. (Beh, come tutti noi sappiamo, molti devoti cristiani sono quasi ferocemente contenti al pensiero che alcuni dei loro fratelli soffrano "per sempre" all'inferno!)

«Winston Churchill era Napoleone» aggiunse Yogananda. «Napoleone voleva conquistare l'Inghilterra. Nei panni di Winston Churchill, ha soddisfatto quell'ambizione. Napoleone voleva distruggere l'Inghilterra. Nei panni di Churchill, ha dovuto assistere alla dissoluzione dell'Impero Britannico. Napoleone fu inviato in esilio all'isola d'Elba; poi ritornò al potere; fu infine sconfitto a Waterloo ed esiliato sull'isola di Sant'Elena. Anche Churchill perse il potere e poi lo riconquistò. Non fu mai realmente sconfitto, tranne che nel modo in cui i politici perdono spesso il potere a causa delle elezioni; dovette però soffrire la sconfitta di assistere alla dissoluzione dell'impero.

«Mussolini era Marcantonio, una figura minore».

Non volle dirmi chi fosse stato Franklin Delano Roosevelt. («Non l'ho mai detto a nessuno. Avevo paura di finire nei guai!».) Bill Brown, tuttavia, il fratello di Mrinalini (la quarta presidentessa della SRF), mi raccontò che aveva qualche motivo di ritenere che Roosevelt fosse stato Benedict Arnold.* Arnold fu ferito alle gambe in tre battaglie, una volta pure in modo devastante, e gli fu estremamente difficile camminare da allora in poi. Roosevelt fu costretto su una sedia a rotelle dalla poliomielite per gli ultimi venticinque anni della sua vita.

*Uno dei personaggi più importanti della rivoluzione americana. *(N.d.C.)*

Yogananda, in effetti, sentiva che Roosevelt aveva tradito l'America favorendo l'intervento del governo nella vita delle persone con il suo "New Deal" e anche perché era troppo morbido con i comunisti. Aveva simpatia, per esempio, per Stalin, al quale si riferiva in termini amichevoli come "Uncle Joe".

Charles Lindbergh – disse il Maestro – era stato Abramo Lincoln. L'incredibile risultato ottenuto da Lincoln nel mantenere l'unità della nazione non fu sufficientemente apprezzato durante la sua vita. Certamente egli fu ricompensato da una fama straordinaria, nei panni di Lindbergh, per un'impresa di per sé notevole, ma altrettanto certamente Lindbergh stesso non si aspettava quella fama. L'elegia letta al suo funerale diceva: «Questo non fu un uomo comune. Era come un presidente». Un eccellente libro a questo riguardo è stato scritto da Richard Salva, un membro di Ananda.

Yogananda disse che la sua studentessa e discepola Amelita Galli-Curci era stata Jenny Lind, la famosa cantante svedese del secolo precedente. Una volta Mme Galli-Curci gli disse: «Non ho più desideri!». Egli attese qualche attimo mentre la conversazione continuava. Poi la fece parlare del mondo astrale.

«Quando sarò nel mondo astrale» ella disse con entusiasmo «canterò e canterò!».

«Si rammenti cosa ha detto» le ricordò lui. «Non ha più desideri!».

«Avete ragione. Oh, bene, ho *pochi* desideri!» rispose lei sorridendo.

Il karma non è solo individuale. Influenza anche gruppi di persone, siano essi famiglie, comunità, nazioni o persino interi pianeti. Ci troviamo adesso, come ho già detto in precedenza, a un punto di svolta nella Storia: stiamo entrando in una nuova era. Avverranno molti cambiamenti. «L'Europa» disse Yogananda «sarà devastata; la Russia sarà annientata. Il Giappone, a causa della sua crudele invasione della Cina negli anni Trenta, sarà conquistato dalla Cina. L'America sopravvivrà a tutte le difficoltà, perché il suo karma è fondamentalmente buono.

«L'Inghilterra è finita».

«Cosa intendete dire, signore?» gli chiesi.

«Finita! Finita!» rispose. L'Inghilterra è stata troppo avida nei suoi sforzi per dominare altri Paesi. Tuttavia, ha anche aiutato quei Paesi. Il suo karma, quindi, dovrebbe essere mitigato. In che modo, allora, sarà "finita"? Forse la corrente del Golfo cambierà il proprio corso e l'Inghilterra diventerà come la Groenlandia. Ma allora, che ne sarà dell'Irlanda? Devo confessare che tali questioni sono al di là della mia comprensione; è solo interessante prenderle in considerazione. Edgar Cayce disse che l'Inghilterra «e il nord Europa» sprofonderanno nel mare in un istante. È questo che intendeva dire Yogananda? Solo il tempo ce lo dirà.

Gli Stati Uniti e l'India, egli disse, sono destinati a lavorare insieme per favorire lo sviluppo equilibrato del mondo intero: l'India nel suo ruolo di guru del mondo, l'America con la sua maggiore sintonia con i raggi di questa nuova era e con la sua efficienza materiale. «Molte anime indiane» disse Yogananda «stanno nascendo in America e molte anime americane stanno nascendo in India» per creare finalmente questo equilibrio.

Si può intuire il karma di una persona da molti aspetti che la riguardano: la sua postura, per esempio. Le persone con un karma basso hanno un'energia visibilmente concentrata nei *chakra* bassi. Camminano pesantemente, si siedono pesantemente, si muovono pesantemente. Le persone con un karma più leggero, invece, hanno quasi visibilmente il loro centro a un livello più alto nel corpo, e sembrano fare i loro passi in modo più leggero.

Anche il vocabolario è rivelatore. Se il karma di un individuo è pesante, egli userà continuamente parole e concetti che si riferiscono ad attività dei *chakra* inferiori, parole alle quali io neppure penso. Se il karma invece è leggero, il linguaggio rifletterà una centratura nei *chakra* superiori. Le persone alla cui presenza si percepisce un'elevazione spirituale hanno un karma molto leggero o sono addirittura prive di karma. In presenza di Yogananda, e di altri grandi santi, si percepisce una sensazione di grande amore e beatitudine. Inoltre, quanto più l'aura è di colore chiaro e purificata (sia nel caso in cui la si vede o anche quando la si percepisce soltanto), tanto più quella persona è vicina alla liberazione. Spesso si può indovinare il colore dell'aura di una persona dai suoi colori preferiti.

Puoi provare tu stesso questo piccolo esperimento, per scoprire se il tuo karma è pesante o leggero. (Ovviamente, mi aspetto che chiunque legga questo libro abbia un karma leggero; se il karma fosse pesante, non ci sarebbe neppure il desiderio di leggerlo.) Sdraiati sulla schiena e guarda il soffitto. Cerca un punto sul soffitto – ad esempio un lampadario o qualche altro punto piuttosto piccolo – e osservalo direttamente per qualche minuto, oppure fissa lo sguardo subito accanto a esso. Ben presto quel punto sembrerà muoversi, mentre i tuoi occhi si allontaneranno da esso. Se il punto si muove verso il basso, sarà un'indicazione che il tuo sguardo si sta lentamente spostando verso l'alto, verso l'occhio spirituale. E se invece il punto si muove verso l'alto? Beh, penso che qualunque direzione in cui si muovano i tuoi occhi avrà qualche significato per te.

Si possono percepire tali influenze anche in diverse nazioni. Quando mi recai in Cambogia nel 1958, per esempio, sentii una nube pesante e oscura sopra quel Paese. Sappiamo bene cosa dovette subire, in seguito, quella nazione. Ho percepito una nube oscura anche sopra la Germania, sebbene non così scura come quella sopra la Cambogia. Il tempo ci dirà che cosa dovrà sopportare la Germania, ma certamente l'intero Paese dovrà pagare per le atrocità di Hitler e dei suoi nazisti.

La coscienza è ovunque, poiché la Creazione stessa è un sogno proiettato dalla Coscienza Divina. Perfino le rocce sono coscienti, anche se, ovviamente, in modo molto limitato. Qualche minuto fa stavo guardando un verme che si muoveva lentamente, in modo quasi impercettibile, sul pavimento del mio bagno e ho pensato: «Ecco, certamente non è un gran pensatore!». Tuttavia, quando sento gli scienziati affermare che un giorno i computer diventeranno sufficientemente complessi da cominciare a rivendicare "i diritti dei computer", penso a quel verme e ai suoi antenati. Per quanto semplice, quel verme ha due cose che nessun computer possiederà mai: il fatto di essere autoconsapevole e senziente. Pungilo con uno spillo e si contorcerà cercando di allontanarsi. Come ho già detto, queste sono le due cose che la scienza non sarà mai in grado di creare: l'essere senzienti e autoconsapevoli. Non acquisiamo la nostra autoconsapevolezza paragonandoci agli altri. È una certezza istintiva, connaturata in ogni creatura vivente.

Tuttavia, quanto è lungo il viaggio che l'anima deve compiere dopo aver fatto il suo ingresso nella manifestazione esteriore! Yogananda disse che riusciva a ricordare di essere stato un diamante!

Ci disse anche che Therese Neumann, la mistica tedesca con le stimmate alla quale fece visita nel 1935 a Konnersreuth, era stata Maria Maddalena. Quando, in gioventù, i ragazzi andavano a corteggiarla, lei li scacciava dalla sua proprietà, a volte con un forcone. Immagino che ne avesse abbastanza degli uomini, dopo quella precedente incarnazione!

Nel Vangelo, Gesù chiede ai suoi discepoli: «Voi chi dite che io sia?». Loro risposero: «Alcuni dicono Geremia o qualcuno dei profeti». Quella risposta indica chiaramente che per lo meno molti ebrei di quel tempo credevano nella reincarnazione.

Durante la sua trasfigurazione sulla montagna, Gesù ebbe anche una visione di Elia. I discepoli, in seguito, gli chiesero: «Perché dunque gli scribi dicono che prima deve venire Elia?». Egli rispose: «Elia è già venuto e non l'hanno riconosciuto». Il Vangelo prosegue dicendo: «Allora i discepoli compresero che egli parlava di Giovanni il Battista».

Io stesso mi trovavo con Yogananda da appena un mese quando, in mia presenza, egli dettò un brano che affermava: «I tre re magi che si recarono alla culla del bambino Gesù erano Babaji, Lahiri Mahasaya e Sri Yukteswar». Chi era, allora, Yogananda? Posso soltanto dire che è una domanda interessante.

Yogananda ricordava anche di essere stato il grande principe-guerriero Arjuna, l'eroe della guerra di Kurukshetra avvenuta migliaia di anni fa in India. A quel tempo il suo guru era Krishna, che poi divenne Babaji, il santo immortale che vive tuttora sull'Himalaya. E così il gioco cosmico continua.

Il vero guru di Yogananda era Babaji. Qual era, dunque, il vero ruolo di Sri Yukteswar? Ricordo che Yogananda riportò le parole di Sri Yukteswar (ma ora non riesco a ricordare quella esatta citazione), il quale gli disse qualcosa del tipo: «Finché le nostre anime gemelle si fonderanno nell'Infinito». Potrebbero dunque essere anime gemelle? Il Maestro una volta affermò, come ho già detto in precedenza, che prima di immergersi nella liberazione definitiva nell'Infinito può essere necessario incontrare la propria anima gemella.

È interessante come Arjuna, nella *Bhagavad Gita*, si presenti soltanto come un umile ricercatore spirituale; è lo stesso atteggiamento di Yogananda nell'*Autobiografia di uno yogi*. Il lettore di quelle opere potrebbe non accorgersi facilmente che entrambi erano già dei grandi maestri. Si ritiene che Arjuna e Krishna siano stati anche Nara e Narayan, due grandi saggi vissuti in tempi ancora più antichi. Yogananda, inoltre, ci diceva spesso: «Ho ucciso Yogananda molto tempo fa. Nessuno ora dimora in questo tempio, tranne Dio».

Ci raccontò anche – e questo per me fu difficile da digerire – di essere stato, come ho già accennato in precedenza, Guglielmo il Conquistatore. Questa notizia mi creò una difficoltà: ero stato educato nell'ambito del sistema scolastico britannico e avevo sempre pensato che Guglielmo fosse uno dei più grandi malfattori della Storia! Ora venivo a sapere che era il mio stesso guru! Naturalmente feci molte ricerche per scoprire come fosse *realmente* Guglielmo.

Appresi che era un uomo veramente grande. I suoi unici amici intimi erano santi e persone dalla natura pia. Era sempre fedele alla sua parola. Faceva ricorso assai raramente alla pratica, comune fra i re e i governanti del tempo, di uccidere i prigionieri. Inoltre, in un'epoca di grande licenziosità sessuale, era completamente fedele alla moglie.

Si dice che sia Arjuna che Guglielmo possedessero un arco al quale solo loro riuscivano a mettere la corda.

Guglielmo è stato biasimato soprattutto per tre cose: il suo saccheggio del nord; il sequestro di una larga parte della campagna, trasformata poi in riserva di caccia personale; e il cosiddetto "Libro del giudizio". Catherine Kairavi, nel suo eccellente libro *Due anime, quattro vite*,* ha dimostrato che Guglielmo fu costretto a saccheggiare il nord a causa della continua e irragionevole opposizione che aveva incontrato in quelle zone e che aveva comportato ripetuti tradimenti da parte di coloro che gli avevano sinceramente promesso fedeltà. Il "Libro del giudizio" era una necessaria indagine per appurare lo stato di prosperità e le ulteriori esigenze dell'Inghilterra durante il suo regno. E la Foresta nuova fu un progetto lungimirante, grazie al quale una parte di campagna venne riservata a "zona verde". Gli ecologisti moderni l'avrebbero calorosamente approvato. Per quanto riguarda la caccia all'interno di quella zona, dubito che Guglielmo abbia mai avuto molto tempo per cacciare. La storia del cerbiatto che Yogananda aveva amato a Ranchi e della sua morte, raccontata nella sua autobiografia, solleva dei dubbi sul fatto che, durante la sua vita come Guglielmo, gli sia mai perfino *piaciuto* cacciare.

Il corpo di Guglielmo fu riesumato 430 anni dopo la sua morte e fu trovato incorrotto.

*Catherine Kairavi, *Due anime, quattro vite*, Ananda Edizioni-Sangha. *(N.d.C.)*

Il libro di Catherine Kairavi fornisce così tante prove della grandezza di Guglielmo che non mi sembra necessario esaminarle dettagliatamente in questo contesto. È sufficiente sottolineare, come ha fatto anche lei, che l'influenza di Guglielmo sulla Storia è stata molto grande, molto più grande di quanto comunemente si pensi. Credo sia proprio a causa dell'ampia portata dell'influenza di Guglielmo che Yogananda ci parlò di quell'incarnazione: voleva che comprendessimo l'importanza storica della sua attuale incarnazione, affinché noi stessi potessimo "aggiustare il tiro".

Molti dei miei confratelli discepoli, invece, affermano che la sua missione era soltanto quella di fondare un monastero! Da parte mia, sento profondamente che la sua missione consisteva invece nel contribuire a guidare il mondo intero, con maggiore comprensione e percezione spirituale, nel *Dwapara Yuga*. In effetti, per me egli è l'*avatar* del *Dwapara Yuga*.

C'è un aneddoto divertente che riguarda la visita di Yogananda alla Torre di Londra, costruita da Guglielmo I. Yogananda stesso raccontò: «Chiesi a un custode: "Non c'era una toilette qui, una volta?". Quasi bruscamente mi rispose: "No", come se la domanda fosse ridicola.

«Allora chiesi la stessa cosa al conservatore del museo, che mi disse: "Sì, c'era una toilette qui. Era usata dai re dei tempi antichi"».

I ruoli politici ricoperti da Yogananda nelle vite passate gli trasmisero, in questa vita, un particolare interesse per il destino delle nazioni. Egli disse di essere stato lui stesso, durante la seconda guerra mondiale, a insinuare nella mente di Hitler il pensiero di invadere la Russia, dividendo così il suo fronte e facendo sì che il suo "invincibile" esercito potesse essere distrutto. Quando la Corea del Nord invase la Corea del Sud, il Maestro ci disse di essere stato lui a insinuare nella mente del presidente Truman il pensiero di accorrere in difesa della Corea del Sud. «Altrimenti» disse «la Corea del Nord, con l'aiuto della Cina, avrebbe poi conquistato il Giappone e in seguito anche le isole

Aleutine, mettendosi in condizione di attaccare l'America attraverso l'Alaska. Il comunismo è un male, perché nega Dio; deve essere sradicato per consentire il progresso dell'umanità».

Il Maestro ci raccontò che molti suoi discepoli erano stati con lui durante la sua incarnazione come Guglielmo. A Norman, un mio confratello, egli disse una volta: «Tu eri il mio gigante». Norman era molto forte anche in questa vita. A Jerry Torgerson il Maestro disse: «Tu eri buono. Combattevi per me».

È interessante che, nonostante altri discepoli gli domandassero se erano stati con lui in quella vita, non mi sia mai passato per la testa di chiederglielo a mia volta, anche se probabilmente gli facevo più domande di tutti. Penso sia stato lui a impedire a quel pensiero di entrare nella mia mente. I maestri hanno questo potere, ed era meglio che a quell'epoca io *non* pensassi, come credo ora, di essere stato il suo figlio minore, Enrico. Nel suo libro, Catherine Kairavi adduce numerosi validi argomenti a conferma di questa mia convinzione.

In modo simile, Guglielmo accennò soltanto vagamente a Enrico che un giorno avrebbe ereditato ogni cosa. In quella vita, Guglielmo lasciò a Enrico una grande somma di denaro, ma a quel tempo la vera ricchezza era la terra. Allora Enrico gli chiese: «Che cosa devo fare con questi soldi, se non ho delle terre su cui spenderli?». Guglielmo avrebbe potuto facilmente nominarlo conte, ma se Enrico avesse avuto le sue terre, si sarebbe concentrato su di esse e non sarebbe diventato consapevole dei problemi che esistevano in Normandia e in Inghilterra, cosa che invece accadde quando giunse per lui il momento di salire al trono inglese.

Sul letto di morte, quindi, Guglielmo gli sussurrò (pochi poterono udire quelle parole): «Sii in pace, figlio mio. Con il tempo avrai tutto quello che ora possiedono entrambi i tuoi fratelli». Nel mio caso, Yogananda mi disse che avevo una grande opera da compiere, ma non lo disse mai in presenza di altri.

Tra le altre figure di spicco, Yogananda disse che Sri Yukteswar era stato l'arcivescovo Lanfranco, come ho già accennato in precedenza.

Di Dhirananda, che tradì Yogananda e giunse quasi a distruggere la sua opera in America, egli disse che era stato Roberto Gambacorta, il figlio maggiore di Guglielmo, che aveva fomentato una ribellione contro il padre proprio mentre questi giaceva morente. (Perfino di lui, Yogananda una volta disse: «Sarà liberato fra tre vite».) Un altro famoso traditore, Giuda, che tradì Gesù Cristo e contribuì alla sua crocifissione, è stato ritenuto Satana reincarnato. Yogananda, tuttavia, disse di lui: «L'ho conosciuto in questa incarnazione, in India. Era un discepolo di Sri Ramakrishna. Dopo appena duemila anni, si è liberato durante la mia vita».

Il secondogenito di Guglielmo, William Rufus – il suo successore come re d'Inghilterra – in questa vita era Warren Vickerman, un commerciante di tappeti di New York. Incontrai Vickerman in quella città nel 1955. Durante quell'incontro, egli mi disse: «Mi sembra quasi che siamo fratelli». In effetti, come ho detto, sono convinto di essere stato suo fratello Enrico quando lui era il re Guglielmo Rufus. Vickerman aveva una personalità molto simile a quella di Rufus, questa volta appena un po' più morbida.

Vickerman mi disse che da giovane meditava già e aveva raggiunto il punto in cui poteva quasi entrare nello stato senza respiro: quasi, ma non del tutto. Si era rivolto a numerosi insegnanti spirituali, ma nessuno era stato in grado di aiutarlo a superare questo ostacolo.

Vickerman mi raccontò di quando venne a sapere che Swami Yogananda avrebbe tenuto una conferenza pubblica (mi sembra che fosse a Philadelphia): «Non volevo perdere tempo ad ascoltare un altro discorso. Se quest'uomo poteva aiutarmi a superare il mio problema, l'avrei seguito. Altrimenti, perché ascoltarlo? Così lo aspettai nel suo albergo. Quando tornò, andai a bussare alla sua porta. Lui la aprì e mi chiese: "Cosa posso fare per lei?".

«"Può aiutarmi a entrare nello stato senza respiro?" gli chiesi. Dopo tutto, perché perdere tempo?

«"Sì" disse. "Entri"

«Così entrai nella sua stanza. Anche lui, evidentemente, non voleva perdere tempo, perché mi diede un colpetto sul petto mentre ero lì in piedi. All'improvviso entrai in uno stato di estasi senza respiro. Sono suo discepolo da allora». (Anche William Rufus, nonostante il suo carattere burbero, fu sempre fedele al padre.)

Anche Vickerman era leale, ma ancora "tagliato con l'accetta". Non visse mai a Mount Washington, ma faceva regolarmente delle donazioni.

Daya Mata – così le disse il Maestro – era stata sua figlia Agatha, che egli aveva inviato in Spagna per sposare il successore al trono di Castiglia-León. Ella, però, aveva altre idee, e pregò che le venisse risparmiato il "terribile destino" del matrimonio. Dio esaudì la sua preghiera: all'arrivo in porto, fu trovata in ginocchio nella sua cabina, morta. Anche in questa vita Daya aveva le sue idee riguardo a ciò che era – o avrebbe dovuto essere – la missione del Maestro. Riusciva a vederla soltanto come la fondazione di un monastero.

Il Maestro disse che San Lynn (Rajarshi Janakananda) era stato Nakula, il fratello minore di Arjuna. E disse a Durga Ma che era stata Madri, la madre di Nakula.

Disse anche che, dopo la sua vita come Guglielmo, egli era stato un re spagnolo, che aveva avuto il compito di cacciare i Mori da quel Paese. Un mio amico ha fatto delle ricerche sui re spagnoli per trovare quello che, con maggiore probabilità, potrebbe essere stato in precedenza Guglielmo il Conquistatore. Si tratta di Fernando III, *El Santo*, il cui corpo è tuttora incorrotto. Io stesso, un anno fa, ho visitato il luogo in cui è sepolto, a Siviglia, e ho sentito delle vibrazioni molto forti presso la sua tomba. Il figlio di Fernando era Alfonso X, *El Sabio* (il Saggio). Credo, di nuovo per molte buone ragioni, di essere stato

Alfonso.* Il figlio di Alfonso, Sancho, ebbe un atteggiamento amichevole verso i Mori e interruppe i tentativi di liberare la Spagna dal loro ultimo caposaldo nel Paese. Così, la liberazione definitiva della Spagna non avvenne fino al 1492.

Questi sono solo alcuni fatti affascinanti. Penso tuttavia che possano aiutare il lettore ad acquisire una comprensione più profonda del vasto dramma che tutti noi viviamo su questa Terra. Nessuno di coloro che hanno trovato Dio e che, nel farlo, hanno (inevitabilmente) ricordato tutte le loro passate incarnazioni, ha mai esclamato con delusione: «Che fregatura!».

* Egli scrisse oltre 400 brani musicali. Anch'io ne ho scritti più di 400. Era un astronomo; il mio primo interesse in questa vita è stata l'astronomia. Ci sono anche molte altre somiglianze.

CAPITOLO SEDICESIMO

# Il tradimento di Dhirananda

Diverse volte nel corso degli anni, e per varie ragioni, ci fu chi fece causa al Maestro. Dhirananda (Basu Bagchi) era stato un suo amico d'infanzia. Yogananda lo aveva chiamato in America perché lo aiutasse nella sua missione in Occidente. Mentre il Maestro teneva conferenze in giro per il Paese, Dhirananda rimaneva al quartier generale internazionale di Mount Washington, "tenendo il focolare acceso".

Nel 1929, Dhirananda si presentò senza preavviso all'appartamento di Yogananda a New York e lo convinse a firmare un pagherò del valore di 8.000 dollari. Poi se ne tornò subito a Mount Washington, fece le valige e, dopo qualche giorno, se ne andò per sempre. Dopo la sua partenza, Mount Washington si svuotò della maggior parte dei suoi residenti. Uno di quelli che se ne andarono e in seguito tornarono fu Margaret Windberg. Miss Windberg una volta chiese al Maestro: «Perché me ne sono andata?».

«Karma» rispose lui. Era stato il karma dell'opera di Yogananda in America, determinato in parte dal karma dell'America, in parte dal karma dell'opera stessa e in parte da quello di coloro che entravano a farne parte. Il karma di Margaret Windberg, in aggiunta a quello di molti altri, ebbe come conseguenza il mezzo disastro che seguì alla partenza di Dhirananda.

Il lettore avrà notato che non ho aggiunto a questo elenco il karma di Yogananda. Egli *non aveva* karma. Il karma che dovette sopportare aveva lo scopo di sollevare il fardello karmico degli altri.

Ci si potrebbe chiedere: «Il Maestro non *sapeva* cosa avrebbe subìto attraverso Dhirananda?». Su questo punto, non c'è bisogno di speculare. All'inizio degli anni Cinquanta, Margaret Lancaster, un'altra discepola, si recò in pellegrinaggio in India. A Calcutta soggiornò nella casa di Tulsi Bose, un altro amico d'infanzia di Yogananda. Lì Tulsi le raccontò: «Una volta, quando eravamo ragazzi insieme, Yogananda mi disse quasi casualmente: "Un giorno Bagchi mi tradirà e sposerà una donna bianca"».

Come mai, allora, pur sapendo quale sarebbe stato l'esito della loro amicizia, egli la coltivò con tale fiducia? Penso che la vita di un maestro sia, per molti aspetti, solo un film che gli turbina intorno: straordinarie tempeste, strazianti tradimenti, trionfi che egli sa bene essere solo temporanei, il passaggio da un'immagine di sogno all'altra. Quando una persona vede un film per la seconda o terza volta, sa bene cosa succederà, ma tiene a distanza quella conoscenza per potersi godere nuovamente le scene che si dispiegano davanti ai suoi occhi.

I maestri non cercano di sfuggire al dolore e alla sofferenza, come fa la maggior parte delle persone. Sanno che questo mondo è, come lo ha descritto Krishna, l'«oceano di dolore e sofferenza» di Dio. Essi partecipano allo spettacolo sul piano umano, ma non ne sono mai toccati interiormente.

In quale altro modo si può spiegare il fatto che il Maestro firmò quel pagherò di 8.000 dollari a favore di Dhirananda? Posso testimoniare la sua perfetta conoscenza della psicologia dei suoi discepoli. Una volta mi disse: «Conosco ogni tuo pensiero!». Egli dimostrò ripetutamente quell'affermazione. Una volta, alla chiesa di Hollywood, dissi a un membro non molto sincero che avrei tenuto la lezione del mercoledì seguente. «In quel caso» mi rispose «verrò sicuramente». Io sapevo che sarebbe venuto comunque, perciò il fatto che fingesse di venire solo perché sarei stato io a tenere la lezione mi irritò leggermente. Volendo allontanare da me quella lode insincera, gli risposi (in un modo non molto elegante, purtroppo): «In tal caso, le dispiacerebbe stare all'ingresso per controllare che le persone che entrano non abbiano in tasca degli ortaggi?».

Qualche giorno dopo mi trovavo con il mio guru mentre egli intratteneva degli ospiti per il pranzo. Quando se ne furono andati e io ero seduto da solo a tavola con lui, egli commentò casualmente: «A proposito, quando parli con un membro della congregazione, non parlare di ortaggi! Non è dignitoso».

Il Maestro dimostrava di possedere la stessa conoscenza intuitiva con tutti i suoi discepoli. Una sera un altro discepolo, James Coller, venne in auto da Phoenix, Arizona, per incontrare il Maestro a Encinitas. Durante il viaggio, a James venne una gran fame, ma tutti i ristoranti lungo l'autostrada erano chiusi. Alla fine ne trovò uno che era aperto, vi entrò e scoprì che, purtroppo, tutto quello che potevano servirgli a quell'ora erano degli hamburger. James esitò. Avremmo dovuto essere vegetariani, ma James aveva molta fame! Infine si disse: «Oh, lui non verrà a saperlo!» e mangiò due hamburger.

Quando arrivò all'ashram di Encinitas, telefonò al Maestro. Alla fine della conversazione, quando stava per riattaccare, il Maestro gli disse: «A proposito, James, quando ti trovi in autostrada la sera tardi e arrivi in un posto che serve solo hamburger, è meglio se non mangi niente».

Non posso quindi fare a meno di chiedermi se sia possibile che il Maestro *non* conoscesse le intenzioni di Dhirananda, quando questi gli chiese di firmare quel pagherò di 8.000 dollari. Devo rispondere che, ovviamente, lo sapeva! Faceva parte dello spettacolo; egli non aveva alcun desiderio al riguardo.

Dhirananda cominciò a tenere delle lezioni. Tuttavia, proprio come era accaduto secoli prima quando era Roberto Gambacorta, anche adesso la sua debolezza era quella di non riuscire a mantenere a lungo una certa condotta. Ben presto lasciò Los Angeles per l'Università dello Iowa. Lì ottenne un dottorato e in seguito divenne professore di elettroencefalografia all'Università del Michigan. Come Roberto Gambacorta, egli preferiva sempre l'apparenza alla sostanza. Roberto era un leader inetto; quello stesso ego continuò a covare risentimento per il perdurante successo di Yogananda. Per molti anni, non so quanti, il mio guru gli mandò puntualmente una cassa di manghi dalla Florida, ma Dhirananda la rimandò sempre indietro senza aprirla.

Ci si potrebbe chiedere perché il Maestro continuasse a mandare quei manghi. Non sarebbe stato meglio (posso immaginare questa domanda formarsi nella mente di alcune persone) impartirgli una lezione *non* mandandoglieli? Non sarebbe stato più dignitoso? Così facendo, Yogananda non dimostrava forse uno spirito debole, quasi supplichevole, come se stesse *mendicando* l'amicizia di Dhirananda? Non sarebbe per lo meno sembrato che Yogananda stesse confessando una sua debolezza, forse mosso dalla vergogna? E vergogna per che cosa? Forse per essere stato dalla parte del torto?

Questo gesto, inoltre, non sarebbe apparso agli occhi di Dhirananda come una confessione che dimostrava come lui fosse stato dalla parte del giusto e Yogananda da quella del torto? La perseveranza di Yogananda nell'inviare quei manghi non avrebbe avuto soltanto l'effetto di rafforzare l'illusione di Bagchi, che lo portava a credere a un'implacabile rivalità?

Un maestro non pensa mai soltanto a una vita, ma al progresso dell'anima perfino attraverso migliaia di anni. Nell'undicesimo secolo, Bagchi era già ben avviato sulla strada della rivalità e dell'inettitudine pratica. Quella caratteristica, probabilmente, era già stata presente in lui molto tempo prima. Il Maestro, però, vedeva anche che dopo tre vite quest'anima si sarebbe liberata. Evidentemente, comprendeva che solo l'amore l'avrebbe salvata; non aveva alcun interesse personale al riguardo. Forse, solo se l'anima di Bagchi avesse potuto ricordare questo eccezionale esempio di amore incondizionato, egli avrebbe potuto essere salvato dalla sua straordinaria illusione.

Il risentimento di Bagchi, tuttavia, non si affievolì mai. Il 3 maggio 1935 egli intentò causa contro Yogananda presso la corte suprema di Los Angeles, per riscuotere il suo pagherò. «La stampa» ha scritto Jon Parsons nel suo libro *Fighting for Religious Freedom* (Combattere per la libertà religiosa) «... se la godette un mondo nel riferire come gli ufficiali giudiziari fossero a caccia di uno dei più famosi conferenzieri del Paese. Yogananda non riuscì ad andarsene in tempo». Il Maestro aveva programmato di ritornare in India, ma ricevette la notifica appena qualche settimana prima di lasciare la città.

Egli sapeva che ci sarebbe stata questa causa legale e quindi, il 29 marzo 1935, aveva consegnato i documenti necessari per registrare la Self-Realization Fellowship come un'associazione senza fini di lucro della California. Un paio di settimane dopo aver ricevuto la notifica, Yogananda firmò un atto di donazione con il quale trasferiva alla nuova associazione (per citare Parsons) «tutte le sue proprietà personali situate a Mount Washington ... Nessuno, ora, poteva più toccare i suoi beni».

Bagchi, da ciò che posso capire, era un intellettuale pomposo dalle idee un po' confuse. Quando era Roberto Gambacorta, aveva invaso l'Inghilterra per sottrarla al fratello minore, Enrico. L'esercito di Roberto era considerevolmente più grande di quello di Enrico, perché molti nobili di Enrico erano passati dalla parte di Roberto pensando che sotto il suo governo tollerante avrebbero avuto una maggiore libertà di fare ciò che volevano. I due eserciti si incontrarono; i fratelli si riunirono sul campo di battaglia. Roberto allora si voltò e tornò in Normandia, senza incrociare le spade! Quando affermo che sembrava avere le idee un po' confuse, intendo dire che, come molti intellettuali, vacillava nei suoi intenti.

Quando Yogananda si recò in Giappone, anni prima di giungere in America, scrisse la traccia per un libro intitolato *La scienza della religione.* Era andato in Giappone, presumibilmente, perché quella era la nazione orientale più occidentalizzata. Immagino che volesse avere un assaggio di come sarebbe stata l'America. Tuttavia, il Giappone non gli piacque: i giapponesi gli sembrarono troppo sensuali.

Quando tornò a Calcutta, chiese a Bagchi di trasformare i suoi appunti in un libro. Bagchi lo fece. Tuttavia Laurie Pratt, la principale responsabile editoriale di Yogananda, mi descrisse quel libro come «pomposo, troppo noioso e intellettuale». Mi disse: «Al Maestro non è mai piaciuto». Tenendo a mente questo pensiero, qualche anno fa studiai approfonditamente quel libro, per capire se avrei potuto salvarne l'importante messaggio riscrivendolo. Mi accorsi che Laurie aveva proprio ragione. Quindi lo riscrissi completamente, facendo emergere i punti salienti e tralasciando tutta quella pomposità intellettuale. Daya Mata, la presidentessa della SRF, si oppose con forza alla mia intenzione di mantenere lo stesso titolo («Il Maestro *amava* quel libro!» esclamò). Allora lo intitolai *Dio è per tutti.**

Ebbene, Bagchi rimane un'importante figura nella vita del Maestro, anche se una figura inquietante. Egli fu uno dei motivi per cui il Maestro non voleva ascoltare – e verso la fine della sua vita non riusciva più ad apprezzare – la registrazione di un certo canto bengalese, intitolato "Vieni a me come dolore".

* Swami Kriyananda, *Dio è per tutti*, Ananda Edizioni. *(N.d.C.)*

# CAPITOLO DICIASSETTESIMO

# Le caratteristiche salienti di Yogananda

Potrebbe essere interessante conoscere alcune delle caratteristiche salienti che osservai in Paramhansa Yogananda durante gli anni in cui vissi con lui. Per comodità, le esporrò qui di seguito sotto forma di elenco.

1. La caratteristica più straordinaria che osservai in lui era la sua completa assenza di ego. Quando lo guardavo negli occhi, era come guardare l'Infinito. Una volta Debi Mukerjee, un discepolo di Calcutta, disse qualcosa al Maestro riguardo alla sua umiltà. Il Guru rispose: «Come può esserci umiltà, quando non c'è alcuna coscienza dell'ego?».

   Un perfetto esempio di questa libertà dall'ego è contenuto in una storia che racconterò nel prossimo capitolo, relativa a un certo giudice. Ciò che voglio sottolineare è che il Maestro poteva accettare qualsiasi insulto senza esserne toccato. Come si vedrà, egli accettò il profondo disprezzo di quel giudice con un atteggiamento di assoluta benevolenza. Non lo vidi mai neppure minimamente toccato da ciò che gli altri dicevano di lui.

2. Un'altra sua caratteristica che mi stupiva sempre era il profondo rispetto impersonale che egli mostrava nei confronti di tutti. Il suo desiderio che Debi non criticasse un uomo perché era ubriaco; la

sua perfetta disponibilità a lasciare l'ultima parola alle persone con cui non era d'accordo: questi sono soltanto esempi di una meravigliosa qualità da riscontrare in una persona, come Yogananda, così grande agli occhi del mondo.

3. Il Maestro aveva un senso dell'umorismo giocoso e assolutamente piacevole. Lo si può notare da alcune delle barzellette che raccontava, che per la maggior parte aveva sentito da altri.

Uno di questi giochi di parole era una sorta di falso complimento, che egli diceva con un sorriso infantile: «I tuoi denti sono come le stelle: vengono fuori di notte!».

Un'altra barzelletta riguardava tre uomini, un irlandese, un inglese e uno scozzese: tutti e tre stanno bevendo del whiskey quando una mosca atterra in ognuno dei loro bicchieri. L'irlandese inclina semplicemente il bicchiere, perdendo una buona quantità di whiskey insieme alla mosca. L'inglese fa uscire la mosca dal bicchiere dandole un colpetto con le dita, con grande attenzione. Lo scozzese, invece, *spreme* la mosca! Ricordo ancora nitidamente la leggera sfumatura di gaiezza con cui il Maestro pronunciava quella parola, *spreme.*

In un'altra barzelletta, tre scozzesi vanno in chiesa. Quando il cestino delle offerte si sta avvicinando, uno di loro sviene e gli altri due lo portano fuori.

Sono sicuro che gli sarebbe piaciuta molto anche questa storiella, anche se confesso di non essere sicuro che lui l'abbia mai sentita. Una donna irlandese sta attraversando la dogana degli Stati Uniti con una bottiglia molto sospetta.

«Che cos'è questa?» le chiede l'ispettore doganale.

«Oh, signore, è solo acqua santa». L'ufficiale apre la bottiglia e ne annusa il contenuto.

«Ah!» esclama. «Come sospettavo: è whiskey irrrrlandese!».*

«Sia lode a Dio!» esclama la donna. «Un miracolo!».

* Il testo inglese rispecchia la pronuncia irlandese che rafforza la *erre. (N.d.T.)*

Yogananda con le mani giunte nel *pronam*, il saluto indiano che significa «il Dio in me saluta il Dio in te».

Nel dettare i suoi commenti alla *Bhagavad Gita*, il Maestro diede il consiglio di mangiare poco ma spesso: «*Stokam, stokam, anekoda*». (Chiedo agli studiosi di sanscrito di perdonarmi se l'ho scritto nel modo sbagliato. È così che ricordo le parole dal suono esotico che Yogananda pronunciò.) Dorothy Taylor, la sua segretaria, trascrisse questa frase nel modo sbagliato, come: «*Stone 'em, stone 'em* [che significa, in inglese, prendili a sassate, prendili a sassate], poco ma spesso». Era una cosa troppo simpatica perché il Maestro in seguito non me la riferisse, ridendone di cuore.

Infine (ma potrei continuare all'infinito), ricordo che una volta egli entrò nella sala da pranzo dei monaci tra i pasti e vi trovò un imbarazzante disordine! Si limitò a dire con un sorriso: «Beh, potrebbe essere peggio!». (Eppure certi discepoli lo descrivono come un rigido, persino accigliato, amante della disciplina!)

4. Yogananda comprendeva le persone *dal loro intimo* e non, come fanno gli altri, dall'esterno.

   C'era un giovane discepolo, Abie George, che usava un linguaggio un po' "colorito" e non mostrava l'usuale rispetto per il suo guru. In realtà, nel suo intimo era estremamente rispettoso, ma era stato allevato così. Si sedeva tenendo una gamba sul bracciolo mentre parlava con il Maestro. Yogananda, però, vedeva dietro quella facciata. Dopo aver assistito a uno sfoggio particolarmente inusuale di quella che, negli altri discepoli, sarebbe stata una palese mancanza di rispetto, egli abbracciò Abie con un'amorevole risata.

5. Yogananda era completamente centrato nel Sé Infinito. Come scrisse nella sua poesia "*Samadhi*": «Io, Cosmico Mare, contemplo il piccolo ego che fluttua in Me». Perfino un maestro ha bisogno di una quantità sufficiente di ego per mantenere il proprio corpo in movimento e in attività in questo mondo; tuttavia, il vero centro di una persona come questa non si trova nel suo piccolo corpo.

Ricordo che una volta stavo camminando con il Maestro nel suo ritiro nel deserto. Egli era in profonda comunione con lo Spirito. Due o tre volte dovetti addirittura sostenere il suo corpo per evitare che cadesse. Un giorno egli mi disse: «Sono in tutti i corpi. Faccio fatica a ricordare di mantenere in movimento proprio questo».

Mi è stato detto che a Los Angeles, a volte, egli camminava su e giù lungo la Main Street, in una zona che ospitava molti locali notturni. Non diceva nulla, ma mi sembra chiaro che si stesse concentrando sulle persone che si trovavano all'interno di quei locali, forse proteggendole dalle entità astrali inferiori che sono sempre desiderose di possedere coloro che sono sull'orlo dell'incoscienza.

6. L'assenza di desideri era un'altra caratteristica molto forte del Maestro. Una volta James J. Lynn, un discepolo facoltoso, volle comprargli un cappotto e per questo lo portò in un negozio di abiti maschili. Yogananda vide un cappotto che gli piaceva, ma quando lesse la targhetta con il prezzo distolse frettolosamente lo sguardo: quel cappotto era molto caro. Mr Lynn gli disse: «Vi ho visto guardare quel soprabito. Lasciate che ve lo compri». Yogananda dovette acconsentire. Al cappotto, Mr Lynn aggiunse un cappello coordinato.

   Il Maestro si sentì sempre a disagio indossando quel soprabito costoso. Dopo qualche tempo, pregò: «Madre Divina, è troppo per me! Ti prego, portamelo via». Qualche giorno dopo entrò in un ristorante. (Egli stesso continuò la storia:) «La Madre Divina mi disse che me lo avrebbe portato via quella sera, così svuotai con cura le tasche. Quando il pasto fu finito, tornai all'attaccapanni dove lo avevo lasciato: con mio grande sollievo, non c'era più. Poi, però, notai una dimenticanza. «Madre Divina!» pregai. «Ti sei scordata di prendere il cappello!».

   Un giorno, a Mount Washington, il Maestro scese al piano di sotto e vide un gruppo di noi che lo aspettava lì, in piedi. «Non fa caldo, oggi?» chiese.

Noi sapevamo che voleva darci dei soldi per un piccolo gelato, così rispondemmo: «Oh, non fa poi *così* caldo, signore».

«Siete proprio *sicuri* che non faccia un po' caldo?».

«Beh, se lo dite voi, signore».

Allora, con decisione, concluse dicendo: «Non riesco a tenere il denaro e non lo farò! Eccovi un po' di soldi per il gelato. Andate a comprarlo».

Non erano molti soldi. Tuttavia, non fu il denaro a toccarmi particolarmente, ma la sua affermazione: «Non riesco a tenere il denaro e non lo farò!». Usai i miei soldi per comprare il gelato quel giorno, per poter conservare le banconote che il Maestro mi aveva dato. Ora si trovano nel piccolo museo-santuario sulla collina sopra la mia casa.

7. Il completo non-attaccamento era un'altra qualità di Yogananda. Verso la fine della sua vita, il Maestro aveva fatto dei progetti per andare in India e io ero una delle persone che egli desiderava portare con sé. Per due volte dovette cancellare i suoi piani. L'ultimo anno, quei progetti furono cancellati definitivamente dalla sua uscita definitiva dal corpo. Il penultimo anno, gli chiesi: «Signore, andremo in India quest'anno?».

   «Non sono curioso riguardo a queste cose» mi rispose. «Faccio quello che desidera la Madre Divina».

   Non provava curiosità per un viaggio in India?! Ero sbalordito.

8. Il Maestro trattava tutti allo stesso modo e mostrava lo stesso rispetto sia per il meccanico di un garage che per qualche personaggio famoso del mondo della politica, degli affari o dell'arte.

   Era solito camminare con un bastone, non perché ne avesse solitamente bisogno, ma perché per lui il bastone era come il *danda*, il bastone di legno che molti swami portano in India per ricordarsi di tenere dritta la spina dorsale e di vivere maggiormente nel proprio centro. Pochi giorni prima della sua morte, Yogananda entrò in un negozio dall'aspetto molto povero, per comprarne uno. Era un piccolo oggetto, ma il Maestro voleva essere un custode coscienzioso dei fondi dell'organizzazione e quindi contrattò scrupolosamente. Tuttavia, non appena ebbe ottenuto il prezzo che riteneva giusto, si guardò attorno. Vedendo com'era povero quel negozio, diede al proprietario molto più denaro di quello che aveva risparmiato contrattando.

«Siete un gentiluomo, signore!» gli disse quell'uomo, regalandogli un ombrello antico particolarmente bello.

Ore dopo, tornato a Mount Washington, il Maestro disse: «Quell'uomo era così povero! Aveva un pavimento di linoleum! Penso che gli comprerò un tappeto».

9. Yogananda aveva la capacità di godere di ogni cosa *con la gioia di Dio*. Sotto questo aspetto, era notevolmente diverso dal *sadhu* che incontrai una volta a Puri, in India, il quale mi disse: «Non dovresti godere di nulla».

   «Neppure di un bel tramonto?» gli chiesi.

   «No, di nulla!».

   «Che visione arida» pensai. Il mio guru, invece, godeva quasi di *ogni cosa*! Nel farlo, tuttavia, non era attaccato a nulla. Il suo piacere era la gioia di Dio.

   Il completo non-attaccamento era evidente perfino nei suoi occhi, che avevano sempre, in un certo senso, uno sguardo lontano da questo mondo.

10. Yogananda era sorprendentemente innovativo. Per quanto io ne sappia, costruì il primo camper. Lo chiamava "casa-macchina" e lo usava per viaggiare in tutto il Paese, tenendo conferenze.

    Mi disse di aver inventato il coperchio del water. Fu anche il primo a suggerire di mettere il cambio sull'albero motore invece che sul pavimento della macchina. «Guidammo fino a Detroit con la nostra invenzione» mi raccontò. «Ne furono tutti molto colpiti».

11. Notai anche che era sempre completamente positivo. Una volta gli raccontai qualcosa di umoristico su qualcuno, che però non era un complimento. Mi sgridò per la mia negatività.

«Sono davvero negativo, Maestro?» gli chiesi.

«A volte» rispose. «Ma c'è anche tanto di positivo nella tua natura».

«Perché guardare le fognature» ci disse in un'altra occasione, quando c'è così tanta bellezza tutt'intorno?».

12. Come vedremo nel capitolo seguente, il Maestro si preoccupava per l'elevazione dell'umanità. Tale era la sua missione sulla Terra: quantitativa, non solo qualitativa. Anche qualitativa, ovviamente, poiché egli venne a portare le tecniche per trasformare la coscienza umana attraverso la consapevolezza e l'uso dell'energia.

Alcuni suoi discepoli si preoccupavano solo della propria salvezza. Questo a Yogananda andava bene, ma era grato quando trovava qualcuno che desiderasse portare il suo messaggio a tutto il mondo.

«Nuova speranza per tutti gli uomini!» era il suo motto.

13. Non era mai eccitato per qualcosa. Era sempre profondamente calmo. Sapeva ridere. Sapeva anche muoversi rapidamente, quando era necessario. Ma era sempre calmo.

Una volta, poiché era in ritardo per una conferenza, si mise a correre. «Non siate nervoso» lo ammonì uno studente.

«Si può correre in modo nervoso o si può correre con calma» rispose il Maestro. «Ma non correre quando ce n'è bisogno, significa essere pigri!».

14. Un'altra cosa che osservai in lui era la sua visione della vita sempre permeata di beatitudine. Me ne accorgevo non solo dalla sua

espressione calma e interiorizzata, ma anche dalla profonda beatitudine che sentivo spesso in sua presenza.

15. Yogananda era profondamente amorevole con tutti e sempre interessato al loro benessere. Mia madre, una volta, mi fece visita a Mount Washington e io presi un appuntamento per lei con il Maestro. Prima del suo arrivo, gli chiesi: «Signore, potreste pregare affinché sia condotta su questo sentiero?».

    «Sì» mi rispose quasi in modo brusco, al punto che non ero neppure sicuro che mi avesse udito correttamente.

    Alla fine del colloquio con mia madre, mentre lei stava uscendo dalla stanza, il Maestro la seguì fino alla porta. Lì si strinsero la mano per accomiatarsi. Egli, tuttavia, continuò a tenerle la mano. Ad alta voce pregò Dio e la nostra linea di guru, dicendo: «Prego affinché lei possa essere condotta su questo sentiero». Questo, per me, fu un momento molto commovente. Con lacrime di gratitudine, gli toccai i piedi. In effetti, verso la fine della sua vita, mia madre cominciò a meditare.

16. Yogananda era sempre un leader. Ovunque andasse, c'era qualcosa in lui che incuteva rispetto. Ciò traspare chiaramente dal comportamento dei malviventi che lo minacciarono durante i suoi primi anni negli Stati Uniti. Egli, tuttavia, emanava sempre una calma aura di autorità.

    Una signora, che faceva parte della congregazione della chiesa di Hollywood, mi disse che la prima volta in cui vide il Maestro fu dalla finestra di un ristorante. All'improvviso, tirò il marito per la manica.

    «Caro, guarda fuori da quella finestra! Quello è l'uomo più spirituale che io abbia mai visto».

    Egli aveva sempre, e in modo del tutto naturale, il controllo di ogni situazione. Ovunque andasse, gli altri si rimettevano al suo giudizio. Per quanto mi riguarda, pur amandolo profondamente, provavo sempre in sua presenza una sorta di timore reverenziale.

17. Yogananda aveva una voce forte e profonda, colma di potere. Egli era umile pur senza umiliarsi. Nella sua umiltà si percepiva, piuttosto, la sua sintonia con il potere dell'universo. Al tempo stesso, c'era anche leggerezza.

    Una sera, nel ritiro dei monaci a Twentynine Palms, in California, fui improvvisamente destato da una forte presenza divina nella stanza. Stavo dormendo insieme a diversi altri uomini sul pavimento del salotto; mi misi subito a sedere per meditare. Poi guardai oltre la finestra e vidi il Maestro che camminava lentamente là fuori. Mi alzai immediatamente, uscii e gli toccai i piedi.

    In seguito, egli disse con un sorriso: «Ho creduto di vedere un fantasma!».

18. Il Maestro aveva un grande potere divino, come abbiamo visto nella storia del malvivente che lo minacciò al Lakeside Park, a Chicago.

19. Tuttavia rispettava, e perfino apprezzava, le opinioni degli altri, anche quando erano molto diverse dalle sue. Una volta un discepolo, Dan Boone, gli scrisse una lettera dal tono aspro, che rifletteva l'illusione nella quale Boone si trovava in quel momento. Quando il Maestro lo vide, gli disse: «Dovresti darti alla scrittura. Era la lettera migliore che Satana mi abbia mai scritto». Non c'era sarcasmo nella sua voce, solo ammirazione e rispetto.

20. Il Maestro non desiderava nulla dagli altri, se non la loro felicità suprema. Una volta un discepolo, dopo essere stato sgridato, gli chiese: «Mi perdonerete, non è vero?».

    La sua domanda stupì il Maestro. Dopo una breve pausa, egli rispose: «Che altro potrei fare?».

21. Yogananda possedeva una profonda conoscenza intuitiva della natura umana. Anche se un maestro non ha più illusioni – al punto da chiedersi addirittura come sia possibile che gli altri ne siano così accecati – ricorda bene tutte le incarnazioni in cui egli stesso ha sofferto perché era preda delle medesime illusioni.

Yogananda spiegava in questo modo il motivo per cui Gesù doveva aver trasceso l'illusione in una vita precedente, per poter aiutare gli altri in questa vita. Nessun essere umano, neppure un maestro, è mai direttamente un Figlio di Dio. Ho trovato però questa affermazione anche negli scritti dei discepoli di altri sentieri, oltre che in quelli cristiani. La risposta di Yogananda era: «Quale sarebbe lo scopo? Il destino di ogni anima è di immergersi nuovamente nell'unione con Dio. Se un'incarnazione diretta di Dio, creata in modo miracoloso, dovesse scendere sulla Terra, che incoraggiamento sarebbe mai questo per gli esseri umani a "fare altrettanto?"».

22. Il Maestro era uno specchio perfetto* per il mondo. A tutti coloro che incontrava – sia che si trattasse di discepoli o di conoscenti occasionali – egli restituiva, spiritualmente e visibilmente, il riflesso del loro Sé superiore: un dono inestimabile, che pochi probabilmente seppero apprezzare o di cui si resero perfino conto.

Ci sono due fotografie che dimostrano questa meravigliosa verità. In una di esse il Maestro è in piedi accanto alla famosa soprano Amelita Galli-Curci. Il volto di Yogananda, come quello della cantante, è soffuso di una femminile radiosità interiore e di un dolce sorriso. Come il corpo della discepola, anche quello del Maestro appare quasi fragile e delicato.

Nella seconda foto, il Maestro è in piedi accanto al Señor Portes Gil, presidente del Messico. In confronto alla prima foto, la muscolatura facciale del Maestro è quasi radicalmente trasformata

* Come lo descrisse Kamala nel suo libro dallo stesso titolo.

in una copia carbone del viso di Portes Gil, schietto, gioviale, maschile, pieno. Il corpo del Maestro, come quello del Señor Gil, sembra tarchiato, robusto e pieno di energia.

Queste due foto del Maestro sembrano a malapena appartenere alla stessa persona, tanto drammatico è il cambiamento nell'espressione facciale, nel comportamento e nell'energia.

Queste fotografie, e questa sottile e nascosta attività di servizio del Maestro, dimostrano due cose: in primo luogo, la sua completa assenza di ego, che gli permetteva di restituire a ogni individuo il riflesso del suo interiore Sé divino, non macchiato da qualunque identificazione egoica da parte del Maestro con il proprio corpo o dal suo attaccamento a esso. In secondo luogo, dimostrano l'instancabile impegno di Yogananda nell'aiutare spiritualmente, agendo come canale divino, chiunque egli incontrasse.

Come disse il Maestro: «Tutti coloro che hanno incrociato il mio cammino in questa vita, lo hanno fatto per uno scopo specifico». Yogananda era uno specchio del più alto Sé di ognuno. Solo così poteva far emergere il meglio dagli altri.

23. Interiormente, egli era come un bambino. Io stesso avevo sempre pensato che un saggio dovesse essere solenne e potesse sorridere solo come una concessione alle debolezze degli esseri umani ordinari. Per correggere questa mia impressione, il Maestro una volta acquistò dei giocattoli. (Questo episodio accadde nel ritiro di Twentynine Palms.) Eravamo seduti in cucina ed egli chiese che gli venisse portato qualcosa. Qualunque cosa fosse, arrivò dentro un sacchetto di carta.

Allora il Maestro chiese a qualcuno di spegnere la luce. Sentimmo qualche sua risatina e il fruscio della carta. All'improvviso, dalla canna di una pistola giocattolo cominciarono a uscire delle scintille. La luce fu riaccesa. Il Maestro mi guardò.

«Ti è piaciuto, Walter?» mi chiese. (Walter era il nome con cui mi chiamava.)

«Era... bello, signore» risposi, mentre ancora cercavo di riprendermi dallo stupore.

Poi, guardandomi in modo penetrante, egli citò le parole di Gesù: «Lasciate che i bambini vengano a me, perché di questi è il regno dei cieli».

Concluse questa affascinante lezione sparando da un'altra pistola giocattolo un oggetto che salì nell'aria e poi si aprì in un piccolo paracadute. Tutti osservammo solennemente mentre il paracadute scendeva a terra. Non vidi mai più il Maestro usare quei giocattoli. Sospetto che li avesse acquistati solo a mio beneficio.

24. Yogananda rideva di cuore, ma quando sceglieva di essere serio non si riusciva nemmeno a farlo sorridere. Il suo controllo in questo senso era notevole. Non lo vidi mai soccombere all'ilarità.

25. La sua generosità si estendeva ben oltre i doni monetari o materiali. Includeva anche, ad esempio, il lasciare agli altri l'ultima parola, il chiedere la loro opinione, l'applaudire qualunque cosa buona facessero.

26. Yogananda non giudicava mai nessuno. Lasciava il giudizio a Dio. Era veramente amico di tutti.

27. Ho già accennato a questo aspetto: egli aveva una forte volontà. Ricordo un evento pubblico in cui voleva suonare una conchiglia di strombo, anche se sembrava aver perso la capacità di farlo. Invece di arrendersi con un sorrisetto imbarazzato, fece ancora diversi tentativi con determinazione, finché riuscì a produrre un suono. Non posso dire che fosse un suono puro o bello, ma era indubbiamente il suono di una conchiglia di strombo!

Un pomeriggio, dopo che avevo servito il pranzo a lui e ad alcuni ospiti, il Maestro mi fece sedere per un po' a tavola con lui. Poi cercò di lanciare una forchetta in un bicchiere vuoto. Provò molte volte senza riuscirci. Quando finalmente ci riuscì, la forchetta ruppe il bicchiere.

«Però ce l'ho fatta!» dichiarò con un sorriso birichino. Credo che mi stesse insegnando a perseverare ogni volta che avessi deciso di fare qualcosa.

28. Yogananda era pieno di entusiasmo, ma non era mai "esuberante". Non reagiva mai emotivamente a nulla. Il suo entusiasmo era sempre un'espressione della sua beatitudine in Dio.

29. Egli sapeva sempre come agire in modo appropriato.

Una volta, un giornale mandò due giovani donne a intervistarlo in un hotel. Volevano entrare nella sua stanza, ma lui disse: «Parliamo qui fuori, nel corridoio». Entrambe le donne indossavano delle camicette scollate e provocanti. Durante tutta l'intervista, il Maestro tenne lo sguardo fisso nei loro occhi. Quando le donne se ne andarono, sembravano deluse. Yogananda si recò al giornale e chiese al redattore perché le avesse realmente mandate.

«Se le avesse invitate nella sua stanza o avesse permesso al suo sguardo di abbassarsi anche solo per un secondo» rispose il redattore «avrei sbattuto la storia in prima pagina».

«Ma è terribile!» esclamò Yogananda. «In quel modo voi rovinate la reputazione, e forse anche la vita, di persone perfettamente innocenti. Lo trovo detestabile! Un giornale dovrebbe *riferire* le notizie, non inventarle. E anche se le inventa per scopi editoriali, non dovrebbero essere calunniose».

30. Yogananda aveva la straordinaria capacità di parlare con cognizione di causa di qualunque argomento. Quando erano presenti

dei medici, poteva parlare con loro perfino usando la loro terminologia specialistica. A prescindere dall'argomento, infatti, la sua capacità di sintonizzarsi con la coscienza degli altri gli rendeva possibile sapere tutto ciò che essi conoscevano.

Questo dono si manifestava, in particolare, nella sua capacità di conoscere ogni tendenza della storia delle religioni senza aver studiato quell'epoca particolare. Non era uno studioso, ma in qualche modo sapeva tutto sulla storia del Cristianesimo, sulle speciali missioni di Buddha, Shankaracharya, Ramanuja, Chaitanya. Egli, inoltre, specificava anche quale fosse il suo ruolo in quella progressione. Ugualmente, senza averla studiata, comprendeva l'intera storia degli scismi, delle sette, dei movimenti e contro-movimenti del Cristianesimo. Io avevo studiato la storia cristiana ed ero stupito dalla sua conoscenza.

31. Dal punto di vista fisico, ero colpito dalla sua postura, che era sempre perfettamente eretta. Mi sembrava evidente che la sua coscienza era sempre centrata nella spina dorsale e nel punto fra le sopracciglia.

32. Anche se il Maestro era ben disposto ad accettare gli altri così com'erano, era tuttavia inflessibile quando si trattava del loro desiderio di perfezione. Nei miei sforzi per sviluppare la devozione, avevo finalmente raggiunto il punto in cui sentivo di poter essere soddisfatto di me stesso. Il Maestro, però, non era contento. Poco tempo dopo, mi disse: «Se ami te stesso, come puoi amare Dio?».

# CAPITOLO DICIOTTESIMO

# Il suo ritorno in India

Nel 1935 Paramhansa Yogananda fu richiamato telepaticamente in India dal suo guru, Swami Sri Yukteswar, che gli parlò nel suo orecchio interiore dicendogli: «Presto lascerò il mio corpo terreno».

Imbarcatosi a New York in giugno, nel suo viaggio di ritorno verso il suo Paese natale Yogananda andò dapprima in Inghilterra, poi in Scozia e nel continente europeo. In Scozia fece visita a Sir Harry Lauder; per le sue melodie della canzone "*Roamin' in the Gloamin'*", Yogananda scrisse le parole di un suo canto, "*Sitting in the Silence*". In Inghilterra visitò Stonehenge, dove disse al suo segretario, Richard Wright: «Ho vissuto qui tremilacinquecento anni fa». In Germania incontrò la famosa mistica cattolica con le stimmate Therese Neumann, i cui fratelli, anni dopo, ricambiarono la visita a Mount Washington. In Italia visitò la città natale di San Francesco, Assisi, dove sentì ovunque la presenza di Cristo. Yogananda definiva spesso San Francesco il suo "santo patrono".

È interessante come la preghiera più famosa di San Francesco, "Signore, fa' di me uno strumento della Tua pace", sia stata recentemente rinvenuta negli archivi di un monastero in Belgio, dove risultava attribuita a Guglielmo il Grande (anche chiamato "il Conquistatore"), che Yogananda disse di essere stato in una vita precedente.*

* Ho già parlato di questa affascinante memoria di una vita precedente di Yogananda, presentata da Catherine Kairavi nel suo libro *Due anime, quattro vite*, Ananda Edizioni-Sangha.

Quando il Maestro arrivò a Calcutta, trovò ad attenderlo un benvenuto davvero imponente: una parata lungo le vie cittadine, organizzata dal suo ex aiutante e segretario, Rashid.

Il mio guru mi raccontò, molti anni dopo: «In quel modo egli fece completamente ammenda per i guai che mi aveva causato in America». In un periodo ancora successivo, venni a sapere che quei "guai" erano stati il tentativo di Rashid di bloccare l'acquisizione di Mount Washington, il quartier generale internazionale del Maestro, facendogli causa per l'aiuto gratuito che gli aveva dato durante le sue prime conferenze in America. Fortunatamente, il buon senso e la gentilezza avevano prevalso e Rashid aveva ritirato la denuncia.

Il padre di Yogananda, la sua famiglia terrena, il suo guru: tutti erano entusiasti di averlo di nuovo tra loro. Ora doveva tenere conferenze in bengali. Egli, naturalmente, era bengalese, ma non aveva mai insegnato in quella lingua, se non nelle aule della sua scuola. Tenne anche conferenze in inglese. Ovunque andasse, creava una grande sensazione.

Durante il viaggio da Bombay a Calcutta, si era fermato a Wardha per fare visita al Mahatma Gandhi. I due avevano avuto un'interessante discussione sull'*ahimsa*, l'inoffensività. L'atteggiamento di Gandhi era intransigente. Di fatto, fu proprio la sua intransigenza che gli permise di prevalere sui governanti britannici dell'India. Il mio guru, però, mi disse: «Se avesse provato a usare l'*ahimsa* contro i russi, non avrebbe funzionato. Il suo metodo ebbe successo in questo caso perché gli inglesi sono dei gentiluomini. Se una persona provasse a praticare l'*ahimsa* con una tigre, a meno che non avesse dei poteri spirituali, finirebbe semplicemente nello stomaco dell'animale!

«Chiesi a Gandhi: "Che cosa fareste se un folle venisse nel vostro villaggio e cominciasse a sparare contro tutti coloro che incontra? Come affrontereste quella terribile situazione?".

«"Mi lascerei uccidere per primo" fu la risposta di Gandhi.

«Gli lasciai avere l'ultima parola, ma in realtà quel sacrificio non avrebbe risolto nulla, se il folle avesse continuato a uccidere tutti gli altri abitanti del villaggio. L'*ahimsa*, come ogni altra cosa in questo mondo relativo, è soltanto una verità relativa. Bisogna praticarla mentalmente, ma non è sempre possibile praticarla in modo letterale. Un comportamento più coraggioso potrebbe essere quello di uccidere la tigre, se possibile, e perfino di uccidere quel singolo folle, piuttosto che lasciargli uccidere centinaia di persone».

Si praticherebbe l'*ahimsa*, in questo caso, astenendosi dall'odiare l'animale o la persona alla quale si sta cercando di impedire di fare del male. Si può controllare o impedire la devastazione senza *desiderare* il male.

La natura gentile di Yogananda, tuttavia, gli impedì di portare l'argomento alla sua logica conclusione. Egli non replicò alla risposta di Gandhi.

C'era una donna inglese che viveva nell'ashram di Gandhi e gli era molto vicina. Il Mahatma le aveva dato il nome indiano *Mirabehn*, ispirato a una santa medievale indiana, Mirabai. Mirabehn fu molto colpita da Yogananda, al punto che Gandhi non le permise di prendere l'iniziazione al *Kriya Yoga* quando egli stesso la ricevette dal Maestro.

«Gandhi era un grand'uomo, ma aveva quella piccola gelosia» mi disse il Maestro. «Beh, quasi tutti sulla Terra hanno almeno qualche debolezza».

Continuò dicendo: «Tenni un discorso lì in hindi. Naturalmente, non conosco bene l'hindi e venivo da quindici anni in America. Tuttavia, dopo il mio discorso una persona fece dei commenti denigratori sul mio hindi. La natura umana! Deve sempre trovare delle ragioni per apparire più alta facendo sembrare più piccoli gli altri. Gandhi, tuttavia, era un vero santo, non allo stesso livello di maestri come Sri Yukteswar, ma era comunque un uomo sinceramente votato a compiere la volontà di Dio e ad aiutare gli altri».

In India nel 1935-36. IN ALTO A SINISTRA: Bishnu Ghosh (fratello di Yogananda), Motilal Mukherji (discepolo di Sri Yukteswar), il padre di Yogananda, Richard Wright (il segretario di Yogananda), Yogananda, Tulsi Bose e Swami Satyananda (della scuola di Ranchi). IN ALTO A DESTRA: Un piacevole pasto in silenzio con il Mahatma Gandhi a Wardha. IN BASSO A SINISTRA: Yogananda con Sri Yukteswar e Richard Wright durante un festival religioso a Calcutta. IN BASSO A DESTRA: Yogananda con Ananda Moyi Ma (in un dipinto del fratello di Yogananda, Sananda Ghosh).

In India, mentre il Maestro viaggiava per il Paese, le autorità inglesi lo seguivano con le inevitabili preoccupazioni tipiche dei burocrati. Egli incitava le persone e le colmava di orgoglio per la loro eredità culturale. Gli inglesi volevano che gli indiani tornassero ad assopirsi e che accettassero docilmente la dominazione inglese.

A un certo punto cercarono di screditare Yogananda agli occhi del pubblico, proprio come aveva fatto quella persona con le sue critiche nell'ashram di Gandhi. Convinsero una donna inglese ad avvicinarsi al Maestro dopo una conferenza, buttandogli le braccia al collo come se si conoscessero bene e dandogli un grande bacio per congratularsi con lui. In quel momento i fotografi, avvisati in anticipo, avrebbero rapidamente scattato alcune foto della scena.

Yogananda sapeva cosa stava per accadere. Quando la donna gli andò incontro a braccia tese, egli l'afferrò per la vita e la tenne in alto sopra la sua testa. Poi si girò verso i fotografi e gridò: «Allora, fate le vostre foto!». Gli inglesi non sapevano cosa fare! Non stava infrangendo alcuna legge.

Gli inglesi possono anche essere stati dei gentiluomini, ma quella era una valutazione estremamente generosa di alcune delle cose che fecero in India. Yogananda, ad esempio, mi raccontò di come una volta avessero acquistato tutto il riso del Bengala a un prezzo a cui nessuno poteva resistere. Quando gli abitanti si erano trovati senza riso e avevano provato a riacquistarlo, avevano scoperto di poterlo avere solo a un prezzo che pochissimi potevano permettersi. Sei milioni di persone morirono di fame nel Bengala, unicamente come conseguenza di quel trucco. Ci furono anche altre atrocità. Il Maestro mi disse: «Ho voluto studiare quegli avvenimenti. Erano terribili! Solo alla fine la nobiltà di carattere dell'Inghilterra ha finalmente prevalso rispetto ai suoi macellai».

Una canzone in bengali fu scritta all'epoca della tragedia del riso: "*Shyama amar, nirobo kano Ma*?" (Madre, perché sei silenziosa?) e anche "*Dukhero beshe ashiyo*" (Madre, vieni a me come dolore, perché nel dolore non potrò mai dimenticarTi). Il Maestro amava queste canzoni e possedeva delle bellissime registrazioni di entrambe. È un ricordo doloroso, ma verso la fine della sua vita egli sentiva di aver sofferto abbastanza, specialmente per il tradimento da parte di alcune persone che aveva amato. Non volle più ascoltare quelle canzoni, specialmente la seconda.

A un certo punto del suo soggiorno in India – probabilmente durante il suo viaggio a Mysore – Yogananda visitò l'ashram di Ramana Maharshi, un grande santo dell'India del sud.

Poiché Ramana Maharshi era molto concentrato sull'illuminazione interiore come sola cura delle sofferenze umane, era poco interessato all'elevazione delle masse. È un atteggiamento comune tra i santi dell'India. Ho pensato spesso che fosse dovuto all'oppressione degli inglesi, che lasciava un'unica via d'uscita, forse negativa ma per lo meno spiritualmente appagante: la fuga nel Sé interiore. Questo atteggiamento è anch'esso lodevole ma, negando il mondo, rifiuta le bellezze della creazione divina. Le antiche Scritture non rifiutavano ogni cosa. Come disse lo stesso Gesù: «Cercate prima il regno di Dio e la Sua giustizia, e tutte queste cose vi saranno date in aggiunta» (Mt 6,33). Le "cose", quindi, non sono del tutto sbagliate: sono sbagliate solo in rapporto a una realtà superiore.

Il ruolo degli *avatar*, comunque, è anche quello di elevare l'intera umanità fino a livelli di coscienza superiori. Come afferma Sri Krishna nella grande Scrittura indiana, la *Bhagavad Gita*: «Ogni qual volta la virtù declina e il vizio predomina, Io mi incarno come *avatar*. Apparendo di era in era in forma visibile, vengo per distruggere il male e ristabilire la virtù» (4,7-8). Il bene qualitativo e quantitativo: entrambi sono necessari per l'elevazione spirituale del genere umano. La maggior parte dei santi non si preoccupa delle esigenze dell'umanità nel suo complesso. Ciò che li interessa è uscire dal sogno cosmico. Per loro, le sofferenze dell'uomo sono solo un ulteriore stimolo per sollevarsi completamente al di sopra della condizione umana.

La missione di Yogananda era rivolta sia ai sinceri ricercatori spirituali sia all'umanità sofferente. I suoi insegnamenti erano destinati a offrire alle persone, ovunque, un forte stimolo per migliorare la propria condizione, orientandole verso una sempre maggiore spiritualità.

Senza dubbio per soddisfare la propria curiosità riguardo all'atteggiamento di Ramana Maharshi verso lo sviluppo delle masse, egli chiese al santo cosa ne pensasse dell'elevazione collettiva.

«Non si può compiere alcun bene se non attraverso l'illuminazione individuale» fu la sua risposta.

Ancora una volta Yogananda, come aveva fatto cortesemente con il Mahatma Gandhi, lasciò a Ramana Maharshi l'ultima parola. Egli non discuteva mai. Dagli annali dell'ashram che contengono questa conversazione, sembra che Ramana Maharshi avesse avuto la meglio in una discussione.

In seguito, tuttavia, il fratello di Ramana, che non era un santo ed era molto egocentrico, cercò di coinvolgere Yogananda in una discussione sull'argomento, senza dubbio per convincerlo dell'inutilità del lavoro che stava facendo per promulgare la verità attraverso conferenze, libri e cose simili. Ramana Maharshi, vedendolo dall'interno della stanza dei *satsang*, lo chiamò con tono pacato e gli disse: «Vieni via». Egli conosceva la statura di Yogananda.

Nell'ashram viveva un grande discepolo di Ramana Maharshi. Il mio guru mi disse: «Era anche più grande del suo guru, poiché aveva raggiunto la liberazione finale. Accade a volte che il discepolo sia più grande del guru. Questo santo si chiamava Yogi Ramiah. Lui ed io passeggiammo mano nella mano nel cortile dell'ashram. Se fossi rimasto un'altra mezz'ora in sua compagnia, non sarei più stato capace di convincermi a lasciare di nuovo l'India!».

Il Maestro mi disse anche che a volte si "nascondeva" quando visitava i santi, per far sì che gli parlassero in modo naturale, come se fosse un ricercatore spirituale.

Una volta mi disse: «Di tutti i santi dell'*Autobiografia di uno yogi*, gli unici che avevano raggiunto la liberazione finale erano quelli della nostra linea di guru (in vite precedenti) e, in questa vita, due discepoli di Lahiri Mahasaya: Ram Gopal Muzumdar ("il santo che non dormiva mai") e Swami Pranabananda ("il santo con due corpi")». Fu allora che mi parlò di Yogi Ramiah.

Visitando l'ashram di Sri Yukteswar, il Maestro ebbe l'idea di acquistare alcune cose comode per il suo guru. Il Guru, tuttavia, rispose: «Quello là fuori è il tuo mondo. Io mi sento soddisfatto con il mio *asan* (sedile per la meditazione) e il mio letto. Come vedi, sono entrambi perfettamente ordinati e puliti». Non stava affatto rimproverando il suo discepolo: era stato lui stesso a inviarlo nel mondo per elevare l'umanità, anche se la forte tendenza di Yogananda era stata quella di andare sull'Himalaya a meditare. Il Maestro ci raccontò che nella sua prossima incarnazione, la quale – disse – sarebbe avvenuta dopo duecento anni, avrebbe vissuto sull'Himalaya «per compensare l'intensa attività di questa vita». Ci sono persone, a volte, che affermano di essere la reincarnazione di Yogananda. L'unica predizione del Maestro a questo riguardo dovrebbe essere sufficiente per mettere a tacere ogni pretesa di questo tipo.

Sri Yukteswar era titubante di fronte al modo esuberante con il quale il suo discepolo promuoveva lo yoga in Occidente. Yogananda rispose: «Signore, voi siete l'orefice; io sono il gioielliere. Per creare dei gioielli che siano belli e funzionali, ci vogliono delle leghe». Nell'udire questa spiegazione, il suo guru sorrise con apprezzamento.

Esiste un libro che sostiene di essere una biografia di Yogananda. È stato scritto da una persona che dice di aver servito Yogananda in qualità di segretario indiano durante l'anno che il Maestro trascorse in quel Paese a partire dal 1935. Il fatto che il Maestro non menzioni mai quest'uomo nella sua autobiografia, suggerisce che non ne avesse un'alta opinione. L'uomo si chiamava Dasgupta; ora non è più in vita. Il suo libro rivela una spiacevole caratteristica che ho potuto osservare, di tanto in tanto, specialmente tra i bengalesi: una tendenza a offrire complimenti che in realtà sono delle critiche mascherate.

Quest'uomo descrisse in termini elogiativi la personalità calorosa del Maestro e il suo modo magnetico di parlare in pubblico, per poi affermare che Yogananda aveva una grande immaginazione, che le sue cosiddette visioni erano false, che la sua devozione per il guru era una finzione e che la maggior parte dei suoi miracoli non avvennero mai. Riguardo a un episodio in cui il Maestro guarì uno zoppo, egli arrivò quasi a suggerire che Yogananda aveva spaventato a tal punto il pover'uomo con le sue urla che il poveretto era stato in grado di camminare nuovamente.

Dasgupta raccontò un episodio avvenuto durante il soggiorno del Maestro in India nel 1935, in cui Yogananda chiese ai presenti di intrecciare le mani e poi annunciò: «Ora non riuscirete più a separarle!». La maggior parte delle persone, infatti, non fu in grado di farlo. Poi il Maestro disse: «Adesso sciolgo le vostre mani». La maggior parte delle persone riuscì improvvisamente a farlo. Tuttavia – scrisse Dasgupta – una persona non riuscì a separare le mani e neppure il Maestro fu capace di farlo. Sempre secondo il racconto di Dasgupta, solo quando un altro discepolo di Sri Yukteswar, Motilal Thakur, portò fuori quell'uomo, egli riuscì ad aiutarlo a separare le mani e a tornare alla normalità.

Sentii raccontare la stessa storia da un testimone oculare quando andai in India nel 1958. Ciò che appresi fu che, mentre i presenti avevano le mani intrecciate, quello stesso Motilal Thakur era andato in giro fra loro, soffiandosi sulle dita e poi agitandole verso la folla, cercando di dimostrarsi spiritualmente più grande di Yogananda. I suoi tentativi non ebbero successo.

Nessuno di coloro che erano in sintonia con il Maestro riuscì ad aprire le mani. Poterono farlo solo quando Yogananda diede loro il comando.

Il Maestro aveva lasciato intendere che quelli che non erano in sintonia con lui non sarebbero stati toccati dalla sua influenza. In seguito, Dasgupta gli disse: «Il vostro sortilegio non mi ha toccato! Ho potuto aprire le mani immediatamente!».

Il Maestro rispose (come scrisse lo stesso Dasgupta): «È perché hai uno spirito critico». Il Maestro stava cercando di essere gentile. Dietro quelle parole ce n'erano altre che avrebbe potuto usare: cinico, dubbioso, facile al giudizio.

Ho accennato al libro di questa persona perché è attualmente in circolazione in America. Lo considero un tentativo intenzionale di macchiare la reputazione di un grand'uomo. Uno dei motivi per cui ho voluto scrivere questo libro sulla vita di Yogananda è per divulgare la verità sull'uomo più grande che io abbia mai conosciuto, e conosciuto bene (per lo meno esteriormente), nella mia vita.

Un giorno, Yogananda veniva dall'ashram del suo guru a Serampore, forse diretto alla stazione degli autobus o dei treni. Lungo la via sentì un gran subbuglio provenire dalla casa davanti alla quale stava passando. Entrò e apprese che il padrone di casa era appena morto. Si recò al capezzale del defunto, lo toccò, e dopo qualche tempo il corpo dell'uomo cominciò a vibrare. Qualche istante dopo, l'uomo aprì gli occhi. Era tornato in vita.

Quando il dottor Lewis udì il Maestro raccontare questa storia, gli chiese: «Signore, sareste entrato in quella casa se la Madre Divina non vi avesse detto di farlo?».

«Oh, no» fu la risposta. «Io faccio solo quello che la Madre Divina mi dice di fare».

Durante la sua visita in India, il Maestro riuscì ad assicurare una solida base finanziaria alla sua scuola di Ranchi. Fu organizzata una grande cerimonia per commemorare i risultati della *Brahmacharya Vidyalaya*, il nome che egli aveva dato alla scuola.

«Chi dovremmo invitare a presiedere all'evento?» chiese il Maestro.

Tutti furono d'accordo che la persona migliore sarebbe stata un giudice di quel distretto, un certo Gurudas Bannerji. Yogananda si recò da lui per invitarlo. Non era affatto preparato, tuttavia, all'accoglienza che ricevette. Nell'udire la richiesta dello swami, infatti, il giudice si lanciò in un'invettiva contro tutti gli swami dell'India.

«L'India è sovraccarica di questi esseri insignificanti» urlò «di cui vedo un insigne esempio di fronte a me. Non ho tempo da perdere con le loro inutili cerimonie. Perché mai dovrei partecipare al vostro assurdo evento?». Continuò per un po' con questo tono, convincendo Yogananda dell'inutilità della sua visita. Con calma e cortesia il Maestro gli rispose: «Grazie per la sua risposta. In ogni caso, saremo onorati di averla al nostro evento, se vorrà concederci il privilegio della sua presenza». Se ne andò, e si diede da fare per cercare un sostituto. Tutti alla fine furono d'accordo nell'invitare il direttore di una scuola del luogo.

La cerimonia ebbe inizio. Il direttore aprì l'evento e poi chiese al primo relatore di rivolgersi alla grande folla. Quell'uomo aveva appena iniziato il suo discorso quando una macchina si avvicinò. Ne scese il giudice Bannerji. Tutti gli fecero largo mentre si avvicinava al podio. Il direttore gli cedette con gioia la conduzione dell'evento.

Bannerji rimase seduto ad ascoltare mentre la relazione si concludeva.

«Molti diplomati di questa scuola» disse l'oratore «sono diventati swami. La gloria della nostra scuola si sta diffondendo in tutto il Paese». Infine si sedette, e il giudice Bannerji si alzò in piedi.

«Questo giorno» annunciò «è uno dei più felici della mia vita. Quando il vostro Swami Yogananda è venuto a invitarmi a presiedere questa cerimonia, sono stato percorso da un fremito di gioia. Allora ho deciso: "Devo mettere alla prova quest'uomo, per vedere se è realmente buono quanto sembra". Gli ho detto tutto ciò a cui potevo pensare per insultare lui e i princìpi che rappresenta. E devo dirvi che ha superato la mia prova meglio ancora di quanto immaginavo fosse possibile. Ho qualcos'altro da dirvi: non pensate agli swami che vengono creati da questa scuola. L'India ha tanti swami. Ma se potrete creare anche un solo uomo così grande, non solo la vostra scuola, ma l'India intera, ne sarà glorificata!».

Anche se la visita del Maestro alla sua terra natia durò solo un anno, essa ebbe un impatto significativo nell'elevare il livello di fiducia degli indiani nel glorioso destino spirituale del loro Paese. Quella fiducia era stata scossa brutalmente da trecento anni di dominazione inglese. Quando i mussulmani avevano invaso l'India, l'avevano conquistata con la spada, uccidendo spietatamente chiunque opponesse resistenza alla loro religione. Aurangzeb, nel Kashmir, aveva richiesto che gli fossero portati ogni giorno un *maund* (circa quaranta chili) di fili braminici.* Questo poteva accadere solo attraverso l'omicidio o la conversione. Tuttavia, l'India era rimasta orgogliosamente in piedi.

Quando invece erano arrivati gli inglesi, all'inizio la loro conquista era stata solo mercantile. Essi deridevano quei "pagani dalla pelle scura", che consideravano del tutto inferiori a loro. Questo colpo demoralizzante minò la fiducia degli indiani in se stessi. A tutt'oggi, essi non hanno ancora riconquistato la piena fiducia nel loro destino sublime. Stanno imitando l'Occidente, allontanandosi quasi con vergogna dalla loro tradizione spirituale. (A mio parere, ciò non è del tutto una sfortuna, poiché l'India deve rivendicare il suo posto tra le

*Tutti i bramini devono indossare un filo sacro che scende dalla spalla sinistra fino alla vita e indica la loro casta. *(N.d.T.)*

grandi nazioni del mondo. Inoltre, non potrà ignorare a lungo le sue profonde radici spirituali. Nel frattempo sta diventando grande in termini occidentali, materialistici, come pure a livello spirituale.)

Nel tredicesimo secolo, Marco Polo attraversò l'India nel suo viaggio di ritorno dalla Cina all'Italia. Descrisse l'India di quel tempo come «il Paese più ricco del mondo». A malapena un secolo dopo, l'India era avviata a diventare una delle nazioni più povere, mentre l'Inghilterra stava diventando una di quelle più ricche. Non si può fare altro che sospettare, in questo caso, un rapporto a fasi alterne.

Il Mahatma Gandhi fu la forza principale che restituì all'India la consapevolezza del suo destino elevato. In misura minore, ma comunque importante, anche la visita di Paramhansa Yogananda contribuì a questa elevazione nazionale della coscienza.

In una certa occasione durante quella visita, qualcuno, parlando con Swami Sri Yukteswar, paragonò Yogananda a Swami Vivekananda, il grande discepolo di Sri Ramakrishna che era andato in America decenni prima e aveva colpito favorevolmente gli americani.

«Non nominarli neppure insieme» rispose Sri Yukteswar. «Vivekananda era grande, ma Yogananda lo è molto di più».

Durante la visita di Yogananda in India, Sri Yukteswar lasciò il corpo. Quel racconto, insieme a quello della risurrezione di Sri Yukteswar al Regent Hotel di Bombay, sono meravigliosamente esposti nell'*Autobiografia di uno yogi.* Li ometterò entrambi in questo libro, poiché sono narrati così magistralmente in quello. "La resurrezione di Sri Yukteswar" è forse uno dei capitoli più ispiranti di tutta l'*Autobiografia* (anche se Dasgupta, come gli è tipico, lo liquida come una semplice fantasia). Diverse cose che Yogananda scrisse nel suo libro non erano mai state espresse nella letteratura mistica: la sua poesia "*Samadhi*", ad esempio, e la sua descrizione dell'universo astrale e causale nel capitolo sulla resurrezione. "La resurrezione di Sri Yukteswar" fornisce un racconto completo e comprensibile del modo in cui l'universo è stato creato; spiega inoltre l'affermazione di Swami Shankara secondo cui la Creazione di Dio è il Suo sogno, mostrando come ciò sia effettivamente accaduto. In effetti solo ora, in questa nuova era dell'energia, tali concetti possono essere compresi, per lo meno dalle persone abituate a riflettere.

Sebbene Yogananda tratti quella rivelazione come un qualcosa di totalmente nuovo per lui, è interessante notare come molte cose dette da Sri Yukteswar quel giorno fossero già state scritte da Yogananda anni prima. Come Yogananda spiega nel libro stesso, in quel racconto egli ci fornisce delle immagini trasmesse telepaticamente, piuttosto che una lunga dissertazione verbale.

Un giorno Yogananda stava partendo da Calcutta dalla stazione di Howrah, forse per ritornare a Bombay. Era in piedi sul gradino più basso del treno e parlava a una folla di persone, quando il treno provò a partire ma non si mosse. Il capotreno scese, guardò il treno, guardò la folla, guardò il Maestro, poi giunse le mani in una fervente supplica.

«Anima santa! Vi prego, lasciate partire il treno».

Il Maestro sorrise, benedì la folla, poi salì sul treno che subito partì.

Durante questa sua unica visita all'India, egli incontrò anche una grande santa, Ananda Moyi Ma. Nuovamente, non cercherò di competere con il suo meraviglioso racconto offrendo un'altra narrazione di quel sacro evento. Voglio però dire che quando io stesso mi recai in India nel 1958 – vi rimasi per diversi anni – ebbi l'opportunità di incontrare questa santa e di trascorrere parecchio tempo con lei. Per me, lei era la Madre Divina incarnata. Fui costretto a dissentire da lei – non apertamente, ma solo nella mia mente – quando mostrò una forte riluttanza verso le attività spirituali esteriori. In questo aspetto era come Ramana Maharshi e molti altri santi indiani. Il mio guru, tuttavia, come *avatar*, doveva svolgere un'opera sia qualitativa che quantitativa. Notando il mio ardente desiderio di portare tutti gli uomini a Dio, egli mi assegnò anche questo tipo di attività, in aggiunta alle mie meditazioni. «Il tuo dovere in questa vita» mi disse «sarà un'intensa attività, e la meditazione». Non potei fare a meno di notare che aveva messo al primo posto l'attività, prima ancora della meditazione.

Ananda Moyi Ma, invece, non voleva neppure guardare la rivista che i suoi seguaci pubblicavano a suo nome. «È la *vostra* rivista» diceva loro. Tuttavia, il suo magnetismo spirituale era tale che in sua presenza sentivo infrangersi su di me continue ondate di amore divino.

Quando Yogananda tornò in Occidente nel 1936, ci fu un sottile cambiamento nel suo modo di raggiungere le persone. Era come se il suo servizio esteriore, voluto da Dio, fosse ora rivolto in una direzione più interiore. Egli cominciò a concentrarsi maggiormente sulla formazione dei discepoli e sullo sviluppo del loro modo di vivere. Io stesso, che ero arrivato presso di lui solo nel 1948, ricevetti da lui il compito di creare un ordine di rinuncianti per i monaci. Nessuno aveva avuto quella responsabilità prima di allora. Il Maestro cominciò a concentrarsi sempre più sui suoi scritti: sull'*Autobiografia di uno yogi* e sui suoi commenti alla Bibbia, alla *Bhagavad Gita* e al *Rubaiyat* di Omar Khayyam (una vera Scrittura, sotto le vesti di un poema d'amore). Da lui ricevetti la responsabilità di aiutarlo nella revisione editoriale di quelle Scritture.

La sua visita in India divenne per lui un vero e proprio fulcro nella sua missione sulla Terra. Per questi motivi, fu un periodo molto importante della sua vita.

# CAPITOLO DICIANNOVESIMO

# Encinitas

Prima di partire per l'India nel 1935, il Maestro accennò al suo interesse per una proprietà sulla costa pacifica, nella cittadina di Encinitas. Al suo ritorno, fu condotto in quella proprietà, senza che gli venisse detto che cosa lo aspettava. Lì, nella parte sud della città, proprio sulla costa, era stato costruito per lui un nuovo ashram su un'alta scogliera a picco sull'oceano. Era proprio quello che egli aveva desiderato. Dopo anni di campagne in tutto il Paese, seguite da un altro anno di conferenze in India sotto lo sguardo vigile della polizia britannica, e dopo la profonda riflessione che deve avergli ispirato la morte del suo guru, egli era pronto per un periodo di riposo. Questo sarebbe stato possibile nel nuovo eremitaggio di Encinitas.

La nuova costruzione comprendeva una bellissima struttura, che egli chiamò Golden Lotus Temple (Tempio del loto dorato). La sua bellezza e tranquillità e la vista sull'oceano sembravano chiamarlo, dicendogli: «Stabilisciti qui per qualche tempo. Tieni qui tutte le tue lezioni e i tuoi servizi religiosi. Lascia per una volta che siano gli altri a venire da *te*, invece di essere sempre tu ad andare da loro».

E le persone vennero. Era un'esperienza indimenticabile per tutti stare con lui in quella cornice perfetta.

A Encinitas, il Maestro iniziò anche un progetto che contemplava da tempo: una "colonia di fratellanza mondiale" autosufficiente, nella quale potessero vivere non solo i rinuncianti, ma anche le coppie sposate e con figli; un luogo in cui l'istruzione scolastica potesse essere in sintonia con gli ideali che egli aveva insegnato nella sua scuola di Ranchi; un luogo in cui «casa, lavoro, chiesa, scuola e fattoria potessero essere tutti in un unico posto».

Le persone sposate e con figli cominciarono ad arrivare. I bambini, per il momento, frequentavano la locale scuola pubblica, in attesa che venisse sviluppata sul terreno della colonia una scuola in sintonia con gli ideali del Maestro. Nel frattempo i bambini, abituati quotidianamente agli esercizi di ricarica e alla meditazione, eccellevano negli studi presso la scuola pubblica e attiravano immancabilmente le lodi del preside. La fattoria prosperava. Il progetto della colonia sembrava ben avviato verso il successo.

Purtroppo, però, gli americani non erano pronti per lo spirito altruistico che un tale luogo richiedeva. Erano appena emersi da una devastante depressione economica, durante la quale la maggior parte di loro aveva probabilmente sviluppato l'atteggiamento che Yogananda descriveva come «Noi quattro e nessun altro». Quando il Maestro rimproverava anche solo lievemente una persona che era sposata, il marito o la moglie si schierava dalla sua parte. Era impossibile per il Maestro impartire la disciplina necessaria per dei discepoli.

Un po' alla volta il suo ideale dovette essere "congelato", non perché fosse stato un fallimento, ma perché era prematuro per la coscienza che prevaleva a quell'epoca nel Paese. Molti anni dopo, ebbi io stesso la possibilità di sviluppare l'ideale comunitario di Yogananda e le scuole che egli aveva ideato, così come lui li aveva sognati. Le comunità Ananda sono attualmente otto e accolgono circa un migliaio di residenti. Prosperano in tre continenti, e la maggior parte di esse può vantare anche delle scuole di grande successo.

La comunità di Yogananda a Encinitas non aveva soltanto una fattoria, ma anche delle imprese che la sostenevano finanziariamente: una piantagione di papaya, un commercio di fiori, un hotel, un ristorante e un impianto dove veniva prodotto il succo di carota per il ristorante.

La visione del Maestro era troppo ampia per essere realizzata completamente durante la sua vita. Occorre del tempo perché le persone si adattino alle nuove idee. Alcuni suoi discepoli, semplicemente, puntarono i piedi e, mettendo in atto il principio della resistenza passiva, non vollero cooperare per portare a compimento tutti i suoi ideali. La piantagione di papaya fu abbandonata, il ristorante fu chiuso, l'hotel fu venduto. Non c'era nulla che Yogananda potesse fare al riguardo. Anche le coppie se ne andarono. I rinuncianti avevano vinto: il loro stile di vita trionfò. «Siamo qui per Dio, non per le cose del mondo» fu l'atteggiamento che infine prevalse. Fortunatamente, anche in questo caso sono stato in grado, nel corso della mia vita, di salvare i concetti originari del Maestro.

Il dottor Lewis e sua moglie si trasferirono sulla costa occidentale e si stabilirono in un appartamento sopra il garage all'ingresso dell'eremitaggio. Anche loro erano una coppia, ma si inserirono bene in quell'ambiente. San Lynn – come il Maestro chiamava il suo discepolo più avanzato – risiedeva nell'edificio principale ogni volta che poteva assentarsi dalla sua casa a Kansas City, il che avveniva con crescente regolarità.

In seguito il Maestro diede a San Lynn il nome indiano di *Rajarshi Janakananda*. San Lynn – come egli fu conosciuto fin quasi alla fine della vita di Yogananda – era spesso visto sdraiato sull'erba in *samadhi* (l'estasi supercosciente). Altre volte scendeva alla spiaggia ed entrava in acqua, dove rimaneva a galleggiare sulla schiena immaginando di galleggiare nello Spirito. In quelle occasioni, il Maestro mandava sempre qualcuno sulla spiaggia con lui, per timore che le correnti oceaniche portassero al largo quel suo discepolo avanzato.

A Encinitas, Yogananda ebbe tutto il tempo necessario per lavorare senza fretta ai suoi scritti. Fra i libri che scrisse ci furono i commenti al *Rubaiyat* di Omar Khayyam. Questo libro di poesia, generalmente considerato come una semplice lode dell'amore umano, è in realtà un'opera profondamente mistica. Mentre teneva in mano la famosa traduzione di Edward FitzGerald, Yogananda ebbe improvvisamente una visione in cui gli apparve, come in una carrellata, il significato più profondo di ogni stanza, che era stato sapientemente nascosto sotto le fiorite immagini della passione umana per renderlo accettabile a una cultura che non era ben disposta verso il misticismo. Il Maestro, tuttavia, non fece affidamento su FitzGerald. In qualche modo, riuscì a sintonizzarsi con l'antico persiano, una lingua che non conosceva.

Una volta, in Australia, durante una mia conferenza, un signore tra il pubblico mise in dubbio l'interpretazione di Yogananda di un certo brano, poiché non corrispondeva affatto alla traduzione di FitzGerald. A quel punto una donna alzò la mano e disse: «Io vengo dalla Persia e ho familiarità con la quartina a cui si riferisce questo signore. È vero che non è fedele alla traduzione di FitzGerald, però è completamente fedele all'originale persiano di Omar Khayyam».

Ebbi modo di constatare un'altra volta questa sorprendente capacità del Maestro di comunicare in lingue che non conosceva. Nel 1954, mentre parlavo con la Señora Cuaron, la moglie del direttore del nostro centro di Città del Messico, ella mi disse in spagnolo: «Una volta ebbi un colloquio di un'ora con il Maestro. Lui non conosceva una parola di spagnolo e, come vede, io non conosco una parola di inglese. Tuttavia, in qualche modo, ci capimmo perfettamente! Non so ancora come accadde».

Fu a Encinitas che Paramhansa Yogananda scrisse *Autobiografia di uno yogi*. Fu probabilmente qui che egli scrisse anche in larga misura, se non interamente, i suoi commenti al Nuovo Testamento e la prima parte dei suoi commenti alla *Bhagavad Gita*.

Nel frattempo, il terreno attorno al Golden Lotus Temple stava lentamente erodendosi a causa di infiltrazioni d'acqua. La città avreb-

Yogananda amava soggiornare nel suo ashram di Encinitas, in California, dove scrisse la sua autobiografia. A SINISTRA: Yogananda nel rigoglioso giardino. IN ALTO A DESTRA: L'ashram di Encinitas. IN BASSO A DESTRA: Veduta aerea dell'ashram, con la sua splendida vista sull'Oceano Pacifico.

be potuto fermare gli scoli che provenivano dalla strada, ma i funzionari continuarono a rimandare l'intervento. Una notte, i residenti dell'ashram furono svegliati da un terribile frastuono: il tempio era franato giù dalla scogliera, verso l'oceano!

Prima che l'edificio scivolasse ancora più in basso, fu possibile salvare molti oggetti che altrimenti sarebbero andati perduti. La piscina diventò inutilizzabile. Un'ampia parte del delizioso piccolo giardino scomparve. Fu una grande tragedia nella vita del Maestro; una tragedia che, pur apparendogli come volontà della Madre Divina, lo costrinse ancora una volta a riprendere l'attività pubblica.

Yogananda costruì due chiese, una a San Diego, l'altra a Hollywood. Sulla grande prova rappresentata dalla perdita del Golden Lotus Temple, egli scrisse un'angosciata preghiera che in seguito inserì nella successiva edizione del suo libro *Sussurri dall'Eternità*:*

*Nella malattia o nella salute, nel successo o nel fallimento,*
*nella povertà o nella ricchezza, nella gioia o nel dolore,*
*nel disastro o nella sicurezza, nella vita o nella morte,*
*a Te resto immutabilmente, inalterabilmente, incrollabilmente*
*fedele e devoto, e Ti amo con risolutezza,*
*mio Padre Celeste, per sempre, per sempre, per sempre!*

Mi trovavo con lui, anni dopo, nella sua stanza dei colloqui al secondo piano di Mount Washington, quando un ospite gli disse: «Che peccato che abbiate perso il vostro Golden Lotus Temple a Encinitas!».

Il Maestro, sempre positivo, dichiarò con fermezza: «È stata la cosa migliore che mi sia mai capitata!».

*Paramhansa Yogananda, *Sussurri dall'Eternità*, Ananda Edizioni. *(N.d.C.)*

CAPITOLO VENTESIMO

# Le chiese

Che cosa rendeva la perdita di quel tempio «la cosa migliore che gli fosse mai capitata»? Era il fatto che lo costrinse a ritornare in pubblico. Il suo idilliaco periodo di riposo e ritiro era finito. Egli soleva dire che la perdita del Golden Lotus Temple aveva avuto come conseguenza l'acquisizione di due nuove chiese.

L'acquisto del tempio di San Diego avvenne, per quanto ne so, senza intoppi. La chiesa di Hollywood, invece, fu tutt'altra storia. L'unica proprietà disponibile era un lotto libero sul Sunset Boulevard. La seconda guerra mondiale era quasi al culmine ed erano in atto delle restrizioni che proibivano la costruzione di nuovi edifici. Yogananda, tuttavia, era sempre estremamente creativo. Considerava gli ostacoli come nuove opportunità, non come blocchi permanenti.

«Benissimo» decise. «Se non posso avere un edificio nuovo su questo terreno, ne comprerò uno vecchio, lo trasferirò qui e lo restaurerò». Non c'erano restrizioni da parte della città per quanto riguardava i restauri. Poco distante da lì egli trovò quella che può solo essere descritta come una rovina fatiscente, e la trasferì sulla proprietà. I vicini erano comprensibilmente oltraggiati, ma non potevano fare nulla per fermare il progetto. Era davvero una vista penosa. Un po' alla volta, tuttavia, quella "rovina" fu consolidata, intonacata, abbellita. Mancavano ancora le finestre e il suo creativo restauratore (il Maestro) disse: «Dobbiamo avere delle vetrate istoriate in questa bella chiesa».

Gli fu detto che le restrizioni si applicavano anche alla fabbricazione di vetrate istoriate.

«Non c'è problema, faremo come abbiamo fatto con l'edificio della chiesa: troveremo delle vetrate istoriate *usate*». Beh, trovare una vecchia rovina non era sembrato impossibile, ma trovare delle finestre istoriate di seconda mano, in quegli anni, sembrava ben oltre qualsiasi possibilità.

Poi, una notte, il Maestro ebbe una visione. Vide le vetrate istoriate dei suoi sogni nel negozio di un rigattiere lì vicino!

Il giorno seguente si recò in quel luogo.

«Non abbiamo nulla di simile qui» insistette il proprietario.

«Mi lascerebbe dare un'occhiata in giro?»

«Le ho detto che non abbiamo nulla di simile! Vuole che non conosca il mio negozio?». L'uomo si allontanò incollerito, sentendosi insultato.

Allora Yogananda si avvicinò a un uomo di colore che lavorava lì. «Le dispiacerebbe portarmi dove desidero?».

L'uomo lo guardò con espressione arcigna: «Il capo dice no. Deve essere no».

Yogananda gli porse una banconota da cinque dollari.

Dubbioso, l'uomo ricominciò a dire: «Il capo dice...», poi vide cosa gli veniva offerto e acconsentì ad aiutarli. Lamentandosi e borbottando tra sé e sé – un infallibile segno di pigrizia, come soleva dire il Maestro – si recò dove veniva portato.

Yogananda lo condusse nel cortile dietro l'edificio. L'uomo, guardandosi intorno, disse: «Vede? Il capo dice...».

«Per favore, venga con me fino a quella pila di assi appoggiate contro il muro là in fondo».

Andarono al luogo indicato e l'uomo riprese a dire: «Niente! Vede, il capo dice...».

«Per favore, sposti quelle cose da lì». Tra lamenti e borbottii, l'uomo spostò la pila di assi, una alla volta, lontano dal muro. Finalmente, sotto tutte le assi, trovarono diverse finestre istoriate. Non erano fissate, ma le vetrate erano ancora intatte.

Il "capo" non poté dire nulla. Le vendette a Yogananda per un'inezia, poiché in quelle condizioni e coperte di polvere sembravano qualcosa da gettare via, piuttosto che da apprezzare.

«Le portammo alla chiesa in trionfo. Quando furono pulite, tutti videro che c'era speranza. Allora Durga mise al loro posto i pannelli di vetro con il piombo e delle foglie d'oro. All'improvviso, diventarono dei gioielli! Qualunque chiesa sarebbe stata orgogliosa di averle».

Il Maestro costruì due pulpiti, uno su entrambi i lati del palco. Il pulpito di sinistra, guardando dal punto di vista della congregazione, era per i nostri ministri. Quello di destra era per i ministri ospiti. Per quanto io ne sappia, nessun ministro ospite parlò mai lì, ma il Maestro chiamò comunque quella chiesa la "Chiesa di tutte le religioni".

Ci sono diverse cose che egli potrebbe aver voluto dire con quel nome. Io stesso ho partecipato come oratore a dei congressi in cui erano rappresentate tutte le fedi, e li ho trovati invariabilmente più o meno improduttivi. Se si vuole raggiungere un'unità tra le numerose religioni del mondo, la religione deve essere sollevata al di sopra della categoria dei dogmi separati e separanti. Basta osservare le numerose sette del Cristianesimo: potrei perfino definirle, nella loro lunga storia, come delle sette in guerra fra loro, anche se oggigiorno le battaglie avvengono più con la lingua che con la spada. C'è comunque un aspetto della religione che va, o dovrebbe andare, ben oltre il semplice credo.

Per molti secoli l'uomo ha creduto che la Terra fosse piatta. Questa credenza non l'ha resa tale: alla fine, la *scoperta* ha dimostrato che la Terra è rotonda. La stessa cosa vale per la religione: solo l'*esperienza* può unire veramente le religioni del mondo.

La religione, infatti, riguarda verità universali. Nella storia della religione, i grandi maestri hanno corretto gli squilibri nella comprensione di quelle verità; i veri maestri, tuttavia, non sono mai stati in disaccordo tra loro.

Buddha venne per guidare le persone fuori dal *karmakand*, la celebrazione di riti sacri per compiacere gli dèi e conquistare il loro favore. Cercò di far comprendere alla gente che la salvezza dipende anche dagli sforzi personali. Non parlò, quindi, di Dio, non perché non credesse in Lui, ma perché voleva che le persone si assumessero maggiormente la responsabilità del loro sviluppo spirituale. Diceva: «Non sguazzate passivamente nel fango, in attesa di esserne tratti fuori dalla grazia divina: uscitene con le vostre forze!». I suoi seguaci, tuttavia, (la natura umana sembra non apprezzare le sottigliezze) conclusero che egli era ateo.

Allora venne Shankaracharya, per dimostrare che Dio *c'è*, e che mentre le numerose divinità dell'Induismo sono ideali piuttosto che idoli, lo Spirito Supremo esiste realmente: è *Satchidananda* (Beatitudine). Questa apparente astrazione indusse i suoi seguaci ad assumere un atteggiamento alquanto arido nei confronti di Dio. L'*advaita* (non-dualità) divenne il loro credo fondamentale. La definizione di Shankara dell'universo – e dell'uomo al suo interno – come un semplice sogno, li spinse a considerare con disprezzo la devozione. Tuttavia, lo stesso Shankara scrisse un libro di poesie devozionali alla Madre Divina. L'uomo, purtroppo, sembra capace di assorbire un solo concetto alla volta. Si arrivò perfino a negare che l'uomo possieda un'anima separata, sebbene questo non fosse affatto l'insegnamento di Shankara.

Allora venne Ramanuja, per insegnare che l'anima, in realtà, è una ed eterna. Successivamente venne Chaitanya, per predicare che solo la devozione individuale per Dio può portare alla salvezza. Il suo detto era: «*Harer nam, Harer nam, Harer nam kevalam*: Il nome di

Dio, il nome di Dio, il nome di Dio è l'unica via!». Tuttavia, egli non disse – poiché pochi sarebbero stati pronti a recepirlo – che il nome di Dio non è Krishna, ma l'*AUM*. In verità, solo attraverso l'unione con la Vibrazione Cosmica l'uomo può raggiungere l'unione con la *Kutastha Chaitanya* (la coscienza cristica) e con Brahman (lo Spirito al di là della creazione).

Nel diciannovesimo secolo, Ramakrishna insegnò che è possibile trovare Dio in tutte le religioni. Non era ancora il momento, tuttavia, per dire «nell'*essenza* di tutte le religioni, e non nei loro dogmi formali».

Infine, Yogananda e i guru della nostra linea vennero per dimostrare che tutti questi insegnamenti sono veri. Sì, l'uomo deve compiere egli stesso uno sforzo supremo per trovare Dio. Sì, niente è reale se non come un sogno, ma la Beatitudine è veramente la più alta definizione di Dio e ciò che ogni anima, come manifestazione di Dio, sta cercando. Di nuovo, l'anima individuale è eterna, perché nell'Onniscienza rimane per sempre la memoria di essere stati un tempo un'entità individuale, e quella memoria durerà in eterno. Sì, è solo attraverso la devozione che si può, come disse Sri Yukteswar, mettere un passo davanti all'altro sul sentiero verso Dio. Sì, solo attraverso il nome di Dio (l'*AUM*) è possibile trovarLo, ma Yogananda ha detto anche: «Cantare è metà della battaglia». Sì, bisogna rispettare tutte le credenze e non giudicare nessuno per il suo particolare livello di comprensione. E sì, la sincera devozione per Dio è l'essenza di tutti gli insegnamenti religiosi. Si può seguire qualunque religione, ma se ci si solleva al di sopra del dogma e si ama semplicemente il Creatore, Lo si troverà. Dio non ha pregiudizi.

La verità, in tutte le religioni, è che dobbiamo ritornare al nostro centro in Lui. Se alle persone venisse insegnato a cercare quel centro esteriormente e a prendere la decisione di raggiungere l'equatore (come centro esterno su una mappa del mondo), a coloro che vivono a nord rispetto a quella linea centrale verrebbe detto di andare a sud, mentre a quelli che vivono a sud verrebbe detto di andare a nord. Poiché la natura umana è ciò che è, quando le persone avrebbero raggiunto l'equatore proseguirebbero nella loro direzione. Quelli diretti a sud, nel superare l'equatore incontrerebbero quelli diretti a nord, che direbbero: «No! NO! Dovete andare a nord!». E quelli diretti a sud esclamerebbero di rimando: «No, ci è stato detto di andare a *sud*!». È così che i seguaci delle diverse religioni litigano e spesso vengono addirittura alle mani.

Yogananda disse che la futura religione del mondo sarà la realizzazione del Sé. Non intendeva la "*Fratellanza* della realizzazione del Sé" [la "Self-Realization Fellowship", l'organizzazione da lui fondata. *N.d.T.*]. Non era venuto per fondare una nuova Chiesa cattolica. La realizzazione del Sé è un principio, non un'organizzazione. Questo principio, se è vero, deve necessariamente essere la religione che sta alla base dell'intero universo. I principi, e non le specifiche applicazioni di quei principi, sono universali.

Questo è ciò che intendeva dire Yogananda chiamando la sua chiesa "Chiesa di tutte le religioni". Poche persone, a quel tempo, potevano comprendere quella verità. Perfino oggi, pochi hanno una chiara idea del significato di quella frase.

Egli non invitò mai i ministri di altre chiese a parlare nella sua chiesa di Hollywood, perché sarebbero venuti senza comprendere la reale portata del loro eventuale contributo, al di là dei loro dogmi.

CAPITOLO VENTUNESIMO

# Twentynine Palms

Uno degli ultimi acquisti di Yogananda fu un luogo in cui egli potesse soggiornare senza essere disturbato da telefonate, richieste di colloqui e da tutte le pretese che le persone hanno nei confronti di un personaggio pubblico. Questo luogo era il suo ritiro nel deserto a Twentynine Palms. Era composto dal suo ritiro e dal ritiro dei monaci, che sorgeva a cinque miglia di distanza lungo la stessa strada. Fu qui che trascorsi la maggior parte del mio tempo con lui.

Il ritiro dei monaci era privo di elettricità. Vi trovai un'aura di pace molto speciale, che attribuii alla mancanza di energia elettrica. L'elettricità, infatti, genera un campo magnetico e le persone che vivono vicino alle linee dell'alta tensione hanno maggiori problemi di salute. Per certi aspetti, il progresso ha complicato le nostre vite.

Fu in questo ritiro nel deserto che il Maestro completò alcune delle sue opere più importanti, inclusi i suoi commenti alla *Bhagavad Gita*. Ebbi l'opportunità di lavorare con lui a quei commenti. Molti anni dopo li pubblicai io stesso, con il titolo *L'essenza della Bhagavad Gita*.*

Un giorno, mentre era seduto su una piccola altalena nel cortile dietro il ritiro dei monaci, il Maestro mi disse: «Questa altalena non dovrebbe mai essere venduta o gettata via. Ero seduto qui quando Dio mi ha detto di acquistare questa proprietà».

Fece costruire ad alcuni di noi una piscina dietro il suo ritiro. «Farà salire il valore della proprietà» disse, spiegando in questo modo il suo

* Swami Kriyananda, *L'essenza della Bhagavad Gita*, Ananda Edizioni. *(N.d.C.)*

desiderio di costruirla. In realtà, egli non la usò mai (non c'era modo di svuotarla per pulirla!); inoltre, se non voleva che fosse venduta l'altalena, ancora meno deve aver desiderato di vendere il suo ritiro, dove Dio gli avrebbe dato così tante Scritture eterne! Sono convinto che ci abbia fatto costruire quella piscina solo per darci l'occasione di stare vicino a lui e di ascoltarlo dettare la sera. Di certo, per noi fu un dono inestimabile.

Nel ritiro dei monaci ricevetti da lui un valido insegnamento su *ahimsa* (l'inoffensività). Egli aveva detto che è meglio tenere sotto controllo le forme di vita che minacciano l'esistenza umana. «Gli esseri umani sono più evoluti degli animali inferiori» disse. «La loro vita è più preziosa. Di conseguenza, se vedi, ad esempio, un serpente a sonagli vicino al luogo in cui vivi, farai meglio a ucciderlo che a mettere a repentaglio delle vite umane».

«Signore» gli chiesi «e per quanto riguarda le mosche? Non rappresentano una minaccia per la vita umana, sono solo un fastidio».

«Ciò nonostante» rispose «nei Paesi in cui si permette alle mosche di proliferare, molte persone muoiono per malattie che contraggono a causa dell'esistenza di quelle mosche».

Un giorno trovai un serpente appena fuori della porta posteriore del nostro ritiro dei monaci. Mi sentii male nel farlo ma, ricordando le parole del Maestro, lo uccisi con una vanga. Quando il Maestro mi fece visita, gli raccontai ciò che avevo fatto.

Egli non disse nulla. Tuttavia, dopo qualche minuto, osservò casualmente: «Sai, le discepole sono così ignoranti in queste cose che l'altro giorno hanno ucciso una biscia, pensando che fosse un serpente a sonagli!».

Rimasi inorridito. Mi resi conto all'improvviso che anch'io avevo ucciso una comune biscia e non un serpente a sonagli! Gli confessai il mio errore.

«Non preoccuparti» mi rassicurò. Ovviamente, aveva saputo fin dall'inizio ciò che avevo fatto. «Non sentirti male per questo». Evidentemente, pensava che fosse peggio per me sentirmi in colpa che lasciar perdere la questione. Poi, per sottolineare il fatto che Dio non mi avrebbe punito per questo piccolo peccato, mi chiese di bollire una pentola d'acqua, mi portò fuori in "giardino" (se mai si può chiamare giardino quella distesa di sabbia!) e mi fece versare l'acqua bollente in un formicaio, uccidendo non so quante di quelle piccole creature. Fece questo per cancellare dal mio cuore ogni senso di colpa. In effetti, il senso di colpa per i peccati che NON si sono commessi è quasi altrettanto dannoso del peccato stesso, a causa delle impressioni che lascia nella mente.

Il Maestro, infatti, era solito dirci che il peccato più grande è definirsi peccatori. Una volta – non nel deserto – egli disse che Dio "mangia" le persone. Mentre lo diceva, fece un gesto con la mano destra, come se mettesse in bocca del cibo. La morte, in altre parole, non è una gran cosa: accade a ogni essere vivente e fa semplicemente parte della vita. Quello che è sbagliato è il *desiderio* di distruggere la vita.

Dopo aver completato i suoi commenti alla *Bhagavad Gita*, il Maestro mi chiamò ogni giorno per lavorare con lui alla revisione editoriale. Trascorremmo molte ore insieme, durante le quali egli mi raccontò un'infinità di storie, condivise con me innumerevoli insegnamenti e parlò in modo così accattivante di tanti argomenti che questi ricordi sono forse i più belli di tutta la mia vita.

Dei suoi commenti alla *Gita* egli disse: «Milioni di persone troveranno Dio attraverso questo libro! Non solo migliaia, ma milioni. L'ho visto. Lo so.

«Questo non è il *mio* libro» continuò. «Mi sono sintonizzato con Beda Byasa, l'autore della *Gita*, e gli ho chiesto di scrivere questi commenti attraverso di me».

Un giorno ero seduto ai suoi piedi mentre lui, seduto su una sedia, lavorava alla revisione editoriale del manoscritto. Stavo pensando: «Che benedizione essere con lui, assorbire i suoi insegnamenti e vibrazioni come queste!».

Dopo forse mezz'ora, il Maestro mi chiese di aiutarlo ad alzarsi. Mentre era lì in piedi e io stavo ancora tenendogli le mani, mi guardò profondamente negli occhi.

«Solo una piccola onda dell'oceano» disse sottovoce, ricordandomi di pensare a lui come alla manifestazione di un principio divino e non soltanto come a un essere umano. L'essere umano sarebbe morto, ma il principio sarebbe vissuto per sempre.

Gli altri monaci venivano di tanto in tanto per stare con lui. Era meraviglioso vederlo ugualmente affabile e amorevole con tutti. Non dava mai l'impressione di voler sembrare più importante di noi. Era il nostro amico divino, sempre desideroso di aiutarci a superare gli ostacoli karmici, grandi o piccoli che fossero, che noi stessi avevamo creato in passato.

Un giorno, Jerry Torgerson gli disse: «Mi dispiace di essere così ostinato, signore».

«Non c'è problema» rispose il Maestro. «Io attiro persone ostinate».

Una volta, quando un gigante di nome Norman e io stavamo scavando la profonda fossa che sarebbe divenuta la piscina, il nostro guru uscì e si mise a lavorare in silenzio accanto a noi. Vedendolo ansimare lievemente per lo sforzo, gli dissi con tono di affettuosa partecipazione: «È un lavoro che fa sudare, non è vero?».

Mi lanciò uno sguardo un po' severo e mi rispose: «È un lavoro che fa *bene*!».

Di sera, quando ero da solo con lui, il Maestro passeggiava con me attorno al perimetro della proprietà, appoggiandosi al mio braccio per mantenere l'equilibrio. A volte si fermava per un istante, ondeggiando un poco. Una volta o due fu quasi sul punto di cadere e dovetti afferrarlo. In un'occasione, quando era quasi caduto, mi disse: «Sono in tutti i corpi. Mi è difficile, a volte, ricordare quale corpo devo continuare a muovere!». Certamente, mi aveva dimostrato molte volte di aver detto il vero quando aveva affermato: «Conosco ogni tuo pensiero!».

Un giorno, un condiscepolo dall'improbabile nome di Daniel Boone* ci accompagnò in questa passeggiata quotidiana. A quell'epoca Boone era preda di alcune illusioni, soprattutto del desiderio sessuale. Il Maestro si appoggiava al suo braccio mentre camminavamo. A un certo punto disse: «Scotta!» e spostò la sua mano dal braccio di Boone al mio.

Boone gli chiese: «Signore, chi era quel santo che avete visto in visione a Encinitas?».

«Non so a chi ti riferisci» rispose il Maestro.

«Era sulla scogliera davanti all'oceano».

«Così tanti santi vengono a me in quel luogo che è difficile ricordare a quale santo, in particolare, ti riferisci».

Mi dimostrai stupito che egli avesse visto così tanti santi. Allora il Maestro disse: «Perché stupirsi? Ovunque c'è Dio, là vengono i Suoi santi».

Qualche anno dopo, Laurie Pratt, la principale responsabile della revisione editoriale delle sue opere, cambiò quella frase. Le avevo presentato questa storia per un libro di detti di Yogananda, intitolato *Il Maestro disse*. Nella versione modificata da Laurie, la risposta del Maestro è la seguente: «Ovunque c'è *un devoto di Dio*, là vengono i Suoi santi».

Egli, tuttavia, aveva detto chiaramente «Dio», non «un devoto di Dio». Io stesso, inoltre, sono un devoto, ma non posso dire di essere mai stato importunato in questo modo dai santi in tutta la mia vita!

Nei suoi ultimi anni, il Maestro non si presentava più agli altri come un umile devoto. Una volta mi disse: «Quando sei uno con Dio, tu *sei* Dio!».

È un concetto difficile da comprendere. Eppure, in tutto l'universo esiste una sola realtà: Dio. Le onde dell'oceano fanno tutte parte di quell'infinita massa d'acqua. Non possono mai separarsi da essa, perché è stato soltanto l'oceano a renderle reali.

* "Improbabile" perché Daniel Boone è il nome di un famoso eroe americano vissuto nel 1700. *(N.d.T.)*

Molti ebrei furono incapaci di accettare Gesù, perché faceva affermazioni come: «Io e mio Padre siamo una cosa sola». Poiché la loro comprensione era ottenebrata dal *Kali Yuga*, facevano fatica a comprendere la loro stessa dichiarazione: «Ascolta, Israele, il Signore nostro Dio, il Signore è uno». Interpretavano queste parole come se significassero che qualunque altra espressione di quell'unico Dio fosse un falso dio, e che nessun essere umano potesse essere degno di devozione da parte dell'uomo. Avevano ragione nel sostenere che Dio era l'unica Realtà, ma non comprendevano che quell'affermazione significava che l'unico "falso dio" era ciò che distoglieva la loro consapevolezza dal pensiero dell'unione con lo Spirito Infinito: il denaro, il sesso, il potere, la fama e cose simili. Non capivano che loro stessi erano solo sogni di quella stessa Realtà Suprema.

Per questo motivo Gesù, sul Monte degli Ulivi, guardando dall'alto la città di Gerusalemme pianse per il suo popolo, che aveva perseguitato i profeti che lo avevano preceduto e che erano venuti nel nome di Dio. Non sarebbe mai più stato inviato loro un tale profeta – egli disse – finché non avessero imparato a dire: «Benedetto colui che viene nel nome del Signore».

Anche l'adorazione degli idoli (come ho già detto) è sbagliata solo se significa adorare cose che distolgono la mente da Dio. Altrimenti, può essere d'aiuto alla devozione utilizzare le immagini che rappresentano i vari aspetti di Dio – il Suo amore, per esempio, o la Sua gentilezza o il Suo potere – per ricordarsi di Lui.

I mussulmani insistono nel mettere al bando tali immagini, eppure, come spiegò loro Guru Nanak, si inchinano davanti alla pietra nera alla Mecca. Per l'uomo, semplicemente, è troppo difficile adorare Dio come una pura astrazione. Anche l'onda dell'oceano è solo una manifestazione dell'oceano stesso.

In generale, è possibile trovare una devozione più profonda e amorevole per Dio in India, dove le persone si inchinano alle diverse immagini di Dio, che in altri Paesi, dove gli uomini cercano di scindere rigidamente le loro ristrette definizioni di Lui da ogni altra definizione. (Come se a Dio importasse come Lo definiscono! Per Lui è sufficiente che Lo amino, proprio come Lui li ama.)

Attraversai un periodo di dubbi, là nel deserto. Nei suoi commenti al *Rubaiyat* di Omar Khayyam, il mio guru aveva scritto: «Questo brano significa questo e quell'altro». Poi, qualche frase dopo, aveva scritto: «D'altro canto, significa anche quest'altro e quest'altro ancora». Il mio compito era di fare la revisione editoriale di quella vera Scrittura (considero infatti tale il suo commento), ma in quel momento pensai: «Non potrebbe decidersi?». La nostra formazione occidentale ci condiziona a pensare, come insegnò Aristotele, che una cosa debba essere questo o quello, e che non possa essere entrambi. Ciò che mi aiutò a superare quella prova fu l'amore che provavo per il mio guru, non certo la mia capacità di ragionamento. Tuttavia anni dopo, quando mi recai in India, scoprii che in quel Paese è considerato un segno di raffinatezza filosofica essere in grado di trovare molti significati diversi, e validi, in un singolo brano delle Scritture.

Una volta il grande santo Chaitanya, che visse nel medioevo, fu avvicinato dallo studioso Sarvabhauma, che pensò: «Questo dolce giovane devoto non fa nient'altro che cantare il nome di Dio. Ha bisogno di essere istruito più approfonditamente nella filosofia». Egli si offrì come insegnante a Chaitanya, il quale si dichiarò umilmente disposto a imparare. Allora Sarvabhauma prese un singolo brano di una Scrittura e lo interpretò in venticinque modi diversi. Era un'impresa fenomenale e dimostrava una grande maestria. Le profonde verità possono essere applicate in vario modo a molte situazioni diverse, ma ci vuole una grande saggezza per scovare così tanti significati.

Chaitanya si complimentò con Sarvabhauma, come quello studioso certamente meritava, per la profondità della sua comprensione. Poi disse: «Vediamo se riesco a trovare qualche altro significato in questo brano». Ne scoprì altri ottanta! A quel punto Sarvabhauma cadde ai suoi piedi e chiese a quell'uomo molto più giovane di lui di diventare suo insegnante.

Gli intellettuali occidentali tendono a pensare in termini assoluti. Anche in questo senso, il pensiero indiano è molto più sottile e più profondo. Quando i moderni filosofi occidentali affermano, insieme ad Einstein, che tutto è relativo, aggiungono anche: «Quindi tutto è privo di significato». Questo rivela la superficialità del loro pensiero. La relatività significa che ogni cosa è relativa rispetto a *qualcosa*! Non significa non-esistenza. Ci sono verità relativamente grandi e verità relativamente minori. Una pistola giocattolo nelle mani di un bambino non fa sollevare alcun sopracciglio, ma se un adulto ti puntasse contro una pistola giocattolo e dicesse: «Bang! Sei morto!», forse ti preoccuperesti un po', non credi?

Inoltre, se un cinico imparasse una lezione della vita e decidesse di parlare e di comportarsi in modo più gentile, non lo applaudirebbero forse tutti, anche se non avesse ancora raggiunto il livello di gentilezza altruistica e universale dimostrato dai grandi maestri come Gesù Cristo, che era disposto perfino a farsi crocifiggere per il bene degli altri? (Si parla spesso di quanto egli abbia sofferto sulla croce, ma in realtà non soffrì affatto! Non era identificato con il proprio corpo. La sofferenza che provò era per l'ignoranza di coloro che lo avevano condannato a morte. «Padre» gridò «perdonali, perché non sanno quello che fanno».)

Fu a Twentynine Palms che appresi gli insegnamenti più profondi che avrei ricevuto dal mio guru. In quei giorni egli era solito dire: «Prendi appunti! Non parlo spesso da questo livello di saggezza».

In effetti, mi resi conto che in quegli ultimi anni egli parlava della verità in tutta la sua vastità e sottigliezza, e in modo molto più impersonale di quanto avesse mai fatto. I discepoli che erano giunti presso di lui molti anni prima non erano preparati a questo nuovo maestro divino, che rivelava una saggezza più impersonale.

Il fatto è che Yogananda dedicò i suoi primi anni in America al tentativo di raggiungere un vasto pubblico e di elevarlo con insegnamenti spirituali generali. Negli ultimi anni, egli passò dall'elevazione delle masse all'addestramento di singoli discepoli negli insegnamenti spirituali più elevati. Nei primi anni si presentava in modo tale da dare agli altri l'impressione che anche loro potessero conseguire facilmente quello che aveva raggiunto lui. Si sminuiva, per rendere più facile agli altri identificarsi con lui. Negli ultimi anni, invece, egli sfidava i suoi discepoli a venirgli incontro al suo reale livello di estasi nell'Infinito. I discepoli che erano con lui da molti anni tendevano a trattare i "giovincelli" come me con una certa condiscendenza, dicendo: «Voi non siete stati vicini a lui per molti anni come lo siamo stati noi». Non comprendevano che la vicinanza fisica al guru poteva far calare una benda sugli occhi, impedendo di scorgere la sua grandezza interiore. Per questo il grande maestro Sri Ramakrishna disse: «La persona illuminata è come una lampada a olio, che proietta i suoi raggi a distanza ma crea un'ombra subito sotto di sé».

Poiché il vero guru non è ciò che appare esteriormente, bensì il suo spirito interiore che abbraccia ogni cosa, può facilmente accadere, e spesso accade, che coloro che giungono presso di lui nelle prime fasi della sua vita sviluppino una minore consapevolezza di chi lui sia realmente, rispetto a coloro che si uniscono a lui verso la fine. I discepoli più intimi di Ramakrishna erano quelli arrivati nell'ultimo periodo della sua vita.

Un maestro ha spesso una missione da compiere prima di poter assumere il ruolo di formare dei discepoli. Anche per questo motivo (come ho già detto), coloro che giungono presso di lui all'inizio possono avere la naturale tendenza a vederlo maggiormente in quel ruolo esteriore. Nel caso del nostro guru, egli addestrò alcuni discepoli fin dall'inizio, ma anche in questo caso mostrò loro molto di più la sua personalità umana.

Una differenza che osservai tra i momenti in cui il Maestro era con noi e quelli in cui era in pubblico era che, quando si trovava con i discepoli, egli parlava maggiormente dell'importanza della sintonia con il guru, persino più che delle pratiche spirituali individuali come il *Kriya Yoga*. Nel primo capitolo del Vangelo secondo Giovanni leggiamo: «A quanti però l'hanno accolto, ha dato potere di diventare figli di Dio». *Accogliere* significa molto più che limitarsi a credere in Gesù Cristo: significa entrare in una profonda comunione interiore con la coscienza del Salvatore.

È impossibile per l'ego sollevarsi al di fuori della coscienza egoica soltanto con i propri sforzi. Ogni tentativo in tal senso è come un circolo vizioso che non fa altro, alla fine, che affermare nuovamente quella coscienza minore. Solo attraverso la sintonia con un vero guru, che ha trasceso completamente l'ego, è possibile comprendere cosa significhi avere finalmente una visione delle cose scevra di pregiudizi personali. Senza un guru è impossibile che le tecniche, da sole, sollevino l'individuo al di fuori dell'illusione finale e fondamentale: quella di essere una realtà separata, distinta e disgiunta da tutte le altre.

Di per sé, le tecniche dello yoga non possono assicurare a nessuno di trovare Dio. Riguardo a Jean Haupt, un discepolo che aveva praticato un infinito numero di *kriya* ma aveva poi lasciato il sentiero spirituale, il Maestro disse: «Era come un mercante: "Ho fatto così tanti *kriya*, quindi adesso, Signore, devi darmi altrettanta realizzazione". Il sentiero spirituale non è così. Non si può *comperare* Dio!».

Capisco, adesso, che ogni *kriya* dovrebbe essere un atto di offerta devozionale. Ogni cosa, infatti, giunge alla fine per grazia di Dio. La grazia è come la luce del sole sulla facciata di un edificio. Se si tengono chiuse le tende in una stanza, la grazia non potrà entrarvi. Gli sforzi personali sono necessari, ma devono essere attuati in collaborazione con la volontà di Dio. Quegli sforzi sono indispensabili, come strumenti per rimuovere ogni ostacolo creato dall'ego che si frappone alla luce della grazia di Dio. Oltre quel punto, tuttavia, essi non fanno altro che rafforzare l'ego stesso. È qui che entra in gioco lo yoga, che tuttavia deve essere praticato con l'atteggiamento di voler sintonizzare la propria volontà egoica con la volontà di Dio; non deve rafforzare l'ego. La grazia fluisce con la massima intensità nella presenza interiore del guru e, cosa ancora più importante, attraverso la sintonia interiore con lui. Come affermano le Scritture indiane: «Un solo attimo in compagnia di un (vero) santo sarà la tua zattera sull'oceano dell'illusione».

Il Maestro ci raccontava la storia di Draupadi, la moglie di Arjuna. Krishna una volta le chiese: «Perché non pratichi le tecniche dello yoga?».

«Mi piacerebbe, Maestro» rispose la donna «ma come posso farlo, se non riesco a distogliere la mia mente da Te sufficientemente a lungo per praticarle?».

«Allora Krishna» ci disse Yogananda «si limitò a sorridere».

Negli ultimi anni della sua vita, Yogananda usava il pronome *io* come faceva Gesù: non tanto riferendosi a se stesso, come essere umano, quanto alla coscienza divina che dimorava in lui. Persone come Laurie Pratt, che erano arrivate durante i primi anni della sua missione, non erano preparate ad accettare, o perfino a comprendere, l'aspetto impersonale della sua natura che egli mostrò verso la fine della sua vita.

Laurie rideva addirittura di alcune idiosincrasie del Maestro, come se lo vedesse soltanto in termini umani. Una volta mi disse: «Ogni volta che credo di averlo capito, scopro che lui è oltre». Mi meravigliai che potesse anche solo *desiderare* di capirlo, come si fa quando si cerca di analizzare le motivazioni di una persona. So che Laurie pensava in questo modo, poiché provò a farlo anche con me. «In ogni cosa» disse a Daya Mata «dobbiamo cercare di capire: "Quali sono le sue motivazioni?"». Il nostro guru, per lo meno, non aveva alcuna "motivazione", se non il desiderio di aiutare tutti. Tale libertà dalle motivazioni è forse qualcosa da *analizzare*? Un oceano è forse qualcosa da *capire*? Neppure io avevo altre motivazioni, se non il desiderio di servire l'opera del Maestro.

Laurie si faceva beffe anche della mancanza di praticità del Maestro nell'incoraggiare le persone a riunirsi per formare comunità spirituali. Tuttavia, questo era un aspetto fondamentale della sua missione mondiale! Egli disse che sarebbe diventato un modello di vita nel futuro. L'anno in cui costruii il primo edificio ad Ananda e cominciai a tenervi dei ritiri, Laurie Pratt (Tara, come era conosciuta a quell'epoca) ebbe un forte colpo apoplettico, che la portò due anni dopo a una morte prematura. Non mi sembra irragionevole imputare quel colpo apoplettico alla sua indignazione per la mia "presunzione" nel l'osare credere alla possibilità di creare una comunità sfidando il suo proclama contro di essa.

Ora, tuttavia, dopo oltre quarant'anni di esistenza di Ananda, posso tranquillamente affermare che il sogno del Maestro ha dimostrato di essere una realtà molto pratica. La maggior parte dei residenti di Ananda non vorrebbe vivere in nessun altro luogo.

Il caso di Laurie Pratt potrebbe rivelarsi utile per molte persone. Di conseguenza, vorrei presentarlo così come io l'ho percepito. Devo aggiungere che, al tempo stesso, l'ho sempre considerata una grande anima.

Durante la meditazione di Natale del 1949, il nostro guru fece diverse predizioni per alcuni dei suoi discepoli più intimi. A Laurie Pratt disse: «Laurie, per il lavoro che hai fatto per l'*Autobiografia di uno yogi*, la tua ricompensa è la realizzazione divina».

Riflettei spesso su quella predizione, poiché Laurie certamente dimostrò di essere, ai miei occhi, fortemente egocentrica e supponente. Era la mia nemesi, perché infatti fu soprattutto lei ad architettare la mia estromissione dalla SRF. Sapevo con certezza che molto di ciò che affermò su di me nella sua condanna non corrispondeva ai fatti, ma quando le dissi: «Le cose che hai detto non sono affatto vere», lei rispose con tono sbrigativo, ma con molta energia, dicendo: «Non mi interessano le tue *opinioni*!».

Ho motivo di credere che Laurie abbia raggiunto uno stato spirituale molto elevato. Ci sono, tuttavia, due stadi di *samadhi*, o unione con Dio, come mi spiegò il mio guru. Il primo stadio è chiamato *sabikalpa samadhi*. Da questo stato è ancora possibile cadere spiritualmente, perché non si è superata del tutto la coscienza dell'ego.

L'esempio di Laurie mi fa pensare che avesse raggiunto quello stato: il primo stadio di realizzazione divina. Ora, però, mi rendo conto che questo stato può anche diventare l'ultima grande tentazione sul sentiero spirituale. Quando l'anima, infatti, ritorna alla coscienza dell'ego dal suo stato di unione con Dio, può portare con sé la consapevolezza dell'Infinito oppure usare quella vasta coscienza come una memoria per rafforzare il potere dell'ego. La tentazione suprema sarebbe allora il pensiero: «Io conosco ogni cosa! La mia conoscenza è perfino pari a quella del mio guru!».

Per questo motivo Yogananda disse una volta al suo discepolo principale, San Lynn: «Non dimenticare mai da dove proviene il tuo potere».

Con un dolce sorriso, San Lynn rispose: «Non lo dimenticherò, Maestro. Viene da voi».

Il fatto che Laurie dissentisse dal suo guru su quella che mi sembrava una grande quantità di questioni, mi fa pensare che fosse proprio questa la tentazione di cui era preda. In effetti, mi chiedevo spesso perché avesse rimosso, prima della pubblicazione, parecchi versi molto importanti della poesia del Maestro "*Samadhi*". Mi spiegò che la difficoltà aveva a che fare con le spese di impaginazione del libro, ma a me sembrava che l'omissione anche di un solo verso fosse una "soluzione" ingiustificata, vista l'importanza di quella poesia. I versi che tolse, inol-

IN ALTO: Yogananda con due dei suoi discepoli più avanzati, Rajarshi Janakananda e il dottor Lewis. IN BASSO: La proprietà di Twentynine Palms, in California.

tre, contenevano queste parole: «Dalla più lunga, più profonda, assetata meditazione, dono del guru, viene questo celestiale *samadhi*».

Il fatto che la coscienza cosmica stessa sostenesse il suo ego deve aver avuto anche un'influenza destabilizzante sulla sua mente. Ella rivelò quell'influenza dal modo in cui reagì in una particolare situazione. Quando Disneyland fu aperta per la prima volta, Tara dichiarò (in base alla sua interpretazione dell'astrologia) che non avrebbe mai avuto successo, perché era stata inaugurata con la luna calante. Anni dopo, quando Disneyland era ormai divenuta uno dei più grandi successi finanziari della storia, le dissi: «Ho saputo che hai detto a qualcuno che Disneyland era destinata al fallimento».

«Oh, *sì*! Che peccato! Dopo tutto il denaro che hanno investito in quel posto!». La sua sentenza sul fallimento di Disneyland contraddiceva i fatti ampiamente conosciuti. Non potrebbe essere stato il segno di un'incipiente follia?

Una volta, un comitato di quindici persone di cui io facevo parte raggiunse una particolare decisione. Per quel che ricordo, non riguardava nulla di molto importante. Tara, che parlava sempre con il punto esclamativo, si dichiarò perentoriamente in disaccordo.

Allora la monaca che le aveva riferito la nostra decisione le disse: «Eppure ci sono quindici di noi che sono d'accordo sulla questione».

«Mia cara» rispose Tara «questo significa semplicemente che vi sbagliate quindici volte!».

Il mio interesse, in questo contesto, non è per la storia di Laurie Pratt come individuo. Tuttavia, la sua storia merita sicuramente di essere raccontata come esempio di un pericolo molto concreto sul sentiero spirituale.

Anni dopo il mio allontanamento dalla SRF, Daya Mata mi disse: «Il Maestro aveva detto a Laurie di non praticare l'astrologia, ma lei non gli ha ubbidito. È per questo che è caduta». Si presuppone, quindi, che la sua caduta spirituale fosse ampiamente conosciuta. Anche l'astrologia può allontanare coloro che la praticano dalla realtà oggettiva, per lo meno se si permette ai simboli di sostituire la realtà.

Yogananda una volta mi disse: «Ricorda, non sarai al sicuro finché non avrai raggiunto il *nirbikalpa samadhi*». Mi raccontò anche di certi santi che erano caduti dopo aver conseguito il più basso livello di *samadhi*.

L'altro lato, positivo, del *sabikalpa samadhi* è che di solito le persone che meditano non tornano da quello stato con la tentazione di rafforzare il proprio ego, ma con l'ardente desiderio di respingere completamente la coscienza dell'ego dopo aver sperimentato la beatitudine assoluta nella coscienza cosmica. Per coloro che hanno raggiunto questo elevato livello di sviluppo dell'anima non esiste più la tentazione di ritornare nell'ego. L'unica cosa che può "tentarli" è il loro ricordo del paradiso al quale non hanno ancora conquistato il diritto di accedere definitivamente.

Per tornare agli altri discepoli di quei primi anni, alcuni di loro sembravano non aver mai completamente compreso la divina grandezza del Maestro. Per loro, egli possedeva una dimensione più umana di quella che rivelava a me e agli altri che giunsero più tardi nella sua vita. Il dottor Lewis, per esempio, mi raccontò che a volte, da giovani, lui e il Maestro avevano fatto la lotta. Chiesi al Dottore: «Il Maestro l'ha battuta?». «Beh» rispose lui, con una lieve aria di superiorità ma con estrema serietà «l'ho lasciato vincere». Io sorrisi, ma non dissi nulla. Un essere che, come Krishna, avrebbe potuto sollevare un'intera montagna con il suo dito mignolo non avrebbe certamente trovato alcuna difficoltà a vincere una gara di lotta, se gli fosse importato!

È meglio, nella presenza di un vero uomo di Dio, presupporre la sua suprema grandezza, piuttosto che la sua fallibilità.

CAPITOLO VENTIDUESIMO

# I miracoli

Una barca carica di pescatori tornò a riva un pomeriggio a Encinitas. Yogananda stava camminando sulla spiaggia e li vide. Non li conosceva.

«Siete tornati presto, vero?» chiese loro.

«Sì» gli risposero. «Niente pesci».

«Perché non uscite ancora una volta?».

Qualcosa nel modo in cui il Maestro aveva pronunciato quelle parole li indusse a fare un ulteriore tentativo. Tornarono con la barca carica di pesci.

Così crebbero le leggende attorno a quello strano swami, che si era stabilito di recente in mezzo a loro.

I miracoli facevano parte del servizio di Yogananda agli altri. Egli ne parlava di rado, ma erano cosa comune tra coloro che vivevano accanto a lui. Raramente il Maestro vi faceva anche solo cenno.

Un giorno un discepolo, Debi Mukerjee, si trovava in macchina con lui. All'improvviso il Maestro disse: «Fermati qui un attimo!». La macchina si fermò accanto al marciapiede e Yogananda scese e ritornò indietro a piedi fino a un negozio di articoli vari, non molto lontano. Una volta entrato, girò per il negozio scegliendo alcuni oggetti apparentemente inutili, poi li portò alla cassa. Quando la proprietaria, che era una perfetta estranea, fece il conto, sembrò molto emozionata. Il Maestro pagò, e la donna scoppiò in lacrime.

«Avevo disperatamente bisogno proprio di questa somma, oggi. L'orario di chiusura si stava avvicinando e avevo quasi perso la speranza di guadagnare il denaro che mi serviva. *Grazie*, signore! Stavo pregando profondamente Dio. È chiaro che voi siete la Sua risposta alle mie preghiere».

Il Maestro tornò alla macchina, salì e partì. Non disse nulla riguardo a ciò che era successo. «Per quanto io ne sappia» ci disse Debi in seguito «non usò mai nessuno degli oggetti che comprò in quel negozio».

Ci fu un altro miracolo, molto divertente, che accadde a Twentynine Palms. Ce ne parlò il Maestro stesso, ridacchiando mentre raccontava la storia, anche se era qualcosa che era successo *a* lui, piuttosto che fatto *da* lui.

Jerry Torgerson, del quale ho già parlato in precedenza (il discepolo che disse: «Mi dispiace di essere così ostinato, signore»), aveva deciso di assicurarsi che il tetto non avesse *mai* delle infiltrazioni. La sua soluzione fu di rivestirlo di cemento! Aveva appena inchiodato la tela cerata fissandola al tetto con diversi chiodi, quando un raro temporale scoppiò sopra Twentynine Palms portando con sé una pioggia battente. Nella casa, secchi, pentole, ciotole, tazze e ogni altro possibile contenitore furono messi affannosamente dappertutto, per raccogliere l'acqua che colava in ogni stanza. Ciò nonostante, non c'era nulla al sicuro.

«L'acqua cadeva ovunque» ci raccontò in seguito il Maestro ridendo «tranne nel mio salotto dove sono solito dettare i miei libri e nella mia camera da letto. Quando il temporale passò, la Madre Divina mi fece un piccolo scherzo: una goccia cadde in un secchio che era pronto ad attenderla nel salotto e un'altra goccia cadde nella mia camera da letto, dove ero sdraiato sul letto a torso nudo. Quella goccia mi cadde sulla pancia!».

Di solito, il Maestro attribuiva qualunque suo miracolo alla Madre Divina. Durante la sua visita in India nel 1935-36, insieme ad alcuni amici egli si recò su un battello a vapore a "Ganga Sagar", dove il Gange sfocia nel mare. Lì, tra l'orrore di tutti i presenti, il battello cominciò ad affondare. I passeggeri erano in preda al panico. All'improvviso, la barca cominciò a risalire e tutti furono salvi. I passeggeri, nel vedere quello swami nella veste arancione a bordo del battello, gli espressero la loro fervida gratitudine.

«Siete stati tutti voi» rispose Yogananda «con le vostre preghiere alla Madre Divina».

Allora il capitano gli si avvicinò.

«Signore» disse «potete aiutarmi? Il mio dovere come capitano di questa nave è di impartire ordini ad alta voce quando ce n'è bisogno, ma, come potete vedere, ho una costrizione nella gola che mi rende impossibile farlo».

«Bene, vediamo cosa farà la Madre Divina» rispose lo swami.

Più tardi, gli amici che accompagnavano il Maestro sentirono il capitano urlare a gran voce le sue istruzioni ai marinai.

Encinitas fu la scena di un altro grande miracolo. Un giorno un agente immobiliare che viveva in quella città si rivolse al Maestro chiedendogli aiuto.

«Mia moglie è molto malata» disse «e i medici cominciano a disperare di salvarle la vita. Potreste venire a farle visita e pregare per lei?».

«Pregherò per lei» rispose il Maestro «ma per ora Dio non mi dice di farle visita».

Diversi giorni più tardi, un segretario venne dal Guru e gli disse: «Ho appena ricevuto una telefonata. La moglie dell'agente immobiliare è morta qualche minuto fa e lui ha il cuore spezzato».

Solo a questo punto Yogananda si sentì interiormente guidato a recarsi da lei. Trovò la casa piena di parenti e amici affranti. Quando chiese che gli fosse mostrata la camera da letto, gli fecero largo. Egli chiese di poter rimanere da solo. Toccò la donna sulla fronte e sopra il cuore. Dopo qualche tempo, ella aprì gli occhi, poi gli sorrise. Era completamente guarita.

Una sera, il Maestro e Durga erano appena tornati a Mount Washington quando si levò un vento incredibilmente forte. In seguito egli disse: «Era una conseguenza karmica della seconda guerra mondiale». Disse a Durga di togliersi una scarpa e di batterla sul pavimento della veranda recitando un *mantra* (che le insegnò). Nel giro di pochi secondi, la tempesta si placò completamente. Quello strano vento era così insolito che il *Los Angeles Times* ne parlò il giorno successivo. «Per qualche motivo» diceva l'articolo «la tempesta, che tanto rapidamente era scoppiata, si calmò inspiegabilmente in modo altrettanto repentino».

A Encinitas, un giorno, il Maestro stava intrattenendo una decina di ospiti nel suo salotto quando decise di servire loro del succo di carota, appena prodotto nell'impianto della SRF. Chiamò allora Michael Krull (che in seguito prese il nome di Fratello Bhaktananda) e gli chiese di portare una grande caraffa di succo. Michael tornò dicendo: «Mi dispiace, signore, non ce n'è più».

«Non ne è rimasto nemmeno un po'?» si informò il Guru.

«Beh, forse abbastanza per riempire un terzo di una tazza».

«Porta quello» gli disse il Maestro con aria indifferente.

Michael portò quella piccola quantità e la versò in una caraffa. «Forse» pensò «ce n'è abbastanza perché tutti possano assaggiarne una goccia!».

Girò tra gli ospiti con la caraffa. In qualche modo, dopo aver servito ogni persona, gli sembrava che la caraffa fosse sempre più piena. Alla fine ci fu abbastanza succo per riempire un bicchiere a testa. Nessuno degli ospiti si rese conto di ciò che era successo; solo Michael era consapevole che si trattava di un miracolo.

Il Maestro mi disse che i miracoli veramente grandi sono riservati ai discepoli realmente avanzati. Ci disse una volta che Oliver Black, di Detroit, era il suo secondo discepolo più progredito, dopo San Lynn. Mr Black mi raccontò personalmente la storia seguente.

«Stavo facendo visita al Maestro a Encinitas» disse. «Pioveva a dirotto e io mi trovavo nella mia stanza, felice di essere all'asciutto. Proprio allora, un giovane monaco bussò alla porta e mi disse che il Maestro voleva che andassi a fare un giro in macchina insieme a lui. Guardai dubbioso fuori della finestra; la pioggia sembrava cadere ancora più forte di prima.

«"Beh" dissi a me stesso "se lui lo desidera. Mi chiedo però se riusciremo a malapena a vedere fuori dal finestrino".

«Mi misi addosso un impermeabile e mi avviai alla porta d'ingresso, che distava, come sai, solo qualche metro. Uscii all'aperto, poi mi fermai sbalordito. La pioggia era cessata, il cielo era azzurro. Non c'erano neppure tracce di umidità da nessuna parte. L'automobile e il terreno circostante erano asciutti. Guardai il Maestro con meraviglia.

«"Per te, Oliver!" disse lui con un calmo sorriso».

Ciò che mi stupisce, in questo miracolo, è che il Maestro dovette cambiare in qualche modo il sogno stesso della realtà per quel giorno. Altrimenti, come avrebbero potuto scomparire le tracce di pioggia?

Un altro miracolo, molto meno sbalorditivo ma comunque notevole, accadde mentre Norman e io stavamo intonacando la parete laterale di un garage. La struttura si trovava vicino al cancello d'ingresso. La malta che stavamo usando, evidentemente, era vecchia, perché continuava a indurirsi e io dovevo seguitare ad ammorbidirla aggiungendo dell'acqua.

A un certo punto, quando avevo appena mescolato un nuovo carico di malta e l'avevo versata sulla tavoletta, l'auto del Maestro si avvicinò per uscire dal cancello. Si fermò, e sentimmo il Maestro che ci chiamava. Andammo a parlargli.

Ci tenne lì circa mezz'ora, parlando di una varietà di argomenti. Ovviamente eravamo felici di essere con lui, ma nel retro della nostra mente c'era il pensiero: «Dovremo usare una mazza per rompere quella malta, quando riprenderemo il lavoro!».

Alla fine, dopo mezz'ora, il Maestro si accommiatò. Tornando al lavoro, scoprimmo con stupore che la malta era morbida come se l'avessimo appena versata. Non ci diede più problemi per tutto il resto della giornata.

Nei pressi di Boston, durante i primi anni che il Maestro trascorse in America, il dottor Lewis e alcune altre persone si trovavano in macchina, diretti a un raduno spirituale. Nevicava intensamente e il dottor Lewis guidava con molta prudenza. Quando giunsero a un ponte molto stretto, tuttavia, un'auto che viaggiava in direzione opposta sbandò all'improvviso e si fermò di traverso sulla strada. Uno scontro sembrava inevitabile. Proprio in quel momento, come se una mano gigantesca si fosse posata sul cofano dell'automobile del dottor Lewis, una forza sconosciuta fece fermare completamente il veicolo, ad appena qualche centimetro dall'altra macchina.

La stessa cosa accadde almeno in un'altra occasione. Norman stava guidando un grande autocarro lungo la ripida discesa che si trova sotto Mount Washington.

«Alla fine della discesa, come sapete» ci raccontò in seguito Norman «c'è una curva a gomito, sotto la quale c'è una ripida scarpata. Se fossi finito giù di lì, sarei sicuramente morto. Tuttavia, quando cercai di frenare per affrontare la curva, i freni cedettero! Premetti più volte freneticamente sui pedali: non volevano proprio funzionare! Allora alzai brevemente lo sguardo e pregai il Maestro: "È questo ciò che vuoi?". All'improvviso, fu come se una grande mano si fosse posata sul cofano dell'autocarro. Riuscii a fermare il veicolo e a tenerlo fermo girando le ruote di lato. Tutto quel che posso dire è che immagino che il Maestro mi voglia ancora qui!».

Jerry Torgerson – il discepolo “ostinato” – un giorno fece l’autostop per andare in città. «Sapevo che il Maestro non voleva che facessimo l’autostop» disse «e non l’ho mai più fatto da quel giorno, ma all’epoca mi sembrava un modo facile per andare dove volevo.

«Una macchina si fermò accanto a me. C’erano già tre uomini a bordo. Sembravano tutti poco raccomandabili, ma io pensai: “Cosa mai potrebbero farmi?”. Così salii. Allora scoprii che non avevano nessuna intenzione di portarmi dove volevo. Invece, mi condussero in aperta campagna. Non c’era nulla che potessi fare; sedevo lì inerme, pregando il Maestro.

«Finalmente arrivammo a una fattoria. Due di loro scesero; il terzo rimase in macchina per assicurarsi che io non scendessi.

«I due uomini bussarono alla porta, aspettarono, poi bussarono di nuovo. Non giunse alcuna risposta. Apparentemente turbati, andarono a bussare a tutte le finestre. Di nuovo, nessuna risposta.

«Alla fine, molto innervositi, tornarono alla macchina, mi riportarono sull’autostrada, mi spinsero fuori e se ne andarono a gran velocità.

«La domenica seguente mi misi in fila per raccontare al Maestro quello che era successo. Quando arrivai davanti a lui, le prime parole che mi disse furono: “Jerry, *ti avevo detto* di non fare l’autostop! Quegli uomini volevano coinvolgerti in un crimine. Ho dovuto tappare le orecchie a tutte le persone che si trovavano in quella casa, così che non sentissero bussare i loro complici”».

Un altro incidente con l’autostop era accaduto a James Coller. Stava guidando con un altro monaco accanto a lui, quando si fermò per far salire un autostoppista. Proseguirono ancora per un po’, quindi James udì una voce nel proprio orecchio, che diceva: «Attento! Ha un coltello!».

«Mi voltai» ci raccontò in seguito «e vidi che l’autostoppista aveva in mano un coltello e, con empia esaltazione, stava per accoltellare il mio amico, che mi sedeva accanto.

«"Metti giù quel coltello!" gridai. L'uomo si riscosse dal suo sinistro stato di trance. Fermai la macchina ed egli scese immediatamente, senza alcuna spiegazione».

Nel 1955 visitai la Svizzera. Una signora venne a farmi visita dalla Cecoslovacchia. Aveva conosciuto il capo del centro SRF di Praga, un certo Professor Novicky (si pronuncia Novitsky). La Cecoslovacchia a quell'epoca si trovava sotto il regime comunista e tutti avevano molta paura del governo.

Un giorno, un signore si era recato dal Professor Novicky e gli aveva chiesto di guidarlo nelle sue pratiche di yoga. Il professore si era trovato davanti a un dilemma: non conosceva quell'uomo, ma al tempo stesso non voleva rifiutare il suo aiuto a un ricercatore sincero. D'altro canto, se si fosse trattato di una spia, Novicky sarebbe finito in prigione. Il professore si era rivolto interiormente a Yogananda, chiedendogli di guidarlo.

«All'improvviso» mi raccontò quella signora «egli vide Yogananda in piedi dietro a quell'uomo. Il Maestro muoveva lentamente la testa da un lato all'altro. Allora Novicky si comportò di conseguenza e disse a quel signore che non sapeva di cosa stesse parlando.

«In seguito, venne a sapere che era davvero una spia».

Alcuni dei miracoli manifestati dal Maestro non erano compiuti direttamente da lui, ma accadevano a distanza ai discepoli che si erano posti sotto la sua guida e protezione.

Il Maestro decise di costruire un nuovo edificio sulla stessa proprietà dove sorgeva la chiesa di Hollywood, dopo che tali strutture erano divenute di nuovo legali. Doveva essere chiamato "India Center". Andy Anderson, il caposquadra incaricato della costruzione del progetto, mi raccontò un giorno con un risolino colmo di stupore: «Non so come fate voi yogi a non rimanere uccisi in questo lavoro! Nei cantieri edili bisogna stare estremamente attenti, ma voi vi comportate tutti come se foste nel salotto di casa vostra. Alcuni di voi se ne vanno in giro senza mai guardare in alto se qualcosa sta cadendo. Altri lasciano cadere un'asse di legno senza guardare se c'è sotto qualcuno. Ho visto con i miei occhi un'asse cadere mentre uno yogi si stava avvicinando. Quando l'asse è caduta, con un'angolazione che sicuramente l'avrebbe fatta finire sulla testa di quell'uomo ferendolo gravemente, si è sollevata e – Dio mi sia testimone! – è caduta nella direzione *opposta*!».

Un giorno Joe Carbone (che in seguito prese il nome di Fratello Bimalananda) si stava arrampicando su una scala molto ripida, poggiata contro la torre che sosteneva uno dei fiori di loto dorati che erano stati salvati dal tempio crollato a Encinitas. Henry Schaufelberger (Fratello Anandamoy) si trovava sei metri più sopra ed era intento a intonacare la torre. Joe Carbone aveva sulle spalle un secchio di malta, che stava portando a Henry. La scala, come ho detto, era ripida, e il secchio sulla spalla di Joseph era molto pesante. Mentre Joe si sporgeva per afferrare il piolo più alto, il peso sulla sua spalla tirò indietro la scala. Non c'era nulla da fare se non pregare. Secondo le regole della logica, egli avrebbe dovuto continuare la sua caduta schiantandosi contro il cemento sei metri sotto di lui. Con tutta probabilità, sarebbe stato un incidente fatale. Joe fece l'unica cosa che gli venne in mente in quel momento: pensando al Maestro, cantò «*AUM*» in un lungo respiro. Quando lo fece, la scala lentamente si raddrizzò ed egli poté finire di arrampicarsi. In seguito Henry disse: «Vidi tutta la scena. Non c'era speranza per lui!».

Una volta il dottor Lewis telefonò al suo guru, che era a Encinitas, chiedendo aiuto per un suo amico che si trovava in ospedale a Chicago ed era in punto di morte. Yogananda pregò. «All'improvviso» disse il Maestro «uscì da me quello che sembrò un fulmine. In quel preciso istante, un tuono risuonò nella stanza dell'uomo. Egli si alzò immediatamente a sedere, completamente guarito.

«Un'infermiera che si trovava nella stanza assistette incredula alla scena. "Non c'era speranza per lui" disse in seguito. "Eppure, all'improvviso, stava bene come te e me!”. Era una donna molto materialistica» concluse il Maestro. Era una storia che raccontava lui stesso per dimostrare che, per quanto una persona sia malata, c’è sempre la speranza che guarisca per grazia di Dio.

Alcuni suoi miracoli erano di preveggenza. Non ne ho parlato per non gremire eccessivamente queste pagine, ma questa storia è divertente e vorrei condividerla.

Durante i suoi primi anni in America, il Maestro aveva un giovane studente che gli chiese di ordinarlo monaco.

«No» rispose il Maestro. «Vedo una brava moglie nel tuo futuro».

«Non mi sposerò mai» disse il giovane.

Qualche giorno dopo, egli annunciò al Maestro: «Ho incontrato una bella ragazza. È...».

«No» rispose il Maestro. «Non è quella giusta per te».

«Che cosa volete dire?» protestò il giovane. «È perfetta per me! Siamo anime gemelle».

«Stai per andare incontro a una grande delusione» concluse il Maestro.

Qualche settimana dopo, il giovane tornò con una faccia triste.

«Avevate ragione!» annunciò. «Si è presa i miei soldi e mi ha lasciato per un altro. Voglio farmi monaco».

«Tua moglie deve ancora arrivare» insistette il Maestro.

«Mai! Voglio diventare monaco».

«Aspettiamo e poi si vedrà» rispose Yogananda con un sorriso.

Di nuovo, qualche settimana dopo, il giovane arrivò ridacchiando. «Non ci crederete, signore. Una donna molto brutta, grande e grossa, ha cominciato a seguirmi dappertutto. Lei...».

«Oh, oh!» esclamò il Maestro. «Mi sa che è quella giusta».

«Oh *no*, Maestro! No! *Per favore*, ditemi che vi state sbagliando. Avevate ragione la prima volta; spero che questa volta vi sbagliate».

«Mi sembra proprio quella giusta per te».

Ebbene, risultò che quella donna aveva il cuore di un angelo. Il giovane se ne innamorò profondamente, si sposarono ed ebbero un matrimonio molto felice.

Dopo la morte, il Maestro apparve a diverse persone nel suo corpo fisico. Apparve a Swami Atmananda, in India, e lo abbracciò con amore divino.

Anche a Daya Mata egli apparve una volta in forma fisica. Anche se non disse una parola, le portò la consolazione di cui ella aveva bisogno.

Norman Paulson lasciò l'ashram per sposarsi.

«Questa è la prima volta, da molte incarnazioni, in cui è caduto» disse il Maestro. «Ma è profondamente devoto. Andrà tutto bene».

Una notte, mentre Norman era sdraiato sul letto, la porta si era spalancata e il Maestro era apparso accanto al suo letto, con uno sguardo molto severo.

«Lascia perdere il sesso!» gli aveva ordinato. Purtroppo Norman, che gli disobbediva spesso, gli aveva disobbedito di nuovo.

L'influenza del Maestro continua fino a oggi. Verso la metà degli anni Ottanta, una donna venne al ritiro di Ananda, in California, per acquistare qualcosa nel nostro negozio. Vide una piccola fotografia plastificata di qualcuno che non conosceva. Era una foto di Yogananda, ma lei la comprò solo perché le piaceva quel viso. La mise sulla sua libreria, con l'immagine rivolta verso l'esterno. Qualche settimana dopo, tornò ad Ananda e disse: «Sono dovuta tornare per raccontare a qualcuno quello che mi è successo.

«La mia vita è stata dura. Il mio primo fidanzato è morto di una malattia incurabile. Il secondo è rimasto ucciso in un incidente d'auto. Ero così disperata che alla fine avevo deciso di uccidermi. Stavo avviandomi alla porta per salire in macchina e buttarmi con l'auto giù da un ponte, quando all'improvviso quella fotografia si è espansa e ha assunto dimensioni naturali. Si è messa di traverso nella porta e non voleva lasciarmi passare. A quel punto ho deciso di lasciar perdere il mio progetto di suicidio».

Ecco un'altra storia (che racconterò in modo più completo nel capitolo trentunesimo): tre settimane dopo la morte di Yogananda, il suo corpo fu trovato incorrotto. Lo stesso fenomeno ha accompagnato Yogananda nelle sue incarnazioni come Guglielmo il Grande in Inghilterra e Fernando El Santo in Spagna. Il suo corpo è *tuttora* in perfette condizioni? Il mondo non lo saprà mai, a meno che qualcuno non apra la sua bara.

Un giorno, le monache si recarono alla cripta dove è sepolto il Maestro per pregare. Louise Royston, l'anziana monaca di cui ho parlato in precedenza, all'improvviso sentì la sua presenza accanto a lei. Allora udì distintamente la sua voce che diceva: «Io non sono *là dentro*!».

Vorrei concludere il capitolo con una storia molto dolce che accadde in sua presenza, un miracolo che fu fatto *per* lui e non *da* lui.

Il Maestro si trovava nel suo salotto di Encinitas con Sorella Shraddha. Accanto a lui, in un vaso, c'era un'unica rosa.

Un monaco venne alla porta e Yogananda andò a parlare con lui. Sorella Shraddha guardò per caso la rosa e vide che era rivolta verso la porta. «Eppure» pensò «potrei giurare di averla vista rivolta verso la sua poltrona, un attimo fa!».

Il Maestro tornò alla poltrona. Shraddha guardò di nuovo la rosa, senza troppa attenzione. Non era rivolta verso la porta un attimo prima? Adesso era girata verso la poltrona! «La memoria mi tradisce?» si chiese.

Dopo un po', un altro monaco venne alla porta. Di nuovo il Maestro andò a parlare con lui. Questa volta, Shraddha guardò intenzionalmente la rosa: era indubbiamente rivolta verso la porta. Il Maestro tornò. Pochi istanti dopo, Shraddha vide la rosa nuovamente girata verso la poltrona.

«Signore» disse infine «avete un nuovo devoto!». Gli spiegò quello che aveva osservato.

Il Maestro guardò la rosa e sorrise amorevolmente.

# Miscellanea

Verso la fine di ottobre del 1949, Yogananda si diresse verso nord viaggiando in automobile, accompagnato dai Lewis, da Mrs Clarence Gasque (la presidentessa di un'altra organizzazione spirituale, chiamata "Mazdaznan") e da Norman come autista. La loro meta era la città di San Francisco, per l'inaugurazione ufficiale delle Nazioni Unite. Un altro motivo per cui il Maestro vi si recò era per incontrare il nuovo primo ministro indiano, Jawaharlal Nehru.

Ebbi l'impressione che non si fosse fatto un'alta opinione di Nehru. In effetti, ricordo che usò l'espressione *pomposo*! (Quando ebbi modo di conoscere Nehru di persona, anni dopo, in India, lui mi aiutò, ma mi fu chiaro cosa avesse voluto dire il Maestro.) Ci aveva anche raccontato: «Se ne andava in giro con il naso all'insù, troppo orgoglioso della sua carica per parlare cordialmente con qualcuno».

Nehru era dichiaratamente contrario alla religione. Per lui, la riforma sociale era l'unica cosa che avrebbe sollevato le sorti del mondo.

Chiesi al Maestro che cosa ne pensasse della probabilità che le Nazioni Unite assumessero un ruolo di potere nel mondo. Non sembrò molto ottimista. Secondo me – e credo che egli la pensasse allo stesso modo – includere ogni Paese che aveva voluto entrare a farne parte era stato un errore. Si sarebbero dovuti accogliere solo i Paesi che manifestavano il *desiderio di lavorare insieme* agli altri. Invece, fu dato potere di veto all'Unione Sovietica e questa se ne avvalse in seguito, ripetutamente, per bloccare qualunque sforzo costruttivo da parte degli altri Paesi per giungere alla pace. Sostanzialmente, l'organizzazione delle Nazioni Unite si era resa più o meno impotente fin dall'inizio.

Perché era stato accettato l'ingresso dell'Unione Sovietica? L'Unione Sovietica era dichiaratamente interessata solo a se stessa. Le Nazioni Unite avrebbero potuto diventare forti come gruppo coeso, dedicato alla pace nel mondo e alla cooperazione armoniosa, se avessero concesso l'ingresso solo alle nazioni che intendevano sostenere questi principi. Con il tempo, sarebbero diventate sufficientemente forti – specialmente se si fossero sostenute reciprocamente negli scambi commerciali – da poter consentire l'ingresso anche alle altre nazioni, una alla volta, in quel meccanismo ben funzionante.

L'Unione Sovietica e i gruppi antiamericani, che crebbero sempre più numerosi negli anni successivi, sarebbero divenuti progressivamente impotenti.

Citerò più o meno letteralmente dal mio libro *Il nuovo Sentiero** gli altri avvenimenti che ebbero luogo durante quel viaggio a San Francisco.

Il dottor Lewis tornò a Mount Washington raccontandoci del viaggio.

«Il Maestro» ci disse «mi chiese di unirmi a lui una mattina per praticare gli esercizi di ricarica sotto il portico dell'hotel di San Francisco». Il Dottore fece una risatina. «Quasi morii dall'imbarazzo! Tuttavia, che motivo può esserci, in fin dei conti, di sentirsi imbarazzati nel fare qualcosa di buono? Il mio imbarazzo non aveva motivazioni più degne del fatto che i nostri esercizi sono sconosciuti alla maggior parte della gente! Il Maestro decise di guarirmi da questo errore.

* Il libro *Il nuovo Sentiero* di Swami Kriyananda è in corso di pubblicazione a cura di Ananda Edizioni. *(N.d.C.)*

«Mentre stavamo facendo gli esercizi, giunse un poliziotto nel suo giro di ronda. Il Maestro, fingendo di avere la coscienza sporca, si nascose frettolosamente dietro una colonna e continuò a fare lì i suoi esercizi. Il poliziotto lo guardò con sospetto. Io pregai che un miracolo mi facesse smaterializzare all'istante! Il Maestro, tuttavia, continuò a fare gli esercizi come se niente fosse.

«Qualche minuto dopo, il poliziotto tornò. Di nuovo il Maestro si nascose dietro la colonna. Questa volta il poliziotto, ancor più insospettito, si avvicinò a noi.

«"Che cosa sta succedendo qui?" chiese. Probabilmente, sospettava che fossimo due furfanti che progettavano un crimine.

«"Oh, *niente*, signore!" lo rassicurò il Maestro con un'esagerata aria di innocenza. "Assolutamente niente. Stiamo solo facendo ginnastica. Vede?". Per dimostrare la sua sincerità, ripeté qualche movimento, poi sorrise come qualcuno che spera di farla franca.

«"Beh" brontolò il poliziotto "state attenti a non finire nei guai". Ergendosi in tutta la sua dignità, se ne andò. A questo punto ero talmente scosso dalle risate che avevo fino a quel momento trattenuto, che dimenticai completamente il mio imbarazzo».

Il Maestro e il suo piccolo gruppo di amici visitarono un ristorante cinese a San Francisco. Il pasto "vegetariano" che avevano richiesto era stato servito frammisto a dei pezzettini di pollo. Mrs Gasque si era precipitata in cucina incollerita e aveva accusato il personale di questo "oltraggio".

«Per il Maestro» ci raccontò il Dottore «uno scoppio di emozioni incontrollato era un "peccato" peggiore rispetto a quello relativamente minore di mangiare del pollo. "Non è abbastanza importante per agitarsi" disse al resto di noi. Spingendo da parte i pezzettini di carne, mangiò con calma il resto del pasto».

Quella notte, all'hotel, il Maestro e i Lewis dormirono in stanze attigue. «Il Maestro tenne aperta la porta di comunicazione fra le nostre stanze» disse il Dottore «nel caso in cui desiderasse qualcosa durante la notte. Sapevo che, in realtà, quella notte non voleva farci dormire. Lui stesso non dorme mai; non, per lo meno, nel modo in cui lo facciamo noi. È sempre nella supercoscienza e vuole liberare anche noi dall'eccessiva dipendenza dal subconscio, che egli chiama "il finto *samadhi*". Così, immagino che intravide un'occasione per trascorrere qualche ora insieme a noi in uno spirito di fratellanza spirituale. Non avevamo più molte opportunità di farlo, ora che l'opera aveva assunto dimensioni mondiali.

«Il problema era che mia moglie e io eravamo entrambi stanchi, soprattutto lei. Avevamo viaggiato tutto il giorno. "Noi andiamo a dormire" annunciò lei, con tono categorico. Questa, per lo meno, era la sua intenzione.

«Il Maestro, però, aveva altre idee.

«Mrs Lewis e io ci mettemmo a letto. Il Maestro si sdraiò sul suo letto, apparentemente remissivo. Stavo appena cominciando a rilassarmi e Mrs Lewis stava cominciando a scivolare pacificamente nel sonno, quando all'improvviso il Maestro, come se la cosa avesse una profonda rilevanza, fece questa dichiarazione:

«"Sub gum."

«Nient'altro. "Sub gum" era il nome di uno dei piatti cinesi che avevamo mangiato quel giorno. Io sorrisi tra me e me. Mia moglie, invece, brontolò con determinazione: "*Non* riuscirà a farmi alzare!". Trascorsero alcuni minuti. Stavamo di nuovo scivolando nel sonno quando all'improvviso, con tono di meraviglia, il Maestro esclamò:

«"Sub gum *duff*!* Il Maestro pronunciò le parole con attenzione, come un bambino che gioca con dei suoni insoliti.

«Disperatamente, Mrs Lewis sussurrò: "Stiamo dormendo!". Si girò contro il muro in cerca d'aiuto.

«Trascorsero altri minuti. Poi, molto lentamente:

* *Duff* significa "impasto". *(N.d.T.)*

«"*Super* sub gum duff!". Le parole, questa volta, erano pronunciate seriamente, come un bambino che fa un'importante scoperta.

«A questo punto stavo ridendo tra me e me. Tuttavia, anche se il sonno stava cominciando a sembrare un "sogno impossibile" per entrambi, Mrs Lewis rimaneva ancora ferventemente aggrappata alla sua decisione

«Passarono ancora alcuni minuti. Poi la grande scoperta:

«"*Super SUBMARINE* sub gum duff!".*

Era impossibile resistere oltre! Ridendo di gusto, ci alzammo dal letto. Per il resto della notte dimenticammo il sonno. Parlammo e ridemmo con il Maestro. Un po' alla volta, la conversazione si spostò su argomenti seri. Finimmo per parlare di questioni spirituali, poi meditammo. Con le sue benedizioni, quella notte non sentimmo più alcun bisogno di dormire.

«Vi stavo dicendo» il dottor Lewis proseguì con i suoi ricordi «che il Maestro non dorme mai. Ho trovato che questo è vero anche quando russa! Un giorno, molti anni fa, egli era sdraiato nella sua stanza, apparentemente addormentato, e russava in modo piuttosto rumoroso. Io entrai furtivamente nella stanza, in punta di piedi, e legai una cordicella al suo alluce, facendo del mio meglio per assicurarmi che non si accorgesse di nulla. Devo aggiungere che eravamo entrambi giovani, allora. Il Maestro stava ancora russando pacificamente quando io tornai pian piano alla porta. Stavo per legare la corda alla maniglia, quando lui smise di russare sufficientemente a lungo per dire: "Aha!"».

Potrebbe essere stato durante questo viaggio – anche se credo piuttosto che sia accaduto in un'altra occasione – che il Maestro fosse in macchina con i Lewis.

Il Dottore ci raccontò: «Il Maestro disse a Mrs Lewis che era stata la regina Elisabetta I d'Inghilterra. Certamente, in questa vita, lei

***Submarine* significa "sottomarino". La frase è priva di senso logico. *(N.d.T.)*

ha avuto un atteggiamento un po' imperioso. Eravamo in macchina insieme, quando il Maestro aprì il finestrino accanto a lui per lasciar entrare un po' d'aria fresca.

«Senza dire una parola, Mrs Lewis si sporse e lo richiuse.

«Il Maestro lo abbassò. Mrs Lewis lo tirò su. Questo accadde diverse volte. Il Maestro non voleva cedere. Se lo avesse fatto, avrebbe minato lo spirito di discepolato della donna. Alla fine lei si arrese. Da allora in poi, fu sempre più remissiva con lui».

Ho già scritto che l'ego, imprigionato da sentimenti che lo riconducono sempre a se stesso, è l'ostacolo supremo sul sentiero spirituale. Per questo è importante che il devoto sottometta il proprio volere alla volontà guidata dalla saggezza di un guru illuminato. Nella storia che ho appena raccontato non c'era, ovviamente, la guida della saggezza, ma quel genere di ostinata resistenza alla volontà del guru che alla fine, come ho visto spesso, può allontanare dalla "retta via" perfino i discepoli più sinceri, facendoli ritornare a una vita mondana.

Un giovane venne a Mount Washington per diventare monaco. Il Maestro, poiché mi aveva messo a capo dei monaci, mi disse: «Digli che potrà trovare la salvezza in questa vita». Ovviamente, lo feci.

Purtroppo, quel giovane non riusciva a capire perché gli venissero assegnati dei compiti che erano molto al di sotto delle sue capacità intellettuali. Se ne andò per mancanza di umiltà. Egli aveva perfettamente ragione nel pensare che il lavoro che gli veniva assegnato non fosse alla sua altezza, ma si sbagliava credendo che quelle capacità fossero importanti agli occhi di Dio. Il vero devoto comprende istintivamente che l'unica cosa che conta davvero è la profondità del proprio amore per Dio. È per questo, in parte, che Gesù disse che soltanto chi ha lo spirito di un bambino può trovare Dio (il Maestro confermò le sue parole). Essere simili a un bambino, come ho già detto, non significa essere infantili. Significa non avere un'esagerata opinione di se stessi, basata sui propri successi passati.

La soluzione migliore che conosco è dire risolutamente a se stessi: «Sei Tu, mio Amato, Colui che compie ogni cosa. Io posso solo agire come Tuo strumento e non merito alcun riconoscimento per ciò che faccio».

Perfino la devozione può condurre all'egocentrismo, quando pensiamo: «Che grande devoto sono! Ce ne sono pochi che amano Dio quanto me!».

Un giorno il mio guru mi disse: «Tutti quelli che sono con me sono stati santi nelle vite precedenti, per lo meno la maggior parte di loro».

Sperai che dicendo «con me» non intendesse «sempre vicini a me», perché trascorrevano giornate intere senza che io lo vedessi. Così gli chiesi: «Come mai alcuni non sembrano proprio santi?».

«Beh» rispose «alcuni di loro sono santi caduti».

«Stavo pensando a me stesso, signore» gli dissi.

Egli rispose: «È meglio non avere né un complesso di superiorità né uno di inferiorità». Ovviamente, compresi ben presto che si riferiva ai discepoli che erano in sintonia con lui. Compresi anche che con "complesso" egli aveva voluto riferirsi a qualunque cosa tenga intrappolato l'ego.

L'atteggiamento è tutto. Era su questo punto che Mrs Lewis aveva avuto bisogno di essere corretta. Quando una persona vede quotidianamente il proprio guru e gli è fisicamente vicina, è probabile che sviluppi l'atteggiamento di sentirsi speciale. Da qui, diventa facile vedere il guru principalmente come un essere umano. Se egli è un vero guru, tuttavia, è molto più che umano: la sua umanità è solo il guscio esteriore, che nasconde una vasta coscienza impersonale che si estende fino ad abbracciare l'Infinito.

Nel capitolo undicesimo della *Bhagavad Gita*, Krishna concede ad Arjuna una visione della Sua natura cosmica. Arjuna ne è sopraffatto. Alla fine, egli supplica Krishna dicendo: «Signore, Ti prego, lascia che io Ti veda nuovamente nella Tua forma umana. La Tua vera natura infinita è più di quanto io possa comprendere!» (questa, ovviamente, è una parafrasi). La vicinanza al guru rende facile per il discepolo pensare che anche il maestro sia fallibile.

Così, Mrs Lewis pensava di poter insistere per averla vinta riguardo a quel finestrino. Il dottor Lewis poteva dire: «L'ho lasciato vincere». Tara Mata poteva ridere di quello che considerava il desiderio poco pratico del Maestro di creare delle comunità. E quando, nel 1958, io chiesi a Daya Mata, la nostra presidentessa, quando avremmo cominciato a fondare le comunità che facevano parte della visione del Maestro, ella mi rispose: «Francamente, non mi interessa».

Tara (Laurie Pratt) era il principale revisore editoriale del Maestro, ed era molto brava. La sua abilità nell'uso delle parole, tuttavia, una volta le fece dire: «Posso fare in modo che una persona pensi esattamente ciò che voglio, solo manipolando attentamente le parole». Nessuna persona dotata di integrità, sicuramente, potrebbe lasciarsi imbrogliare in questo modo. Questo atteggiamento, unito al fatto che il Maestro le aveva chiesto di occuparsi della revisione editoriale delle sue parole, la faceva parlare senza alcun riguardo del modo in cui egli le utilizzava. «Anche quando era Guglielmo» mi disse «non padroneggiò mai la lingua inglese». Certo che no! L'inglese non esisteva neppure come lingua ai tempi di Guglielmo: fu proprio Guglielmo a contribuire a crearlo! Il Maestro, tuttavia, ci disse una volta di essere stato un poeta in una vita precedente. Presumibilmente, era stato anche un *buon* poeta, forse perfino un poeta famoso.

Questa tendenza a umanizzare il guru è una tipica debolezza umana. Tuttavia, non è facile ricordarsi sempre che il proprio guru non è realmente quella personalità nel suo piccolo corpo, ma è infinito.

Un giorno, stavo lottando con questi pensieri. Il Maestro si trovava a un paio di metri da me. In sua presenza, mi dissi: «Lui non è realmente lì: è ovunque!». In quel momento egli venne verso di me e, con un lieve sorriso, mi diede una mela! Ovviamente, voleva che mi relazionassi con lui a entrambi i livelli. Non era una questione che si poteva risolvere con una filosofia che escludeva una cosa a favore dell'altra.

Una volta ci disse: «Il sentiero spirituale è come correre in una gara facendo delle acrobazie lungo il percorso». Bisogna destreggiarsi continuamente con diversi livelli di realtà, mantenendo coscienziosamente, nel frattempo, il proprio equilibrio e il proprio centro!

L'atteggiamento più sicuro è portare avanti incessantemente una conversazione interiore con il guru, come Dio. Ad esempio, si può servirgli un pasto, ma nel proprio cuore bisogna mantenere una certa distanza di completo rispetto.

Questo, in fin dei conti – come si giunge poi a scoprire – è l'atteggiamento che si dovrebbe tenere nei confronti di ogni essere umano sulla Terra. È Dio, Dio ovunque! Una persona può essere sciocca, preda dell'illusione e per molti aspetti molto inferiore a noi, ma fa comunque parte del sogno di Dio. Come disse il mistico e poeta William Blake, bisogna imparare a vedere «un mondo in un granello di sabbia ... e l'Eternità in un'ora». Tuttavia, dobbiamo anche imparare a gestire in modo pratico e concreto quell'ora, cioè il passare del tempo, e quel granello di sabbia, che è un simbolo dell'intera Terra di cui facciamo parte.

Yogananda aveva detto al suo guru: «Voi siete l'orefice, che lavora l'oro puro. Io sono il gioielliere, che deve preparare delle leghe per creare dei bei gioielli». Sri Yukteswar aveva letteralmente fatto scappare gli studenti con la sua severità; Yogananda li incoraggiava con l'amore a emergere dall'oscurità del loro egoismo e a innalzarsi nei cieli liberi dello Spirito. Era *l'amore* quella lega? No di certo!

Perché i gioielli hanno bisogno di leghe? La risposta è che l'oro è un metallo tenero. Per modellarlo con maestria in forme che durino nel tempo, sono necessarie delle leghe. Queste non vengono introdotte per ridurre il valore dell'oro, come si fa quando si riduce il valore di una valuta forte con il piombo o il rame. La "lega" introdotta da Yogananda consisteva in aspettative gioiose e positive: la speranza, in altre parole, nonché la fede nella possibilità di raggiungere l'appagamento in modo nuovo, seppure con un impegno che, in realtà, poteva richiedere molto più tempo e molta più fatica di quanto ci si aspettasse. Si spera, tuttavia, che quando la persona che ha avuto la tentazione di iniziare il sentiero spirituale giunge a comprendere quanto esso sia arduo, si sia anche resa conto che non esiste un'alternativa alla ricerca spirituale.

In America, Yogananda si rese conto che era necessario "invogliare" le persone alla ricerca spirituale. Doveva competere con gli "sfavillanti" pubblicitari, che promettevano il supremo appagamento con ogni saponetta! Come disse il Maestro riferendosi alla pubblicità: «Se Wrigley's può fare pubblicità per convincere le persone ad acquistare le sue gomme da masticare, perché io non dovrei fare pubblicità per far masticare alla gente delle buone idee?». Tale, nel bene e nel male, è la coscienza umana. E tale, in particolare, è la coscienza americana.

Innanzitutto, poiché il tipico americano non è molto famoso per la sua pazienza, Yogananda per raggiungerlo affermò che i suoi insegnamenti avevano un'efficacia "garantita". E aveva perfettamente ragione: la pratica della meditazione e dello yoga aumenta la felicità e la pace interiore nel giro di pochi giorni. Ad esempio, ho osservato molti visitatori del nostro ritiro ad Ananda e li ho visti trarre benefici sorprendenti nell'arco di un solo fine settimana: volti pieni di rughe che si distendono; espressioni preoccupate che diventano sorrisi di pace, felicità e accettazione.

Su che cosa, dunque, stava sottilizzando Sri Yukteswar? Lo scopo più alto del sentiero spirituale è infinitamente superiore alla semplice felicità o pace mentale. La missione di Yogananda, tuttavia, era rivolta a un'intera cultura. In India, le persone sono consapevoli che per trovare Dio è necessaria una grande dedizione personale. In America, dove la maggior parte della gente si era sempre limitata a sperare di andare in paradiso dopo la morte e di continuare a vivere in quella limitazione per l'eternità, era necessario risvegliare la comprensione che il vero destino dell'anima è l'unione definitiva e completa con Dio. Bisognava ispirare le persone a compiere seriamente i primi passi verso quell'unione, attraverso la pratica della meditazione yogica.

Una volta, a Minneapolis, il Maestro tenne una conferenza di fronte a cinquemila persone. Il dottor Lewis (che era presente), nel vedere così tanta gente tra il pubblico gli disse: «Signore, è meraviglioso!».

«Saremo fortunati se avremo cinque studenti tra tutta questa folla» fu la calma risposta del Maestro.

«Quello» ci disse il dottor Lewis molti anni dopo «fu esattamente il numero di persone che si iscrissero alle sue lezioni».

Gli americani sono affezionati al pensiero del successo immediato. Yogananda, quindi, fece loro credere che chiunque, con un po' di impegno sincero, avrebbe potuto raggiungere quello che aveva ottenuto lui. Una volta, una donna che faceva parte della mia congregazione di Hollywood mi disse tra le lacrime: «Pratico questi insegnamenti da sei mesi e non ho *ANCORA* fatto l'esperienza del *samadhi*!!!». Yogananda si esprimeva favorevolmente nei confronti del tipico atteggiamento americano, che egli riassumeva con queste parole: «Un giorno? Un giorno? Perché non ADESSO?». Naturalmente, ciò che aveva detto era vero: il sentiero spirituale *è* facile, in confronto a qualunque altra possibile alternativa. Nessun'altra strada, infatti, funziona, se non momentaneamente! Il suo scopo, quindi, era di convincere le persone semplicemente a incamminarsi sul sentiero spirituale. Come egli era solito dire, ogni passo sul sentiero porta con sé un gioioso appagamento sempre maggiore. Persino le prove, che tutti devono affrontare, conducono con il tempo a una beatitudine sempre crescente. Dopo quanto tempo? Nell'eternità, il tempo non esiste neppure!

Gli americani vogliono essere indipendenti. Per questo Yogananda metteva in risalto soprattutto ciò che loro stessi potevano fare per raggiungere la salvezza. Con i discepoli che vivevano con lui, tuttavia, egli insisteva principalmente sull'importanza della sintonia con il guru.

Agli americani piace l'energia. Yogananda sottolineava l'importanza di avere un atteggiamento energico e positivo in ogni circostanza. Il tipico atteggiamento indù, consigliato da molti santi dei nostri giorni in India, è il rifiuto del mondo. Il Maestro, invece, consigliava di accettare il mondo *con il giusto spirito*; ciò conduce anche a rifiutarlo con il giusto spirito, il che non è un fenomeno negativo, ma significa soltanto lasciare un bene minore per uno maggiore. In ogni caso, egli sottolineava come il "bene" minore non sia altro che una bolla e una cosa inutile da inseguire. Si dovrebbe goderne come si farebbe con una bolla: fugacemente, con un breve sorriso, ma senza attaccamento.

Gli americani non amano le intricate spiegazioni filosofiche. Preferiscono che ogni cosa sia semplice e pratica. Questa, in effetti, è una virtù, poiché la verità stessa *è* semplice. Yogananda fece del suo meglio per rendere cristalline le antiche astrazioni. Non amava gli enigmi filosofici.

A Boston, durante i primi anni che il Maestro trascorse in America, gli studenti che frequentavano una delle sue lezioni si lamentarono che stava insegnando delle cose troppo semplici. Fra tutte le città americane, Boston è probabilmente quella più assuefatta all'intellettualismo. Yogananda, allora, cambiò il tono della lezione, trasformandola in una profonda dissertazione sulla filosofia indù. «Nel giro di quindici minuti» raccontò in seguito con un sorriso «si erano tutti addormentati!».

Agli americani piace ridere. Yogananda sottolineava l'importanza di un atteggiamento gioioso nei confronti della vita e non si concentrava, specialmente nei suoi primi anni in America, sulle difficoltà assai concrete che ogni devoto deve affrontare sul sentiero spirituale, nel processo di trasformazione della propria oscurità in luce.

Gli americani non amano le teorie. Desiderano semplicemente che le cose funzionino. Yogananda sottolineava l'aspetto pratico della religione, dimostrando come fosse possibile, attraverso le tecniche dello yoga, ottenere risultati certi e dimostrabili.

La verità, come ogni altra cosa in questo mondo, è relativa. Per esempio, per rendere chiaro un pensiero sono necessari dei paragoni, ma i paragoni non possono mai essere esatti. Affermare che la conoscenza senza la saggezza è come un asino carico d'oro, del cui valore l'animale non ha alcuna consapevolezza, è un modo per chiarire il concetto, ma non è qualcosa di esatto. La saggezza non è oro e l'uomo non è un asino. Sicuramente, un po' di conoscenza è per lo meno preferibile all'ignoranza.

Quando Gesù Cristo disse: «Cercate prima il regno di Dio e la Sua giustizia, e tutte queste cose vi saranno date in aggiunta», non specificò *quanto presto* quelle cose sarebbero state «date in aggiunta»! La ricerca di Dio è un compito che dura tutta la vita, anzi, che richiede molte vite! Tuttavia, chi cerca Dio sinceramente scopre molto presto che, in quella ricerca, trova tutto ciò che ha sempre veramente desiderato.

La protezione divina si estende su coloro che vivono soprattutto per Dio. Quando le bombe atomiche caddero su Hiroshima e Nagasaki nel 1945, portando così a conclusione la seconda guerra mondiale nel Pacifico, c'erano due gruppi religiosi, uno di gesuiti e uno di francescani, che si trovavano a pochi isolati di distanza dall'epicentro e che si salvarono miracolosamente. Yogananda rassicurava le persone affermando che coloro che amano Dio saranno protetti durante le grandi sofferenze che egli predisse per il mondo negli anni a venire. Si trattava di una vera promessa, non di una promessa relativa. Sta a noi, tuttavia, con l'intensità della nostra ricerca di Dio, determinare in che misura potremo trarre benefici da quella verità.

Il Maestro aveva dedicato la prima parte della sua missione a compiere principalmente un bene "quantitativo", attraverso conferenze e attività pubbliche di vario genere. Nell'ultima parte della sua vita ci fu il passaggio a un bene più "qualitativo". Cominciarono ad arrivare discepoli sinceri ed egli poté dedicarsi sempre più alla loro formazione.

Io stesso arrivai nel 1948, all'età di ventidue anni. Stranamente, quando il Maestro mi mise a capo dei monaci, un anno dopo, e poi confermò con maggiore chiarezza quella responsabilità nel 1950 (facendomi comprendere che dovevo prendere sul serio quel compito), era la prima volta in cui i monaci venivano organizzati. Inizialmente mi era sembrato presuntuoso, specialmente alla mia giovane età, intromettermi nella questione. Tuttavia, nella prima parte del 1950 ci fu un tale esodo di monaci («Satana sta mettendo alla prova l'organizzazione» mi disse il Guru) che ciò rafforzò la mia decisione di fare tutto il possibile per aiutarli a prendere sul serio il nostro stile di vita. Il Maestro mi diede carta bianca, ma guidava i miei sforzi da dietro le quinte, aiutandomi a comprendere cosa dovevo fare.

«So che è tradizione» dissi loro «che il monaco gerarchicamente superiore si aspetti l'obbedienza degli altri monaci. Ma io non vi chiederò l'obbedienza. Tutto quello che vi chiederò sarà la vostra collaborazione. A mia volta, vi prometto di collaborare in tutto ciò che mi chiederete, sempre ammesso che non vada contro la mia coscienza o la nostra regola monastica».

Anche se solo il tempo potrà mostrare l'impatto che la vita di Yogananda ha avuto sulla civiltà occidentale, non posso fare a meno di pensare che esso risulterà molto significativo. A mio parere, Paramhansa Yogananda apparirà con il tempo come il guru di questo *Dwapara Yuga*, o Era dell'energia.

# Il *Kriya Yoga*

L'antica scienza del *Kriya Yoga* è spiegata in un capitolo di fondamentale importanza dell'*Autobiografia di uno yogi*. Ho deciso, in questo mio libro, di non duplicare nulla di ciò che il mio guru scrisse nella sua opera; tuttavia, non parlare del *Kriya Yoga* significherebbe sminuirne l'importanza.

Il *Kriya Yoga* è come un diamante tagliato: ha molte facce. Forse posso presentarne una o due in più, senza sovrappormi a ciò che il mio guru scrisse su questo importante argomento. Se egli stesso ne avesse parlato più estesamente, la sua sarebbe stata un'intromissione ingiustificata nella propria autobiografia.

Il *Kriya Yoga* è la scienza che venne reintrodotta nel mondo da Lahiri Mahasaya, a Benares. Esistono molti *kriya yoga*, poiché *kriya* significa semplicemente "azione". Quando si parla di questa scienza con gli indiani, può essere utile specificare a cosa ci si riferisce definendolo il *Kriya Yoga* di Lahiri Mahasaya di Benares.

Perché il *Kriya Yoga* viene definito una scienza? Per due motivi: innanzitutto, perché è una verità universale che non dipende da alcuna credenza settaria; in secondo luogo, perché produce risultati universali e specifici. Così come la legge di gravità è valida ovunque, anche la pratica del *Kriya Yoga* dona benefici universali: non dipende da nulla all'infuori di se stessa. Non è una tecnica specificamente "indù": può essere praticata da chiunque, in qualsiasi luogo. Anche se un cataclisma dovesse cancellare la maggior parte della razza umana

I capostipiti del *Kriya Yoga*. IN ALTO: L'immortale Babaji. IN BASSO: Lahiri Mahasaya, guru di Swami Sri Yukteswar, nonché della madre e del padre di Yogananda. Lahiri Mahasaya è conosciuto come il padre del *Kriya Yoga* in questa epoca. Ricevette l'iniziazione da Babaji nel 1861.

e, in quella devastazione, distruggere ogni traccia di conoscenza sul *Kriya Yoga*, con il tempo i principi fondamentali di questa tecnica verrebbero sicuramente riscoperti. Essi esistono in eterno nella natura umana stessa.

In un certo senso, i precetti della scienza sono molto più passibili di errore. Considera l'esempio che ho appena fatto, quello della forza di gravità: è risaputo che dei santi immersi in profonda meditazione sono stati visti levitare. Alcuni miei condiscepoli affermano di aver visto anche il nostro guru in quello stato. Io non ho avuto tale fortuna, ma so che la levitazione è stata testimoniata spesso, da migliaia di persone nel corso dei secoli – persone che né se l'aspettavano né la desideravano – al punto che sembra futile dichiarare: «Mi rifiuto di crederci». Tuttavia, il rifiutarsi perfino di prendere in considerazione fatti che rappresentano una minaccia al proprio sistema di credenze è un atteggiamento comune, e il fatto che sia così comune tra gli scienziati sembra indicare che anch'essi possono essere dogmatici quanto qualsiasi prete.

Passa a malapena un decennio senza che la scienza faccia un'inversione di rotta su qualche "certezza" scientifica. Perfino l'evoluzione darwiniana, considerata a lungo un baluardo di "assoluta certezza scientifica", ha iniziato di recente a essere messa sotto assedio. Io stesso mi sono chiesto: un leopardo nato senza macchie potrebbe rappresentare uno svantaggio evolutivo nella giungla, ma non sarebbe abbastanza intelligente da sapere che potrebbe trasferirsi in un ambiente con spazi più aperti, per esempio nel deserto qualora avesse la pelliccia fulva? Nella sua spiegazione puramente meccanicistica dell'evoluzione, Darwin non prese in considerazione il ruolo della consapevolezza intelligente, né l'esistenza di un forte impulso verso una sempre maggiore autoconsapevolezza.

Che cosa offre una certezza più profonda? Il fatto che una determinata cosa sia ragionevole o l'effettiva *esperienza* di quella verità?

In questo senso, il *Kriya Yoga* si colloca in una posizione superiore rispetto a qualunque scoperta scientifica moderna. Il *Kriya* si basa su alcune realtà della natura umana universalmente conosciute (poiché sperimentate). Ovviamente, esso ci conduce ben *oltre* la comune esperienza, ma i suoi aspetti fondamentali possono essere osservati da chiunque.

La scienza del *Kriya* comincia con i sintomi fisici che accompagnano le reazioni emotive. In questo processo reattivo, quando ad esempio si è felici per un dono improvviso e inaspettato, si tende istintivamente a fare un respiro rapido e breve. Al contrario, quando si incontra un ostacolo improvviso, la tendenza automatica è quella di espirare. L'esultanza è accompagnata dall'inspirazione, seguita, forse, da un'esclamazione di gioia. La tristezza o la delusione sono accompagnate da un pesante sospiro.

Se ci pensi, ti accorgerai che la tua vera realtà non si trova nelle cose esteriori, ma nella *reazione* interiore che hai nei loro confronti. Continui a guardare un bel tramonto perché ti fa sentire interiormente felice. Se lo stesso tramonto attirasse in qualche modo l'attenzione di una tartaruga, probabilmente risveglierebbe in lei soltanto la futile domanda se un tramonto sia qualcosa di buono da mangiare. È difficile perfino immaginare una tartaruga che osservi il calar del sole con rapita meraviglia; è probabile che essa non se ne accorga neppure. Per gli esseri umani il tramonto è reale perché si sentono sufficientemente stimolati a *reagire* ad esso.

Ritorniamo, dunque, al genere umano: hai mai visto una persona con un atteggiamento gioioso verso la vita sedere con la schiena curva e il corpo poggiato pesantemente sulle ginocchia, come nella statua di Rodin, "Il pensatore"? Non si può fare a meno di pensare che quell'uomo avesse mal di pancia, oppure che i suoi pensieri non fossero affatto piacevoli! Quando qualcuno si siede accasciandosi e tenendo lo sguardo rivolto in basso, quando la sua bocca si piega in un broncio, quando ogni cosa in lui sembra pesante, allora sappiamo che non è felice. Per descrivere quell'umore ci sono anche delle espressioni che indicano *il basso*: «Mi sento giù, con il cuore pesante, sono abbattuto, depresso». Quando invece qualcuno si siede eretto, guarda spontaneamente verso l'alto, curva le labbra in un sorriso e sembra perfino più leggero, allora sappiamo che è felice. Per descrivere quell'umore si usano espressioni che indicano *l'alto*: «Mi sento su, con il cuore leggero, elevato, al settimo cielo!».

Ci sono dei motivi alla base di queste realtà universali e universalmente riscontrabili. L'inizio della vita nel corpo, nonché il punto in cui spermatozoo e ovulo si uniscono per dare inizio a quella vita, è il midollo allungato. Da lì, la forza vitale si dirige in avanti per creare il cervello e verso il basso per creare la spina dorsale, prima di fluire all'esterno per formare il sistema nervoso e, gradualmente, il resto del corpo.

La spina dorsale è il canale tra il cervello e il corpo. È il nostro centro fisico, la nostra scala per ascendere allo Spirito. A sinistra e a destra rispetto al centro della spina dorsale, la *sushumna*, ci sono due canali sussidiari (facilmente osservabili nei pesci come quei minuscoli cordoni lungo la lisca che coloro che mangiano pesce sicuramente riconosceranno), conosciuti nelle tecniche dello yoga come *iḍa* e *pingala*. L'energia sale verso il cervello attraverso *iḍa* e scende da esso fino alla base della spina dorsale attraverso *pingala*. Queste due correnti accompagnano le nostre reazioni emotive agli stimoli esterni. Quando la nostra energia è concentrata principalmente nei centri superiori della spina dorsale, noi siamo in uno stato di beatitudine. Quando è concentrata alla base della spina dorsale, soffriamo nell'oscurità mentale.

Quando l'energia sale nella spina dorsale attraverso *iḍa*, significa che nella mente c'è una reazione positiva, di accettazione. Quando l'energia scende, significa che c'è un senso negativo di rifiuto.

Il controllo che la maggior parte delle persone ha sulle proprie reazioni è scarso o addirittura inesistente, poiché tali reazioni vengono considerate come un'imposizione che giunge dall'esterno. Via via che l'individuo capisce di poter controllare questo processo, scopre di poter reagire positivamente perfino alle circostanze esterne più negative: può parlare con gentilezza, ad esempio, quando viene offeso o godere di una giornata di pioggia (che prima avrebbe accolto con una smorfia di dispiacere) dicendo a se stesso: «Almeno laverà via la polvere!». In ogni caso, finché una persona non riesce a controllare il processo reattivo nella propria spina dorsale, sarà decisamente schiava delle circostanze.

«Entra in te stesso!» è un consiglio importante in ogni vero insegnamento spirituale. Poche persone, tuttavia, hanno idea di che cosa comporti in realtà il ritirarsi in se stessi.

Il respiro nel corpo astrale – quel corpo che abbiamo sempre con noi e che diventa il nostro corpo *esterno* quando ci lasciamo alle spalle queste guaine fisiche – non avviene nei polmoni, ma nella spina dorsale. In quel mondo non c'è aria da respirare: si è mantenuti in vita dall'*energia*. In quel corpo, l'inspirazione è costituita dal movimento ascendente di energia in *iḍa*, mentre l'espirazione è un corrispondente movimento discendente in *pingala*.

Nel corpo fisico, la vera *causa* del processo reattivo emozionale è quel flusso di energia in *iḍa* e *pingala*. Quando riusciamo a controllare quel flusso di energia controllando il respiro, possiamo elevarci al di sopra di ogni reazione. Possiamo anche elevarci al di sopra dei nostri attaccamenti e desideri, poiché essi sorgono soltanto come conseguenza delle nostre *reazioni* positive e negative al mondo circostante.

Il *Kriya Yoga* ci aiuta a ricondurre il processo reattivo emozionale a uno stato di equilibrio interiore. Allora potremo godere del mondo, ma il nostro piacere sarà diventato un qualcosa che noi *diamo* al mondo, invece di essere determinato *dal* mondo.

La dualità si cela nel cuore di ogni illusione. Quando superiamo nella nostra coscienza questo primo "livello" di dualità, cioè il nostro processo reattivo emozionale, non solo assumiamo il controllo di noi stessi, entro quei limiti, ma possiamo anche *influenzare* realmente le condizioni esterne, migliorandole. Coloro che per natura sono abitualmente scontrosi e irritabili, adesso, probabilmente, si dimostreranno amichevoli nei nostri confronti. Si verificheranno "coincidenze" nella nostra vita e incontreremo le persone giuste al momento giusto. Il successo arriverà in situazioni in cui la maggior parte delle persone fallisce. Si schiuderanno opportunità che prima ci sarebbero state precluse. Soprattutto, ci sentiremo interiormente in pace, a prescindere dalle tempeste emotive che si scatenano intorno a noi.

Rimane comunque da superare un altro legame con la dualità, ancora più profondo: la separazione della nostra anima dallo Spirito. Questa separazione è dovuta, in ogni individuo, alla dualità della consapevolezza all'interno del proprio sé. Siamo polarizzati da un'energia divisa all'interno della spina dorsale, tra il "polo nord" sulla sommità del capo e il "polo sud" alla base della spina dorsale. Quando l'anima è racchiusa in una forma vertebrata, l'evoluzione spirituale si orienta maggiormente verso l'alto. Solo l'essere umano è potenzialmente consapevole – una consapevolezza che si sviluppa in seguito – che la vera felicità si trova in una coscienza più elevata, non in una coscienza inferiore. Un cane, invece, trova la felicità stimolando la propria consapevolezza più bassa: quando è "felice", agita la coda!

L'essere umano, tuttavia, ha per lo meno l'opportunità, oltre che il dovere divinamente assegnatogli, di elevare la propria coscienza. Il polo negativo alla base della spina dorsale deve essere riunito con il polo positivo sulla sommità del capo. Quando questa unione ha finalmente luogo – un processo molto lento dal punto di vista umano – l'essere umano sperimenta l'unione non solo a livello personale, ma anche cosmico. Unirsi interiormente al proprio Sé significa anche unirsi oggettivamente a Dio.

Il *Kriya Yoga* inizia a mostrare la sua efficacia neutralizzando il processo reattivo, dualistico, delle emozioni. Conduce poi la coscienza nella spina dorsale profonda, la *sushumna*, e la innalza verso la sua vera casa nel *Kutastha Chaitanya*, il punto tra le sopracciglia. Da quel punto essa si eleva verso il *sahasrara* sulla sommità del capo. Quando l'energia in *iḍa* e *pingala* è stata neutralizzata e, come disse Yogananda, «il respiro diventa mente», il flusso discendente, nel raggiungere la base della spina dorsale, entra nella *sushumna* e comincia a fluire verso l'alto in un'unica direzione. La dualità di *iḍa* e *pingala* diventa allora la dualità della separazione interiore della coscienza tra il sé inferiore e quello superiore.

È qui, nella *sushumna*, che sono contenuti gli innumerevoli "semi" del karma passato e delle tendenze esteriori, sotto forma di piccoli vortici di energia e di coscienza. Questo comprende tutto il karma e tutte le tendenze sviluppate nel corso delle infinite vite passate, alcune delle quali risalgono perfino a milioni di anni fa. Il fatto che così tante memorie possano essere stipate in una piccola spina dorsale, desta sicuramente stupore. Ovviamente, lo spazio non ha nulla a che vedere con tutto ciò. Dal punto di vista delle dimensioni, inoltre, l'essere umano si trova approssimativamente a metà strada fra l'oggetto più grande e quello più piccolo nell'universo. Ciò che ci impedisce di raggiungere l'unione con Dio è questo vasto numero di *vritti*, o vortici, ai quali è legata gran parte della nostra energia subconscia, che ci spinge a cercare l'appagamento in questo o quell'oggetto del desiderio. Ad esempio, potremmo aver messo in moto in passato la tendenza a ferire gli altri. Quella tendenza rappresenta un flusso di energia che deve essere portato a compimento; l'azione deve avere la sua reazione "uguale e contraria". Tutte queste tendenze sono annidate nella spina dorsale e la ostruiscono impedendo all'energia di fluire liberamente in alto fino al cervello.

Ogni tendenza, inoltre, è localizzata nella spina dorsale al livello che le è naturale: i desideri più bassi si trovano nei *chakra* bassi; i desideri medi si trovano nei *chakra* medi; i desideri elevati fluttuano quasi nei *chakra* più alti.

Il *Kriya Yoga* dissolve questi vortici, liberando l'energia e la coscienza in essi imprigionate affinché possano fluire verso l'alto. È come se desse loro una piccola "spinta", perché smettano di rimanere aggrappate alle sponde del fiume della vita (la spina dorsale) ed entrino nella corrente che sale verso l'alto.

Il *Kriya Yoga* è scientifico, perché coopera con la Natura e usa la legge naturale per raggiungere il suo obiettivo. Non è un procedimento magico, e neppure un rituale di autopurificazione compiuto flagellandosi o cercando di ingraziarsi gli esseri superiori.

Yogananda era solito impartire l'iniziazione al *Kriya Yoga* a folti gruppi di persone. Ero presente a un'iniziazione alla quale parteciparono seicento devoti. Molti, in India, hanno condannato la sua pratica di dare l'iniziazione a più di una persona alla volta. *Perché*? Me lo chiedo anch'io. Questa usanza è forse una delle "leghe" di cui il Maestro parlò con Sri Yukteswar? Io non la penso così: c'è la stessa benedizione; c'è la trasmissione della stessa tecnica.

In un capitolo della sua autobiografia, intitolato "Due ragazzi senza un soldo a Brindaban", Yogananda narra la storia di un uomo che si recò da lui riconoscendolo come suo guru e si offrì di aiutare i due giovani coinvolti in quell'avventura a visitare la città. Yogananda narra che più tardi, nei pressi della stazione di Brindaban, diede a quell'uomo l'iniziazione al *Kriya Yoga*. Mukunda non avrebbe certo potuto trasmettergli l'iniziazione con la lunga e bella cerimonia che creò per i devoti occidentali. Doveva per forza essere un qualcosa di "ridotto all'osso", sullo sfondo dei treni che arrivavano e partivano, dell'andirivieni di passeggeri e facchini, del frastuono e trambusto comunemente associati a qualunque stazione ferroviaria. La presenza fisica del guru sarebbe stata sufficiente, si suppone, a compensare questi svantaggi ma, altrettanto sicuramente, una cerimonia sacra in un ambiente tranquillo, anch'essa condotta alla presenza del guru, compenserebbe lo svantaggio di avere altre persone che partecipano alla medesima cerimonia nella stessa stanza. Nessuno, inoltre, sia egli o meno un grande guru, vorrà probabilmente celebrare, giorno dopo giorno, un'elaborata cerimonia per ogni ricercatore spirituale che si reca da lui. Certamente, nel caso di Yogananda, egli aveva moltissimo da fare in questa vita, oltre a iniziare le persone a quella sacra tecnica.

Ai miei occhi, non c'è nulla di sbagliato nell'offrire il supremo dono del *Kriya Yoga* a gruppi di persone nell'ambito di una cerimonia sacra.

Ci sono altri metodi per raggiungere gli stessi scopi del *Kriya Yoga* di Lahiri Mahasaya. Per questo motivo, Yogananda scrisse che altri grandi maestri «insegnarono il *Kriya Yoga* o una tecnica molto simile». La respirazione alternata attraverso la narice sinistra e destra è una di quelle tecniche, anche se Yogananda disse che tenere le mani sollevate all'altezza del naso, per chiudere alternatamente la narice sinistra e destra, rende più difficile interiorizzare la coscienza.

Un'antica tecnica cristiana, della quale mi parlò una volta uno studioso in India (il *pandit* Dina Nath), proveniva dalla tradizione russa dell'Esicasmo. In quegli scritti egli aveva letto: «Mentre inspiri, ripetendo le parole "Signore Gesù Cristo", dovresti sentire una corrente fresca che si innalza lungo il lato sinistro della spina dorsale; mentre concludi la preghiera dicendo: "Abbi pietà di me!", dovresti sentire una corrente tiepida che fluisce nuovamente verso il basso lungo il lato destro della spina dorsale».

È possibile immaginare anche altre varianti. L'importante è concentrare la propria energia nella spina dorsale.

Ci sono stadi progressivi di iniziazione al *Kriya Yoga*. È più probabile, tuttavia, che la prima iniziazione sia quella maggiormente praticata ovunque.

Nella sua autobiografia, Yogananda scrisse che questa tecnica non può essere impartita per posta o attraverso le pagine di un libro. Bisognerebbe aggiungere, tuttavia, che egli offriva il *Kriya* in quel modo a coloro che non potevano recarsi da lui per riceverlo di persona. Come abbiamo visto nel caso del Professor Novicky di Praga, le benedizioni di Yogananda potevano essere ricevute da lontano. Ciò nonostante, il tocco del guru è importante per il successo finale in questa pratica. Come scrisse il Maestro nella sua poesia "*Samadhi*", quella benedizione interiore è essenziale sul sentiero spirituale. Quei versi recitano: «Dalla più lunga, più profonda, assetata meditazione, *dono del guru*, viene questo celestiale *samadhi*».

Yogananda disse: «Gesù Cristo conosceva, praticava e insegnava il *Kriya Yoga* o una tecnica molto simile».

Infine, in Spagna c'è una tradizione secondo la quale l'ultimo gesto che Gesù fece sulla croce fu di muovere la testa a sinistra, a destra e infine verso il petto. È curioso come questo corrisponda esattamente al movimento insegnato in una delle iniziazioni superiori al *Kriya Yoga*, che aiuta lo yogi a lasciare consapevolmente il corpo al momento della morte.

CAPITOLO VENTICINQUESIMO

# Il sentiero degli otto passi di Patanjali

Il *Kriya Yoga* non dà risultati puramente meccanici. Deve essere praticato con un atteggiamento di elevata aspirazione devozionale; il giusto atteggiamento è essenziale. Swami Sri Yukteswar – che Yogananda definì *gyanavatar*, o incarnazione di saggezza – scrisse in un brano della *Scienza sacra* che ho già citato in precedenza, che non è possibile porre un passo dinanzi all'altro sul sentiero spirituale fino a quando non si è sviluppato il naturale amore del cuore.

Il viaggio verso Dio è stato delineato dall'antico saggio Patanjali nei suoi *Yoga Sutra*, o aforismi. Gli studiosi hanno generalmente definito il suo libro come il "sistema" di Patanjali, quasi fosse soltanto uno dei tanti sistemi di questo tipo. Paramhansa Yogananda, tuttavia, ha chiarito che quello descritto da Patanjali è il sentiero che tutti gli esseri umani devono percorrere per raggiungere Dio; esso è fondamentale per ogni ricercatore spirituale. Quando, ad esempio, Patanjali descrisse *asana*, o postura – uno degli otto stadi che conducono all'illuminazione – non si riferiva agli insegnamenti dell'*Hatha Yoga*, le cui posizioni costituiscono l'aspetto fisico della scienza spirituale indiana. L'*Hatha Yoga* è un sistema ammirevole, ma non è universalmente valido o utile; per esempio, non può essere praticato dagli anziani o dagli infermi, i cui corpi hanno perso ogni flessibilità. Io stesso ho creato un sistema che mette in evidenza gli effetti di quelle posizioni fisiche sull'atteggiamento mentale, e include le affermazioni. L'ho chiamato *Ananda Yoga*. Tuttavia l'*Hatha Yoga*, compreso l'*Ananda Yoga*, non è sostanzialmente una pratica devozionale ed è spesso ignorato dai sinceri aspiranti spirituali.

*Asana*, quindi, nel sentiero degli otto passi di Patanjali, si riferisce semplicemente alla capacità di mantenere il corpo perfettamente immobile, eretto e con la spina dorsale dritta.

La descrizione del viaggio universale presentata da Patanjali non è solo una *raccomandazione*: ogni stadio, piuttosto, è un passo lungo il cammino che ogni ricercatore spirituale deve percorrere prima di poter procedere ulteriormente. *Asana*, che ho nominato solo come esempio, è uno stadio da raggiungere se si vuole acquisire un livello più elevato di controllo dell'energia interiore. Si raggiunge veramente questo stadio quando si è capaci di rimanere seduti senza muoversi per tre ore di fila.

I primi stadi riguardano il giusto atteggiamento. Sono chiamati *yama* e *niyama*: "ciò che non si fa" e "ciò che si fa" sul sentiero spirituale. Al pari dei comandamenti di Mosè, gli *yama* e i *niyama* sono complessivamente dieci: cinque *yama* e cinque *niyama*. Tutti e dieci sono essenziali per ogni ricercatore spirituale. Non è tanto importante praticarli (anche se la pratica potrebbe essere necessaria), quanto *conseguirli*. Non si può, per esempio, raggiungere la consapevolezza dell'unità di ogni forma di vita finché si mantiene il benché minimo desiderio di ferire qualcuno. Non si può raggiungere pienamente *ahimsa* (l'inoffensività) finché ci si limita soltanto a *praticarla*.

Gli stadi di *yama* (controllo) sono i seguenti:

1. *Ahimsa*: non-violenza, inoffensività. Ciò che Patanjali intendeva era l'assenza del *desiderio* di fare del male a qualunque creatura. I cattolici mettono in guardia i fedeli dalla "scrupolosità", cioè dal la-

sciarsi coinvolgere così tanto da un principio da non riuscire quasi a fare nient'altro. La setta dei jainisti, in India, fornisce un esempio di questa scrupolosità. Essi praticano *ahimsa* in modo così estremo da ispezionare il suolo per evitare di calpestare qualche minuscolo insetto o formica; indossano delle mascherine sul volto per evitare di respirare i germi; fanno bollire l'acqua prima di berla per assicurarsi di non uccidere (personalmente) i germi o altre minuscole creature quando la inghiottono. Sarebbe facile mettere in ridicolo alcune di queste pratiche. (Ci si potrebbe chiedere, ad esempio: dovrebbero camminare sdraiati sulla pancia, con la faccia vicina al suolo, per essere sicuri di non uccidere qualcosa schiacciandolo? Non farebbero meglio a mettersi in testa dei cappucci di metallo, per assicurarsi che i germi non aggirino le mascherine? E dovrebbero forse mettere delle inserzioni sul giornale, cercando qualcuno disposto ad assumersi il cattivo karma di uccidere i germi bollendo l'acqua al posto loro? Se la bollissero da soli, infatti, non ucciderebbero forse i germi?)

Il mio guru sorrideva della pratica di alcuni buddisti, che giustificano il fatto di mangiare carne dicendo: «Non abbiamo ucciso *noi* quegli animali! Non abbiamo neppure comprato personalmente la carne. Abbiamo mandato i nostri servitori al mercato ad acquistarla».

Si è spinti a tali sofismi quando si cerca di applicare con troppa precisione in questo mondo il principio di *ahimsa*. Il mio guru spiegò (citando il suo guru, Sri Yukteswar) che Patanjali si riferiva in realtà all'eliminazione di qualunque *desiderio* di fare del male a un altro essere vivente (e non solo di ucciderlo). Il sarcasmo, per esempio, può ferire profondamente un'altra persona. Anche il semplice *desiderio* di ferire qualcuno – fisicamente, mentalmente o spiritualmente – ci danneggia, poiché crea vibrazioni disarmoniche nel cuore e mina la nostra felicità interiore. In ultima analisi, ciò che bisognerebbe evitare è qualunque cosa danneggi il nostro rapporto con la Realtà Suprema dell'universo, Dio, e con la nostra natura di beatitudine. Sul sentiero spirituale, infatti, la verità ultima è che tutta l'esistenza manifesta è una parte della coscienza di Beatitudine di Dio.

Patanjali afferma che quando *ahimsa* è stata sviluppata alla perfezione, gli animali selvaggi (e, si presume, il loro equivalente tra gli esseri umani) diventano mansueti in nostra presenza.

2. *Satya*, sincerità. Questa qualità si trova fra gli *yama* – i comportamenti nei quali bisognerebbe praticare l'astensione – perché se ci si astiene dal desiderare che le cose siano diverse da come sono, si dice automaticamente la verità. Tuttavia, è importante ricordare che la verità è quell'aspetto della realtà maggiormente in sintonia con l'armonia dell'universo. La verità, in altre parole, è sempre benefica.

Se facessi visita a un amico in ospedale e gli dicessi: «Hai un aspetto *terribile*!», le mie parole potrebbero essere veritiere, ma potrebbero anche dargli la spinta finale verso la morte. Sarebbe molto meglio dire: «Certo, in altre occasioni ti ho visto con un aspetto migliore, ma sono convinto che puoi riprenderti». In altre parole, non bisogna dire una bugia, ma affermare qualunque verità sia possibile esprimere per aiutarlo a sentirsi meglio o a rimanere tranquillo.

C'è una sostanziale differenza tra una verità e un fatto: ciò che li distingue non è il desiderio ipocrita di ricevere l'approvazione degli altri, ma la sincera volontà di aiutare tutti a raggiungere una maggiore sintonia con la verità cosmica.

Patanjali scrisse che colui che perfeziona questa qualità può raccogliere i frutti dell'azione senza neppure agire.

3. *Asteya*, non cupidigia. Se mai dovesse sorgere nella tua mente il desiderio di possedere qualcosa che appartiene a un'altra persona, *donale* mentalmente quell'oggetto, come se il desiderio fosse stato sufficiente a renderlo già tuo. Restituiscriglielo con il cuore libero.

Bramare qualcosa significa creare un legame che può trattenerci in basso, come le funi che tengono ancorata a terra una mongolfiera. I desideri ci limitano e ci imprigionano.

Quando perfezioniamo questa qualità, scopriamo che la ricchezza ci giunge in qualsiasi misura ne abbiamo bisogno.

4. *Brahmacharya*, principalmente autocontrollo sessuale, anche se letteralmente significa essere istruiti nelle vie di Brahma. Per chi aspira a raggiungere le vette spirituali, il desiderio sessuale è come una palla al piede che ostacola pesantemente qualunque tentativo di progredire, spiritualmente o in qualunque altro campo. Il desiderio sessuale mantiene l'energia concentrata nei *chakra* inferiori; inoltre, coloro che indulgono in tali desideri, specialmente gli uomini, scoprono che la loro energia si prosciuga. Superare il desiderio sessuale è come slegare un falco e lasciarlo volare libero nel cielo.

Al contrario, coloro che affermano di trovare la libertà interiore indulgendo nei propri desideri sessuali, scoprono con il tempo che quella condizione è simile alla falsa libertà di un pesce che sfugge alla rete del pescatore per finire comunque a boccheggiare sul ponte asciutto della sua barca.

Il beneficio di *brahmacharya* – afferma Patanjali – è l'acquisizione di una notevole forza fisica e mentale, nonché di grande vigore e resistenza.

5. *Aparigraha*, non-possessività. È possibile sperimentare la vera libertà interiore solo quando si è superato ogni genere di attaccamento, perfino quello al proprio corpo. I nostri cosiddetti possedimenti ci vengono dati solo in prestito: dovremmo prepararci mentalmente ad abbandonarli in qualsiasi momento, come fece il mio guru con la sua motocicletta quando incontrò il giovane a cui piaceva.

Una buona pratica per tutti sarebbe quella di donare generosamente agli altri qualunque cosa essi desiderino intensamente, o anche solo qualunque cosa piaccia loro in modo particolare. Tuttavia, se quell'oggetto è un qualcosa che viene usato per servire Dio – un computer costoso, per esempio – si potrà sempre dire a chi ne vorrebbe uno simile: «Non posso darlo via, perché non è veramente mio». Da lungo tempo ho l'abitudine di regalare agli altri tutto ciò che posso, se sono cose che loro desiderano. Se qualcuno esprime il desiderio di darmi in cambio del denaro, io rispondo: «Non sono un mercante! Sono felice di condividere questa cosa con te, liberamente».

Patanjali ha insegnato che perfezionare questa qualità consente di ricordare le proprie incarnazioni passate. In altre parole, quando non si è più minimamente attaccati a questo particolare corpo, si diventa consapevoli del filo di rinascite che ci segue da un corpo all'altro.

Tra i cinque *niyama*, o "ciò che si fa" sul sentiero spirituale, il primo è:

1. *Saucha*, purezza. La purezza del corpo ci aiuta, quando meditiamo, a elevarci al di sopra della consapevolezza corporea. Purezza della mente significa non soffermarsi mentalmente su qualunque pensiero che possa attirare la mente in basso, verso la consapevolezza del corpo. Purezza di cuore significa non desiderare nulla, tranne Dio.

Gesù Cristo disse: «Beati i puri di cuore, perché vedranno Dio».

Come ha insegnato Patanjali, perfezionando questa qualità si raggiunge la libertà interiore dal corpo e il disinteresse per i suoi piaceri naturali.

2. *Santosha*, contentezza. Yudhisthira, nel *Mahabharata*, definisce la contentezza «la virtù suprema». Come disse Sri Yukteswar riferendosi al denaro: «Spendete secondo le vostre possibilità e sarete nell'agio». Contentezza significa comprendere in te stesso che nulla al mondo potrà mai *farti* felice: tu *sei* beatitudine! Tutto ciò di cui potrai mai avere bisogno si trova nel tuo Sé interiore!

Quando è portata alla perfezione, questa pratica dona la consapevolezza della beatitudine divina in tutto ciò che si fa.

3. *Tapasya*, austerità. Questo significa autocontrollo, non flagellazione o deprivazione. Nel sottotitolo del film *Sant Dnyaneshwar*, *tapasya* è tradotto come "devozione": una traduzione inaccurata, ma valida nel senso che la parola *tapasya* indica un flusso di energia diretto verso l'alto. Tutto ciò che facciamo dovrebbe aiutarci a dirigere la nostra energia in alto, verso Dio.

La perfezione di *tapasya* conduce allo sviluppo di poteri fisici e spirituali.

4. *Swadhyaya*, studio del sé o introspezione. La maggior parte dei libri indica come significato di questa parola lo "studio delle Scritture"; tuttavia, anche se è vero che questo tipo di studio può certamente aiutare l'individuo a comprendere il suo destino più elevato, la parola *swa* significa letteralmente "il Sé superiore". Colui che prende l'abitudine di analizzare le proprie motivazioni, di cogliere sul nascere qualunque autogiustificazione e di accettare sempre con mente aperta la possibilità di avere torto, dirigerà infallibilmente i propri passi verso la Meta finale. Una persona simile agirà sempre senza motivazioni personali, per compiacere Dio.

La perfezione di *swadhyaya* conferisce il potere di entrare in comunione con gli esseri delle sfere superiori e di ricevere il loro aiuto.

5. *Ishwarapranidhana*, adorazione del Sé Supremo. Ishwara, il Signore dell'Universo, è il vero Sé celato dietro ogni cosa. Ogni azione che compiamo dovrebbe essere un atto di adorazione consapevole, un'offerta divina sull'altare di quella Perfezione Suprema.

Patanjali scrisse che, perfezionando questo *niyama*, si entra nel raggio dell'amore divino che si eleva verso l'alto e conduce all'unione con il Signore.

*Asana* (il terzo passo), la postura: la capacità, come ho detto in precedenza, di rimanere seduti a lungo immobili e con la spina dorsale dritta. *Asana* rende possibile innalzarsi al di sopra della consapevolezza del corpo.

*Pranayama* (il quarto passo), il controllo dell'energia nel corpo. Molti testi spiegano questo termine come "controllo del respiro"; tuttavia, benché vi sia un collegamento tra il respiro e il flusso di energia, il significato più preciso di *prana* è energia, per il cui controllo si utilizza il respiro. L'importante, in questo caso, è aver raggiunto un livello in cui l'energia possa essere ritirata dai "telefoni dei sensi", come li definiva Yogananda. Solo ritirando l'energia è possibile liberarsi completamente dalle distrazioni esterne.

*Pratyahara* (il quinto passo), l'interiorizzazione della mente. È necessario ritirare da qualunque distrazione non solo l'energia, ma anche i pensieri e l'attenzione. Solo quando il ricercatore spirituale è in grado di farlo, può cominciare seriamente a meditare.

*Dharana* (il sesto passo), la concentrazione. Quando l'energia e la coscienza sono state ritirate dal mondo circostante, è possibile concentrarle su un unico punto. La concentrazione è solo l'inizio. Bisogna poi essere capaci di rivolgere completamente la concentrazione verso Dio in uno dei Suoi otto aspetti fondamentali: Pace, Calma (l'aspetto dinamico della Pace), Potere, Luce, Suono, Amore, Saggezza e Beatitudine.

*Dhyana* (il settimo passo), la salda meditazione su Dio in uno di quegli otto aspetti.

*Samadhi* (l'ottavo passo), unione: il completo assorbimento nell'Infinito. Il *samadhi* giunge in due stadi: *sabikalpa* (*sampragyata*) e *nirbikalpa* (*asampragyata*). Il primo stadio è condizionato e temporaneo: l'ego è ancora presente a livello subconscio e si ripresenta con piena forza non appena si è finito di meditare.

Questo primo stadio, quindi, non costituisce tanto un raggiungimento quanto una seria tentazione. Non è insolito che i devoti cadano nuovamente nell'illusione dopo aver raggiunto questo livello. L'ego, infatti, può ripresentarsi animato dalla forza ancora maggiore del suo ardente desiderio di affermarsi, sostenuto dal ricordo della sua unità con l'intero universo; esso, inoltre, può anche facilmente immaginare di non avere più bisogno di aiuto o di guida. Il devoto potrebbe dire a se stesso: «Sono grande quanto il mio guru! Sono onnisciente e infallibile. Sono un essere supremo!».

Sì, da questi pensieri è certamente possibile cadere nuovamente. Concentrare ogni cosa sul piccolo sé significa cadere dopo aver raggiunto Dio.

In che modo questo insegnamento può essere conciliato con quello buddista del *nirvana*? Anche il *nirvana* è un insegnamento dello yoga. Paramhansa Yogananda lo ha spiegato come la cessazione di ogni pensiero, di ogni sentimento umano: uno stato di nulla assoluto. Quando si è raggiunto quel vuoto, le grandi acque della beatitudine oceanica si riversano impetuosamente in esso.

«Non sarai al sicuro» mi disse il mio guru «finché non avrai raggiunto il *nirbikalpa samadhi*».

Il "sistema" di Patanjali è chiamato in sanscrito *Ashtanga*, che letteralmente non significa "ottuplice", ma "dalle otto braccia", in quanto *anga* significa "arto". Si può comprenderne più facilmente la spiegazione come una serie di stadi progressivi. In base a una comprensione più profonda, tuttavia, chiamare questi stadi "braccia" suggerisce un significato più completo. Infatti, proprio come abbiamo costantemente con noi le nostre quattro membra, anche le otto "braccia" da *ahimsa* a *samadhi* sono interdipendenti. Così come non si può raggiungere la perfezione nel *samadhi* senza aver perfezionato tutti gli *yama* e *niyama*, anch'essi, a loro volta, non possono essere portati alla perfezione suprema senza che si sia raggiunto lo stato di *samadhi*.

Non si può conseguire pienamente *ahimsa*, ad esempio, finché non si *realizza* realmente la propria unità con ogni essere vivente.

Similmente, non si può essere pienamente veritieri finché non si realizza la propria unione con la Verità Cosmica.

Per perfezionare *brahmacharya*, è necessario sollevarsi completamente al di sopra della consapevolezza del corpo e dell'ego. Si raggiunge questo stato soltanto nel *nirbikalpa samadhi*.

Nuovamente, *santosha* (la contentezza) diviene una virtù permanente solo quando si è raggiunta la Beatitudine Suprema. In caso contrario, essa rimarrà necessariamente, in qualche misura, soltanto una pratica che sarà continuamente scossa dalle violente tempeste del karma passato.

*Swadhyaya* (l'introspezione) sarà ripetutamente oscurata dalle pesanti nubi di *maya* (l'illusione), che a volte può rendere insicuro persino il ricercatore spirituale più coscienzioso circa la direzione migliore da seguire.

In modo simile, la perfezione di tutti gli *yama* e *niyama* richiede la capacità di perfezionare anche *asana*, *pranayama* e le altre "braccia"; non è possibile perfezionare pienamente *asana* senza *pranayama*; e non è possibile perfezionare *pranayama* senza l'aiuto degli stadi superiori.

Nessuna delle otto "braccia", inoltre, può essere perfezionata senza la comprensione che nulla, in fin dei conti, può mai essere "raggiunto": siamo tutti già perfetti, nell'Infinità. Dobbiamo solo renderci conto di ciò che abbiamo sempre posseduto, pur avendolo dimenticato: siamo sempre stati degli "*anga*" dell'Onnipresente, Onnisciente, Sempre nuova Beatitudine: *Satchidananda*. Non esiste nessun'altra realtà!

CAPITOLO VENTISEIESIMO

# Il periodo successivo della sua vita

L'*Autobiografia di uno yogi* di Paramhansa Yogananda fu pubblicata nel 1946. Questo evento rappresentò un fondamentale punto di riferimento nella vita del Maestro. L'*Autobiografia*, un'opera la cui stesura richiese molti anni, ha venduto fino a oggi milioni di copie e ha aiutato persone di ogni parte del mondo a divenire consapevoli di potenzialità interiori fino ad allora mai neppure sognate.

Durante questo periodo della sua vita, il Maestro divise il suo tempo tra la chiesa di San Diego e quella di Hollywood, tenendo discorsi in ognuna a domeniche alterne. Ora poteva dedicare ai suoi seguaci un'attenzione più personale, entusiasmandoli e ispirandoli sempre più con la sua arguzia e saggezza. Non parlava più a enormi folle, come ai tempi delle sue "campagne". Quelli che si recavano da lui ora erano più desiderosi di *praticare* i suoi insegnamenti che di limitarsi a provare meraviglia di fronte ad essi.

Il Maestro dedicava anche molto tempo ai colloqui privati. Cominciò inoltre a delegare le responsabilità ai suoi discepoli.

Michael Krull (che divenne in seguito Fratello Bhaktananda) era giunto presso di lui verso la fine degli anni Trenta. Michael era un'anima semplice e sincera; una volta, il Maestro disse di lui: «Non ha ego». Nella meditazione, Michael era solito pregare dicendo: «Guru, ti amo!». Il Maestro lo vide un giorno mentre camminava in giardino e gli disse sottovoce: «Anch'io ti amo!». Con la sua sincerità, Michael ispirava molti uomini più giovani di lui che arrivavano dal Guru per ricevere i suoi insegnamenti.

Anche Bernard arrivò verso la fine degli anni Trenta. Era molto intelligente e capace, e il Maestro gli affidò molte responsabilità, inclusa quella di insegnare nelle chiese. Gli faceva anche dimostrare le prodezze yogiche in pubblico: come conficcare un ago nella gola senza farla sanguinare e altre imprese simili. Bernard scriveva articoli sull'*Hatha Yoga* per la rivista della SRF. Pur sapendo fare bene le posizioni, non faceva però da modello, perché il suo corpo era imperfetto: egli soffriva di una grave scoliosi e aveva un solo polmone. Tuttavia, per grazia del Maestro, la sua resistenza era fenomenale.

Negli anni seguenti, Bernard diventò sempre più arrogante. A causa dell'orgoglio che dimostrava per le proprie capacità, perse la sintonia e cominciò a preoccuparsi della propria salute. Il Maestro sostenne il desiderio del discepolo di rendere il suo alloggio più comodo e funzionale. Un giorno, però, ci disse: «Guardate Bernard. Finché era in sintonia, poteva fare *qualunque cosa*! Ma sta perdendo la sintonia e adesso, anche se faccio il possibile per assecondare le sue preoccupazioni riguardo alla salute, non c'è niente che sembri funzionare. Il suo corpo continua a indebolirsi».

Poco dopo l'arrivo di Bernard, un gruppo dei suoi amici di un tempo si recò a Encinitas per catturarlo e costringerlo a ritornare da loro e al loro stile di vita mondano. Secondo la loro visione egocentrica, Bernard si trovava sotto l'influsso ipnotico di un "fanatico orientale". Prima del loro arrivo, tuttavia, il Maestro inviò Bernard a Mount Washington per una commissione urgente, che lo costrinse a rimanere lì per due giorni.

Bernard era importante nell'opera, ma il suo orgoglio lo portò a mettere sempre più in discussione il guru. Era penoso a vedersi: «Maestro, come continuo a dirvi, questa idea non è affatto pratica!».

Alla fine il Maestro gli rispose con calma: «Per anni ti ho ascoltato mentre mi gridavi contro. Adesso ho solo questo da dirti: non ne sono favorevolmente impressionato».

Il modo in cui il Maestro si comportava sembrava, a volte, contrario al buonsenso. Tuttavia, quello che faceva funzionava sempre come lui desiderava. L'atteggiamento di Bernard, che gli faceva credere di essere infallibile e di avere tutte le risposte, era una buona lezione per il resto di noi, poiché egli si sbagliava spesso. Questo mondo non è come un ingranaggio d'orologio, ma come un fiume che scorre. Non può essere tagliato in pezzi nitidi e logici: deve essere compreso in modo fluido, con il cuore.

Durante questo periodo della vita del Maestro, cominciarono ad arrivare presso di lui molti buoni discepoli. Egli citava spesso le parole di Gesù: «Molti dei primi saranno ultimi e gli ultimi primi». Il Maestro vedeva i suoi discepoli nel contesto di innumerevoli incarnazioni, non nell'ottica del loro rapporto con lui in quest'unica vita. I ritardatari erano necessari per assicurare che il suo messaggio vivente, oltre a essere portato avanti il più a lungo possibile dopo la sua morte, fosse anche realizzato.

Bernard non rimase nell'opera. Negli ultimi anni, motivato dall'egocentrismo che aveva sempre dimostrato, si rivoltò addirittura contro il Maestro. Nell'unico incontro che ebbi con lui, anni dopo, cercai di ricondurlo sul sentiero. Sembrò aperto all'idea e spero di essere riuscito a convincerlo, poiché morì appena qualche mese dopo.

Yogananda affidò al dottor Lewis la responsabilità di Encinitas. Mise invece Faye Wright a capo di Mount Washington. A Bernard affidò la conduzione della chiesa di Hollywood. Nominò il dott. Lloyd Kennel ministro di San Diego come suo vicario.

Il Maestro si concentrò sempre più sulla scrittura, considerandola il mezzo migliore per raggiungere un gran numero di persone. Durante i primi anni in America, egli aveva avuto dei revisori editoriali che ritenevano di dover correggere non solo la sua grammatica, ma anche i suoi insegnamenti! Erano persone che avevano già una certa familiarità con il pensiero metafisico e credevano di conoscere la verità in tutti i suoi aspetti più sottili. Erano del tutto impreparate alle intuizioni molto più profonde del Maestro, e pensavano: «Non *può* aver voluto dire questo. Sicuramente voleva dire...». In verità, in alcuni degli scritti che apparvero a suo nome sulle prime riviste, non è facile separare la pula dal grano. Uno dei revisori di cui il Maestro si lamentò con me fu Virginia Scott.

Miss Scott era stata (ed era ancora, per quanto potessi dire) una rosacroce, e i suoi interventi editoriali rivelavano una certa tendenza in quella direzione. Yogananda doveva correggere continuamente le sue proposte di revisione.

«Si lamentava delle mie correzioni e rimetteva le cose come le aveva cambiate lei. Quando le riscrivevo come volevo io, seguivano giorni interi di silenzio, poi una lunga lettera, scritta a interlinea singola e lunga diverse pagine, nella quale mi spiegava con dovizia di dettagli quanto l'avessi fraintesa!».

Miss Scott era anche molto affascinata dalle moderne teorie sul superamento delle inibizioni sessuali. Penso che fosse stata profondamente influenzata dagli scritti di D.H. Lawrence.

Il Maestro mi raccontò che una volta le disse: «Anch'io, volendo, potrei scrivere una bellissima poesia sull'andar di corpo! Ma perché dovrei scrivere di un argomento così insignificante? Perché non lasci i tuoi amici erotici – *nevrotici* – e non frequenti di più i devoti?». Tale, purtroppo, era il calibro dei revisori editoriali che si erano occupati delle opere del Maestro fino all'arrivo di Laurie Pratt.

Com'era possibile che Miss Scott fosse attratta da compagnie "erotiche/nevrotiche" e da poesie che riguardavano i *chakra* inferiori? La risposta si trova in un concetto che Yogananda espose nei suoi commenti alla *Bhagavad Gita*. In quel libro leggiamo che l'intero universo è una mescolanza infinitamente varia di tre *guna*, o qualità: *tamas*, *rajas* e *sattwa*, cioè oscurante, attivante ed elevante.

Il Maestro affermò che intere galassie manifestano principalmente l'uno o l'altro di questi *guna*. Ad esempio, nella nostra galassia, la Via Lattea, predomina la qualità intermedia del *rajoguna*: un'attività irrequieta pervade l'intera galassia. Alcune galassie, invece, sono prevalentemente *sattwiche*. Lì le persone vivono insieme in pace e in armonia, a stretto contatto con il mondo astrale e raggruppate in piccoli villaggi felici, dove i pensieri di tutti sono rivolti al progresso spirituale.

Esistono poi altre galassie dove l'agitazione e il turbamento regnano supremi. I carnivori vagano liberamente in giungle selvagge. Tutti i cuori sono pervasi dalla paura e la competizione spietata è una realtà alla quale nessuno pensa di potersi sottrarre.

Il mio guru mi disse che le epidemie che si verificano sul nostro pianeta sono invasioni di anime cadute, che hanno assunto la forma di germi e sono attratte fin qui dalle loro galassie tamasiche dal karma della Terra, per ricevere la punizione per i loro gravi peccati attraverso le medicine terrene. Che visione diversa della realtà ci offrono le sue parole, rispetto a quella che abbiamo appreso a scuola! Perfino il pensiero di quelle grandi nubi di germi che raggiungono il nostro pianeta da galassie lontane è sufficiente a sconcertarci.

Miss Scott manifestava con intensità il movimento discendente del *rajoguna* nella natura umana. Il *rajoguna*, la qualità attivante, si protende in due direzioni: verso l'alto, come *rajosattwa*, e verso il basso, come *rajotamas*. In effetti, esiste solo la dualità. Il *rajoguna*, la qualità intermedia, rappresenta un movimento tra i due opposti della dualità: *tamas* e *sattwa*.

La missione di Yogananda in Occidente, che si realizzò durante i suoi anni in America, era rivolta al *rajoguna* che predominava in quel Paese, per elevarlo considerevolmente dal livello del *rajotamas* a quello del *rajosattwa*. C'è tuttora molta oscurità in quel Paese, ma egli aiutò a deviare molta parte dell'energia discendente e a ridirigerla verso l'alto.

Nei suoi ultimi anni di vita, tuttavia, il Maestro si concentrò maggiormente sulle persone in cui predominava il *sattwa guna*, o per lo meno il *rajosattwa*.

Verso la fine di luglio del 1948, egli ebbe uno straordinario *samadhi*, che durò quarantott'ore. Durante quel periodo, la Madre Divina lo condusse in giro per l'universo. Erano presenti alcuni discepoli. In certi momenti egli parlava a voce alta alla Madre; poi Lei gli rispondeva, usando la sua voce. Quando era lui a parlare, lo faceva con un tono di voce profondo, ma quando parlava Lei, il tono di voce era celestiale e femminile.

A un certo punto il Maestro esclamò deliziato: «Oh, *adesso* vedo come fai!». La Madre Divina gli stava mostrando i misteri della Creazione cosmica. Il dottor Lewis mi raccontò (a quell'epoca, infatti, non ero ancora arrivato: arrivai meno di due mesi dopo) che la Madre Divina aveva rivelato al Maestro che l'esperienza divina che gli era stata concessa in questa occasione era stata unica. Anche Krishna, nella *Bhagavad Gita*, afferma che la visione divina che ha appena concesso al suo discepolo Arjuna è stata unica. Non è interessante che la stessa anima in due corpi diversi abbia ricevuto rivelazioni così insolite?

Usando la voce del Maestro, ma parlando con toni femminili, la Madre Divina gli disse: «All'inizio te ne ho mandati molti di cattivi, ma adesso ti sto mandando degli angeli, e Io stessa colpirò chiunque farà loro del male!».

Si può dire che l'ultima fase della vita del Maestro ebbe inizio dal momento in cui egli ricevette questa visione. La maggior parte dei discepoli che gli erano stati da lungo tempo destinati alla fine arrivò. Egli smise di presentarsi come un semplice canale dell'Infinita Beatitudine e Saggezza di Dio e cominciò a usare il pronome *io*, come faceva spesso Gesù, per indicare la sua unità con l'infinita coscienza cristica.

Una volta disse ai monaci: «È meglio cercare Dio principalmente per la Sua Beatitudine e solo secondariamente per il Suo Amore. Con l'amore, infatti, possono giungere dei pensieri che sono incentrati sull'ego o che fanno ripiegare l'individuo su se stesso. Sri Yukteswar era un santo di saggezza, ma io sono principalmente un'espressione di beatitudine».

Qualche anno dopo, al funerale di Sorella Gyanamata, egli disse nuovamente: «La sua è stata una via di saggezza. Il mio è un sentiero di beatitudine».

C'è un'altra storia che riguarda quel funerale. Il Maestro ci aveva detto che egli stesso era l'ultimo dei guru. Io capii che egli intendeva dire «della nostra linea di guru». Altri discepoli hanno insistito nell'affermare che non ci saranno mai più dei guru in questa linea e che Yogananda rimarrà il guru per sempre.

A me, tuttavia, egli disse una volta: «Deve esserci in questa vita almeno un contatto fisico con il guru, affinché egli possa portarti veramente a Dio». Mi disse anche: «Bisogna liberare almeno altre sei persone, prima di raggiungere la liberazione». Questo significa, allora, che nessuno di coloro che sono giunti presso di lui dopo che egli ha lasciato il corpo troverà Dio? Questa sarebbe sicuramente un'interpretazione ridicola.

«Nel Bengala, durante la vita di mio padre» mi raccontò il guru «un maharaja stava facendo scavare un lago sulla sua proprietà. In profondità, sotto il fango sul fondo del lago, gli operai trovarono tre yogi seduti in profonda meditazione. Sembravano ancora vivi. Per qualche motivo, mio padre aveva avuto a che fare con questo evento e ne conosceva personalmente i dettagli. Gli ingegneri stimarono che quegli yogi erano rimasti là sotto almeno trecento anni. Il maharaja insistette che venissero riportati alla coscienza ordinaria e, crudelmente, fece applicare dei ferri roventi sui loro corpi. Dopo parecchio tempo, gli yogi aprirono gli occhi.

«"Perché ci avete fatto ritornare?" chiesero. "Eravamo prossimi alla liberazione. Ora dovremo lasciare questi corpi e rinascere nuovamente. Dio vi punirà per il peccato che avete commesso!".

«In effetti, entro breve tempo il maharaja e tutta la sua famiglia morirono. Tuttavia» spiegò il mio guru «la Madre Divina non aveva voluto che quegli uomini raggiungessero la liberazione senza aiutare altre persone».

Allora gli chiesi: «Quante anime è necessario liberare?».

«Sei» mi rispose.

Tornando, quindi, a Sorella Gyanamata, il Maestro disse: «L'ho guardata scivolare in quello stato vigile», cioè nello stato di completa libertà.

Io, memore di ciò che altri sostenevano, e cioè che non ci sarebbero più stati dei guru in quest'opera, pensai: «Come può aver raggiunto la liberazione, se non aveva discepoli?».

Cogliendo il mio pensiero, Yogananda rispose: «*Aveva* dei discepoli». Chi erano? Indubbiamente, alcuni di loro vivevano in quel momento nell'ashram come discepoli del Maestro. C'erano certamente delle persone, lì, che lei aveva aiutato in particolar modo.

«Quando si raggiunge la liberazione definitiva» ci disse il Maestro «sette generazioni della propria famiglia, in avanti e all'indietro, ricevono anch'esse la loro libertà».

Nel 1960, durante i quattro giorni che trascorsi con Sri Rama Yogi (il discepolo di Ramana Maharshi completamente liberato di cui ho parlato in precedenza), gli chiesi: «Se tutti i membri della famiglia di

IN ALTO: Alcuni dei monaci della Self-Realization Fellowship incontrati in queste storie: *(ultima fila)* secondo da sinistra, Norman Paulsen; *(fila di mezzo)* secondo da sinistra, Daniel Boone; quinto da sinistra, il Rev. Bernard; poi a destra, Jean Haupt, Jerry Torgerson, Joe Carbone, Henry Schaufelberger, Chuck Jacot; *(prima fila)* secondo da destra, Debi Mukerjee; accanto a lui a destra, l'Autore. A SINISTRA: Sorella Gyanamata, la discepola più progredita di Yogananda.

un maestro pienamente liberato raggiungono la liberazione grazie ai suoi sforzi, non si può fare a meno di chiedersi se ciò sia giusto. Come è possibile ottenere la liberazione senza compiere alcuno sforzo? E se i membri della famiglia la ricevono, la riceveranno anche i *loro* familiari, come ad esempio i parenti dei loro congiunti? Mi sembra già di vedere questa rete che si estende all'infinito!».

Sri Rama Yogi sorrise. «No, non è questo ciò che accade. Piuttosto, è come il caso di chi diventa imperatore: non è che anche gli altri diventino imperatori insieme a lui, ma tutta la sua famiglia viene elevata a una posizione più alta nella società. Ovviamente, un individuo soltanto può essere imperatore».

«Quanto stretta dev'essere quella relazione?» chiesi.

«La maggior parte dei santi non è sposata. La relazione, quindi, includerà cugini, nipoti e anche i parenti più lontani che siano in sintonia con lui».

I parenti che disapprovano lo stile di vita apparentemente eccentrico del santo si ritroveranno comunque sotto un ombrello di straordinaria protezione, anche se non raggiungeranno la liberazione completa. Per questo in Tibet si crede comunemente che almeno un membro di ogni famiglia debba diventare un rinunciante.

Il dottor Lewis, il primo discepolo del *Kriya Yoga* che Yogananda ebbe in America, una volta gli chiese: «Se alla famiglia diretta di un maestro è concessa la libertà spirituale, che ne è dei discepoli?».

«Oh, loro vengono per primi!» fu la risposta.

Durante la meditazione di Natale del 1948, Yogananda disse: «Tra coloro che sono presenti qui questa sera, ci saranno alcuni *siddha* (esseri perfetti) e parecchi *jivan mukta* (coloro che hanno raggiunto l'unione con Dio ma devono ancora espiare del karma delle vite precedenti)».

Vorrei raccontare la storia di una persona che il Maestro disse sarebbe stata liberata in questa vita. Si tratta di James Coller, il discepolo famoso per gli hamburger! Era un'anima semplice, di cui il Maestro una volta disse: «È come un boccone di melassa calda: troppo caldo per inghiottirlo, ma troppo appiccicoso per sputarlo!».

Lo stesso James ci raccontava la storia della sua prima conferenza pubblica. L'argomento era stato: "Ciò che lo yoga può fare per te".

«Ero estremamente nervoso. Qualcuno mi aveva detto che un bagno caldo mi avrebbe aiutato, così feci un lungo bagno caldo, molto caldo e *molto* lungo! Quando uscii dalla vasca, ero come uno straccio floscio.

«Poi cominciai la conferenza. Dopo cinque minuti avevo già detto tutto quello che potevo pensare di dire. Allora feci andare in giro Horace Gray per raccogliere le offerte. Come sapete, è spastico. Mentre si trascinava barcollando da una fila all'altra, appoggiandosi allo schienale delle sedie per non cadere, io pensai: "Ecco il mio esempio di quello che lo yoga può fare per te!".

«I presenti se ne andarono senza dire una parola. Non c'era nulla da dire. Questo fu il mio "esordio"!».

Qualche anno dopo, quando Yogananda acquistò una proprietà della quale non ho ancora parlato – il Santuario del lago (Lake Shrine) della SRF – un uomo che viveva lì prese l'abitudine di usare un fucile ad aria compressa per spaventare le anatre. Non voleva colpirle, solo spaventarle. Il Maestro ci raccontò: «James schioccò la lingua in segno di disapprovazione. In seguito, però, prese in mano la carabina per guardarla. Tirò distrattamente il grilletto, senza voler in nessun modo colpire qualcosa, e un attimo dopo un'anatra giaceva sull'acqua, morta! Il suo karma attira un tale scompiglio che – immaginate! – la polizia venne a sapere che qualcuno sparava alle anatre e venne a fare indagini su James!

«Eppure sarà liberato in questa vita! Non so come, ma lo dice la Madre Divina e quindi dev'essere vero».

Il Señor Cuaron, il direttore del centro della SRF a Città del Messico, era molto vicino al Maestro. Non so dire quanto fosse vicino alla liberazione, ma questa storia su di lui mostra come un vero guru rimanga sempre fedele ai suoi discepoli fino a quando il suo “lavoro” non è terminato e loro trovano Dio. Anche allora, un vero discepolo sostiene fedelmente il proprio guru per tutta l’eternità.

Una volta Yogananda disse al Señor Cuaron: «Ti ho perso di vista per alcune vite, ma ora che ti ho ritrovato, non ti perderò di vista mai più».

Di tanto in tanto, Cuaron gli diceva: «Non dimenticate la vostra promessa, signore!».

«Non la dimenticherò» rispondeva sempre Yogananda. «Non ti perderò mai più».

La protezione del Maestro accompagnava sempre i suoi discepoli. A un certo punto Cuaron, che aveva accettato di dirigere il centro della SRF nella capitale del Messico e non aveva un lavoro retribuito, sentì di aver bisogno di più denaro. Quando gli giunse l’offerta di un lavoro molto redditizio a Matamoros, scrisse al Maestro “per formalità”.

Egli mi raccontò il seguito: «Arrivò in risposta un telegramma urgente: “Assolutamente no! Non devi avere niente a che fare con quell’offerta”. Questo ordine non era accompagnato da alcuna spiegazione. Io ero un po’ turbato, ma pensai: “Lui sa che mi servirebbe un lavoro, ma è il mio guru, quindi accetterò i suoi ordini”.

«Pochissimi giorni dopo, giunse la notizia che la ditta che aveva voluto assumermi era stata chiusa per frode. La persona che ricopriva l’incarico che avrei assunto io era stata arrestata. Il Maestro mi aveva salvato da un grave disastro!».

Swami Shankara, il grande esponente dell’*advaita*, scrisse: «Non c’è benedizione più grande in tutti i tre mondi (l’universo fisico, astrale e causale) dell’avere un vero guru».

CAPITOLO VENTISETTESIMO

# Il magnetismo

Ho concluso il capitolo precedente con una citazione di Swami Shankara. Sarebbe interessante aprire questo capitolo con una storia che il mio guru raccontava su quel maestro. Yogananda conosceva così tante cose su di lui, che a volte mi sono chiesto se non fosse stato egli stesso Swami Shankara in una vita precedente.

Molti secoli fa, Babaji viveva in una casa di Benares. Aveva un servitore. Quando Swami Shankara giunse in quella città, la sua fama di astrologo lo precedette. Il servitore di Babaji si recò da lui per farsi fare l'oroscopo. Quando tornò, stava tremando.

«Che cosa c'è?» gli chiese Babaji.

«Swami Shankara ha detto che morirò stanotte!».

«Torna da lui» disse Babaji «e digli che non succederà».

Il servitore tornò da Shankara con il messaggio di Babaji. Il santo rispose: «Questo karma è molto forte; se il tuo maestro può impedirne la realizzazione, io andrò da lui e diventerò suo discepolo!».

Quella notte, Babaji si distese sul corpo dell'uomo tremante. Una violentissima tempesta si abbatté improvvisamente su quella zona. Interi alberi furono sradicati e numerosi fulmini caddero tutt'intorno alla casa. Quando giunse il mattino, tuttavia, l'uomo era ancora vivo. Si recò da Swami Shankara, il quale, appena lo vide, andò subito da Babaji insieme a lui e gli si prostrò dinanzi. Fu allora che chiese l'iniziazione e Babaji gli insegnò il *Kriya Yoga*.

Come può il karma passato essere talmente preciso nelle sue pretese da rendere Shankara così sicuro del destino di quell'uomo? E come riuscì Babaji a proteggere il suo servitore? Che cosa indusse il servitore a far visita a Swami Shankara? (La reputazione di quest'ultimo, certamente, ma avrebbe potuto esserci qualcosa di più.) Che cosa attirò Shankara ai piedi di Babaji? Certo, il fatto che quel servitore fosse ancora vivo, ma Shankara era un maestro: deve esserci stato qualcosa di più di quei semplici fatti a condurlo, in modo apparentemente improvviso, ad accettare Babaji come suo guru.

Alcune di queste domande possono sembrare banali e ricevere facilmente una risposta con la comoda parola generica: *coincidenze*. Il motivo per cui le ho poste è perché la storia appena raccontata le suggeriva come un possibile ponte con il mio prossimo argomento. Una cosa, infatti, è del tutto certa: molti eventi della nostra vita non possono essere facilmente spiegati come semplici coincidenze. Uno di questi misteri è quello della continuità del rapporto tra discepolo e guru. Un detto nelle Scritture dell'Induismo afferma: «Quando il discepolo è pronto, il guru compare». Non è necessario cercare il proprio guru in tutto il mondo, né il guru deve necessariamente cercare un discepolo in modo cosciente. Anche se il ricercatore spirituale rimarrà seduto nella propria stanza della meditazione e chiederà intensamente aiuto, quando i tempi saranno maturi quell'incontro avrà luogo.

Jerry Torgerson, una volta, incontrò un uomo anziano in un negozio di Los Angeles, che gli raccontò questa strana storia.

«Quando ero giovane» disse «decisi di cercare Dio. Affittai un piccolo cottage fra i monti e feci del mio meglio per meditare profondamente.

«Un giorno, tornando da una breve passeggiata, trovai seduto fuori dal mio cottage un anziano signore che veniva dall'India. "Sono il tuo guru" mi disse. "Sono venuto ad aiutarti". Entrammo ed egli mi insegnò alcune tecniche yogiche. Da allora in poi mi immersi sempre più profondamente nel Sé. Il mio guru mi fece visita di tanto in tanto e continuò la mia istruzione.

«Un giorno, mentre tornavo nuovamente da una passeggiata, entrando nel cottage vi trovai ad attendermi la donna più bella che avessi mai visto. Avemmo un rapporto fisico ma, ahimè, dopo quel primo incontro, lei scomparve! Il mio guru smise di venire e io mi ritrovai prigioniero di una potentissima illusione. Adesso, tutto quel che mi rimane è lo splendido, doloroso ricordo della mia giovanile ricerca di Dio!».

Qual è il segreto nascosto dietro tutti gli avvenimenti apparentemente incredibili della nostra vita? C'è una parola unificante che lo definisce: *il magnetismo.*

C'era un discepolo di Sri Yukteswar che, pur essendo sincero nella sua scelta del celibato, non riusciva a togliersi dalla mente il desiderio di una compagna perfetta. Un giorno il suo guru gli disse: «Oggi Dio farà qualcosa per te».

Fecero un breve viaggio in treno. Mentre il treno si fermava brevemente in una stazione, un altro treno, che viaggiava nella direzione opposta, si fermò accanto al loro. Allora Sri Yukteswar disse: «Guarda attraverso il finestrino di quel treno accanto a noi».

Il giovane guardò e nello scompartimento di fronte al loro vide una bellissima donna, la cui sola vista appagò ogni anelito che egli avesse mai avuto verso una perfezione femminile in grado di equilibrare la sua natura. I treni si allontanarono in direzioni opposte e lui non rivide mai più quella donna. Da allora in poi, tuttavia, il suo desiderio di una compagna svanì per sempre.

Di nuovo, il magnetismo! In che altro modo è possibile spiegare la mia nascita in Romania, la nascita del mio guru in India, il fatto che io vivessi nello stato di New York e lui a Los Angeles e, tuttavia, come tutto questo sia culminato nel nostro incontro nel 1948? Non stavo nemmeno cercando consapevolmente un guru. Eppure, non appena lessi il suo libro, *seppi* che ero destinato a seguirlo.

La separazione dai nostri cari al momento della morte; l'incontro con altre persone con le quali sentiamo un immediato legame affettivo: le separazioni sono per sempre? e quegli incontri sono casuali? Assolutamente no! Coloro che amiamo in questa vita ci sono stati cari anche in altre. Yogananda disse che questo è vero anche per le persone che odiamo. Amore e odio: entrambi formano dei sottili magneti. «A volte» disse il Maestro «si vedono intere famiglie che vivono tra continui battibecchi. I loro membri sono nemici del passato, attratti insieme con lo scopo di poter lottare, in questa vita, da vicino!». Il magnetismo non è solo la proprietà di alcuni metalli.

Nella nuova epoca attuale del *Dwapara*, in cui si sta diffondendo la comprensione che la materia apparentemente solida è, in verità, la manifestazione di innumerevoli vibrazioni di energia, la realtà del magnetismo sta diventando sempre più evidente a ogni livello della manifestazione cosmica. La forza di gravità è un tipo di magnetismo. Altrettanto lo sono le manifestazioni della legge karmica.

Paramhansa Yogananda, che a mio parere diventerà conosciuto in tutto il mondo come il guru di questo *Dwapara Yuga*, dedicò un'ampia parte dei suoi insegnamenti a spiegare l'importanza del concetto di magnetismo. Egli disse, infatti, che il successo in qualunque campo, incluso quello spirituale, richiede molto più di uno sforzo tenace. Il successo dipende, in ultima analisi, dalla forza magnetica che sviluppiamo. Il giusto atteggiamento magnetico può realizzare più di quanto si ottenga con il sudore della fronte.

Il magnetismo, a sua volta, è generato dalla quantità e dalla qualità dell'energia che proiettiamo. A sua volta, questa energia dipende dall'intensità della nostra forza di volontà. «Più forte la volontà» ripeteva spesso Yogananda «più forte il flusso di energia».

In ogni ambito della vita, il successo dipende dalla forza di attrazione del nostro magnetismo. Nel futuro, l'importanza del magnetismo verrà insegnata in ogni scuola. Le persone considereranno ovvio il fatto che la conoscenza sia meno importante, ai fini del successo, del magnetismo che permette di attrarre tutto ciò che vogliamo. È possibile attrarre perfino la giusta conoscenza. Agli studenti, in futuro, verrà insegnato che le informazioni di cui si ha bisogno possono essere attratte con le giuste aspettative magnetiche. Ad esempio, l'archeologo che cerca un'antica civiltà perduta in una giungla tropicale avrà maggiori probabilità di trovarla sintonizzandosi con la coscienza di quel popolo antico, piuttosto che limitandosi a studiare le presunte vie commerciali di quel tempo. L'intuizione (che di per sé è magnetica) può guidarci alle giuste conclusioni in modo infallibile, molto più degli sforzi frammentari dell'intelletto.

Quegli antichi popoli, dunque, in un certo senso esistono ancora? Avevo un amico, anni fa, che veniva dallo Yucatan, in Messico, ed era un discendente dei Maya. Mi raccontò di aver trascorso un'intera notte, una volta, tra le rovine di un antico tempio maya. Mentre era lì disteso sulle pietre del tempio, una scena completa aveva improvvisamente preso vita davanti a lui: uomini e donne, abbigliati in vesti antiche, passeggiavano attorno liberamente, entravano e uscivano dal tempio e sembravano perfettamente normali. Non penso che fossero fantasmi. Penso che le vibrazioni lasciate in quel tempio vi fossero rimaste con una forza sufficiente da essere percepite dal mio amico come una realtà che ancora perdurava.

Io stesso feci un'esperienza per certi aspetti simile. Accadde a Cafarnao, in Israele, dove mi ero recato in pellegrinaggio. Poiché desideravo sentire come fosse stato quel posto ai tempi di Gesù, "scavai" mentalmente attraverso strati di storia per scoprire quell'epoca. All'improvviso, sentii con certezza che ero arrivato! Potevo *percepire* Gesù e i suoi giovani discepoli e il loro entusiasmo per la ricerca di

Dio. Cantavano gioiosamente insieme. No, non li vidi, ma fu una sensazione molto reale.

Ripetutamente, nel corso della Storia così come la si studia, sono giunte risposte inaspettate attraverso la sintonia di qualche veggente. Le persone, di solito, liquidano con sufficienza queste spiegazioni, perfino quando ne hanno sperimentato loro stesse la validità (anche se poi a casa, attorno al tavolo, forse intratterranno i loro ospiti a cena con la storia della loro "strana" intuizione). Tuttavia, quando il fenomeno diventerà ampiamente conosciuto e accettato, il *Dwapara Yuga* avrà realmente preso piede e l'umanità sarà capace di imprese che oggi sembrano miracolose.

Quanto spesso le capacità dell'uomo sono ostacolate dalle sue aspettative limitate! Ci sono voluti molti anni prima che gli atleti battessero il record del miglio in quattro minuti. Tuttavia, dopo che una persona riuscì a batterlo e che l'impresa divenne generalmente considerata possibile, un numero sempre più grande di atleti cominciò a riuscirci. Le nostre possibilità sono limitate soltanto dai nostri ristretti orizzonti mentali, tracciati strettamente intorno a noi dalle nostre timide aspettative.

«Vent'anni» disse Yogananda riguardo all'acquisto di Mount Washington «per chi pensa vent'anni; venti mesi per chi pensa venti mesi; e *tre* mesi per chi pensa tre mesi!».

I doni inestimabili che egli portò all'umanità includevano l'insegnamento che Dio *può realmente* essere conosciuto. La grandezza spirituale non è limitata ad alcune rare anime alle quali Dio ha concesso in modo speciale la Sua grazia, né viene elargita per i meriti particolari dell'individuo e neppure, certamente, giunge a causa di un capriccio divino assolutamente inspiegabile. La grandezza spirituale è per tutti. «Dio sceglie coloro che Lo scelgono» ci insegnò Paramhansa Yogananda.

Negli ultimi anni della sua vita, il Maestro attirò a sé discepoli che, in seguito, avrebbero portato avanti la sua opera. Io stesso facevo parte di questo flusso. Non tutti coloro che arrivarono gli rimasero fedeli, poiché il sentiero spirituale richiede costanza, una qualità spesso carente nell'essere umano. Il loro numero, tuttavia, aumentò regolarmente. «Quanti anni ho dovuto aspettarvi!» si lamentò il Maestro una sera. Ora, però, cominciò a fiorire l'aspetto più vero e profondo della sua missione: la formazione dei suoi discepoli diretti e dei devoti che avrebbero portato avanti la sua opera mostrando al mondo l'importanza dei suoi insegnamenti.

Egli poteva finalmente mettere in risalto alcuni atteggiamenti che all'inizio si era sentito libero di presentare solo in modo vago.

Il vegetarianismo, per esempio. Nei primi anni il Maestro non era stato severo riguardo a questa pratica, anche se consigliava vivamente alle persone di evitare il manzo, il vitello e il maiale. «Sono stato nei macelli» diceva «e ho visto che venivano rimossi dei tumori dai cadaveri di quelle bestie. Mangiare manzo e vitello non è sicuro, dal punto di vista fisico. Inoltre, il motivo per cui il prosciutto ha un gusto dolce è il pus di cui è permeata quella carne».

La ragione principale per evitare la carne, tuttavia, è che gli animali superiori sono sufficientemente intelligenti da sapere che cosa sta accadendo mentre vengono macellati. Ho sentito raccontare di mucche che emettono lamenti angosciati mentre vengono condotte al macello, rivelando il loro terrore. Negli animali superiori, più intelligenti, le emozioni come la paura, l'ansia e la rabbia rimangono impresse nella loro carne. Chi mangia quella carne ingerisce anche quelle emozioni violente.

Considerando il fatto che ogni essere sulla Terra sta cercando la felicità, mangiare manzo e maiale, in particolare, è decisamente controproducente.

Il consumo di carne riduce anche il magnetismo di una persona, poiché ostruisce i suoi sentimenti più elevati con emozioni estranee, animalesche. Qualunque cosa interferisca con il flusso naturale dell'energia, nel corpo o nella mente, indebolisce il magnetismo.

Durante i suoi primi anni in America, Yogananda non esortava con forza le persone ad abbracciare un'alimentazione vegetariana, poiché aveva altri principi più importanti da imprimere nelle loro menti. Raccomandava, tuttavia, di limitare l'assunzione di carne ad agnello, pollame e pesce. Consigliava anche di mangiare la carne meno frequentemente. Le pecore, i polli, i pesci: queste creature sono meno intelligenti delle altre che egli sconsigliava di mangiare; quando vengono macellate, le loro emozioni sono meno focalizzate e meno turbate.

È interessante osservare che nei Paesi in cui il consumo di manzo e/o maiale è diffuso, le persone sono generalmente più colleriche, battagliere e inclini a manifestare un orgoglio aggressivo.

Soprattutto, come ho già detto, sono meno magnetiche. O forse, correggendomi leggermente, dovrei dire che sono più magnetiche in modi disarmonici (dimostrando, ad esempio, un orgoglio competitivo), ma meno magnetiche in modi che portano armonia nella vita e nei rapporti con gli altri. Nazioni consumatrici di carne come l'Inghilterra e la Germania incanalano spesso un grande magnetismo verso la competizione con gli altri, ma hanno meno magnetismo per raggiungere il successo attraverso la cooperazione. Il consumo di carne, nel loro caso, interferisce con l'espressione del loro innato magnetismo spirituale.

Potrei affermare che lo stesso è vero per gli americani. Tuttavia, penso che l'alimentazione americana stia cambiando e sia sempre più orientata a includere una maggiore quantità di frutta e verdura, man mano che la popolazione diventa più attenta alla salute. Ammetto di essere meno informato sull'argomento di quanto forse dovrei essere, ma essendo vegetariano da oltre sessant'anni, non penso più molto a chi "sta all'opposizione". Inoltre, non sono mai stato un fanatico del cibo. Sono incline a mangiare nel modo giusto e poi a dimenticarmene. In questo senso, come in ogni cosa – ma in questa in modo del tutto naturale – seguo Yogananda, che non dava molto risalto al fatto di essere vegetariano e diceva invece alle persone: «Sono un "mangiabeniano"».

Una storia interessante riguarda (nuovamente) il dottor Lewis, che a un certo punto durante la giovinezza cominciò a soffrire di una strana quantità di dolori. Si recò da un medico dopo l'altro in cerca di aiuto, ma nessuno fu in grado di alleviare la sua sofferenza. Infine chiese al Maestro perché mai il suo corpo stesse soffrendo in quel modo.

«È perché le cellule del tuo corpo sono abituate a mangiare carne» rispose il Maestro. «Ora che hai adottato un'alimentazione vegetariana, quelle cellule stanno gridando per avere la loro dieta usuale. Ti suggerisco di mangiare, una volta alla settimana, un po' di agnello o pollo. Il problema scomparirà».

Il Dottore seguì questo consiglio e i dolori scomparvero. Dopo qualche tempo, poté abbandonare anche questa eccezione settimanale alla dieta ideale.

La spiegazione logica del vegetarianismo non è basata (come ci si potrebbe aspettare) sull'osservanza della pratica di *ahimsa*, o inoffensività. Si uccidono anche i vegetali mangiandoli, o per lo meno cuocendoli.

Ci si può immaginare (e penso sia un ragionamento corretto) che le forme di vita inferiori, nel loro impulso di innalzarsi sulla scala dell'evoluzione, siano felici di servire le forme superiori offrendo la loro vita per sostenerle. Tenendo a mente questo pensiero, è possibile mangiare anche con un atteggiamento di gratitudine, invece di pensare che si sta contribuendo a distruggere qualcosa. Se questo pensiero ti sembra fantasioso, non importa. Le fantasie benevole forniscono certamente un nutrimento migliore di quelle amare o permeate di rabbia.

# La rinuncia

Durante i suoi primi anni in America, Paramhansa Yogananda non sottolineava l'importanza della rinuncia. Egli dava alle persone gli insegnamenti spirituali che erano pronte a ricevere. In se stesso, tuttavia, era fermamente votato alla rinuncia. Comprendeva bene che per conoscere Dio bisogna dedicarsi completamente a quella ricerca suprema. Spesso, infatti, il Maestro citava le parole di Gesù: «Chi sono mio padre, mia madre, mio fratello o mia sorella, se non coloro che amano Dio?».

È strano – egli disse in un'occasione – che in Occidente, dove prevale il Cristianesimo, i cristiani credano in un modo di vivere equilibrato, mentre Gesù stesso era decisamente estremo nei suoi insegnamenti. Egli diceva alle persone di lasciare ogni cosa per seguirlo. Al contrario, in India, dove Krishna ha insegnato uno stile di vita equilibrato, gli indù hanno sottolineato fin da allora l'importanza della rinuncia totale. Si potrebbe concludere che i cristiani, in questo senso, sono diventati i veri discepoli di Krishna e gli indù sono diventati i veri discepoli di Gesù Cristo!

Ad ogni modo, Paramhansa Yogananda è venuto a mostrare il valore di entrambi i modi di vivere. Un attimo fa ho detto: «In se stesso, tuttavia, egli era fermamente votato...». Molti avrebbero sostituito la parola *fermamente* con *severamente*. Questo è un aspetto infelice della rinuncia: rende le persone troppo austere. Un atteggiamento simile toglie inutilmente il divertimento dalla vita! Il moralismo ha lo stesso effetto. Spesso, purtroppo, i rinuncianti non comprendono che il vero scopo della loro rinuncia non è la soppressione, ma la libertà interiore. Il segno distintivo del *vero* rinunciante è la sua gioia interiore. È questo ciò che Paramhansa Yogananda è venuto a portare all'umanità in questa epoca attuale e più elevata del *Dwapara*.

Egli raccontava la storia di un ricercatore spirituale che si recò da un santo e gli chiese di insegnargli a meditare. «Voglio trovare Dio *immediatamente*!» dichiarò il giovane. «Per quanto tempo dovrò lavorare?».

«Oh, non dovrai lavorare affatto» lo rassicurò il santo con un sorriso, intendendo (anche se non lo disse) che *lavorare* non era la parola giusta, poiché implica tensione; il rilassamento è un concetto più adatto. Per questo aggiunse: «Devi semplicemente bandire i pensieri dalla tua mente e concentrare la tua attenzione nel punto fra le sopracciglia».

Il nuovo allievo ne fu deliziato; così poco lavoro per dei risultati così grandi!

Non appena ebbe raggiunto la porta e stava per uscire dalla stanza, il santo lo chiamò e gli disse: «Oh, a proposito, ho dimenticato di aggiungere una cosa: mentre fai questa pratica, stai attento a non pensare alle scimmie».

«Non preoccupatevi, Maestro» rispose il giovane. «Non penso mai alle scimmie!».

Dopo una settimana il giovane tornò. «Riprendetevi la vostra tecnica, Maestro. Mi ha dato la consapevolezza delle scimmie!».

«Dimmi» rispose il santo con un sorriso. «Che cosa è successo?».

«Quando sono andato a casa e mi sono seduto a meditare, la prima cosa che mi è venuta in mente è stato il pensiero che non dovevo pensare alle scimmie! Da quel momento in poi ho cominciato a pensare a ogni tipo di scimmia che si può trovare in India. La seconda sera avevo terminato tutte le scimmie indiane, quindi ho preso un'enciclopedia e ho fatto una ricerca sui diversi tipi di scimmie dell'Africa, del Sud America, dell'Indonesia, della Malesia e dell'Australia settentrionale. Sono diventato un esperto di scimmie, ma la meditazione non mi ha dato un attimo di pace! Quindi vi dico, Maestro: riprendetevi la vostra tecnica. Mi sta rovinando la vita!».

Il santo rise di cuore. «Vedi? Stavo cercando di insegnarti che, per andare oltre la mente, non devi affatto lavorare nel senso mondano del termine. Ciò che devi fare è *rilassare* la mente da ogni pensiero irrequieto. La meditazione profonda non è un *lavoro*, anche se richiede un impegno profondo. *Rilassati* e immergiti profondamente in ciò che stai facendo».

«Non capisco» disse il giovane. «Come posso al tempo stesso provare e non provare?».

«Quando provi a non pensare a qualcosa, riuscirai a pensare solo a quello. Concentrati invece su qualcosa di positivo, come la luce, la pace e la calma interiori, oppure l'amore o la beatitudine. Ti ho detto di concentrarti nel punto tra le sopracciglia. Cerca di portare in avanti la tua consapevolezza, dal suo centro naturale nel midollo allungato al suo centro supercosciente nel punto fra le sopracciglia, cioè nel punto corrispondente situato nel lobo frontale del cervello.

«Nella meditazione, cerca di concentrarti positivamente su una cosa alla volta; non cercare di *non* pensare a niente. Non pensare alle scimmie, per esempio! Nella tua vita quotidiana, prova a fare una cosa alla volta; portala a compimento, e solo allora rivolgi la tua attenzione a qualcos'altro. Un po' alla volta, svilupperai la capacità di fare più cose contemporaneamente, mantenendo sempre la mente concentrata».

Nella coscienza dell'ego, ogni cosa che si fa ha il suo centro nel midollo allungato e ha origine dalla consapevolezza di quel centro. Un maestro, invece, compie ogni cosa dal suo centro supercosciente nel punto fra le sopracciglia.

Anche nella vera rinuncia, non si tratta tanto di concentrarsi su ciò a cui si sta rinunciando, quanto sulla libertà che giunge quando non si dipende più da nulla di esterno.

Se i pensieri dei desideri e degli attaccamenti mondani continuano a entrare nella tua mente, una buona tecnica che puoi praticare è quella di creare mentalmente un falò, ogni sera prima di andare a dormire. Poi pensa ai tuoi impulsi mondani e gettali, uno a uno, nel fuoco. Mentre li guardi ridursi in cenere, senti la gioia della libertà interiore da ogni attaccamento esteriore.

Le illusioni principali sono tre: il denaro, il sesso e le sostanze inebrianti di qualunque genere (alcool, droghe e qualunque altra cosa che l'uomo, con la sua ingegnosità, possa scoprire per raggiungere una temporanea euforia). Le illusioni secondarie sono connaturate alla natura emozionale e fanno sì che l'individuo reagisca con piacere o dispiacere a innumerevoli circostanze esterne, rendendosene schiavo.

L'illusione finale da superare – nonché la più importante – è la consapevolezza dell'ego.

Vorrei proporre alcuni metodi, che ritengo eccellenti, per superare ognuna delle principali illusioni. Non so dire quanto di tutto questo provenga direttamente dal mio guru. Sono giunto a queste percezioni da solo, ma come suo discepolo, e credo quindi di poter affermare sinceramente che esse devono provenire da lui, almeno in una certa misura.

1. IL DENARO. Credo che questa illusione possa essere superata nel modo migliore non con violenza – per esempio gettandolo nelle fiamme – ma piuttosto rilassando la mente. Il denaro, ovviamente, è una necessità della vita. L'importante è non diventare dipendenti dal suo possesso. Di per sé, il denaro non ha alcun significato. Possederlo è solo un sentiero verso qualche meta, che di solito è vaga, non identificata e pertanto suscettibile di essere moltiplicata all'infinito. Il desiderio di denaro crea l'immagine mentale di noi stessi seduti, in senso figurato, in una grande sala e circondati da innumerevoli oggetti

luccicanti, ma indistinti, che sembrano mormorare a turno: «Dovrai avermi, se vuoi trovare la vera felicità». «E anche me!». «E anche me!». La mente rimane sconcertata e finisce per dire: «Non infastiditemi con tutto questo. Per ora, lasciatemi avere sempre più denaro, così potrò comprarvi *tutti*. Voglio essere *ricco*!».

Il modo migliore per trovare la pace interiore è, semplicemente, ritirarsi da quel groviglio di appagamenti immaginari, concentrandosi sulla sensazione di essere completamente appagati, già adesso, nel Sé interiore.

2. IL SESSO. Il desiderio di unione con un'altra persona è, in definitiva, l'anelito dell'anima all'unione con Dio. Esso, però, non potrà mai essere soddisfatto tra due persone. Vi sono, innanzitutto, queste pareti di carne che ci racchiudono e ci separano. Perfino sul piano astrale rimane comunque l'insuperabile barriera dell'ego.

Il sesso è un modo per cercare di raggiungere la perfetta unione con un'altra persona, ma ciò non può mai accadere. Innanzitutto, il piacere del sesso dura solo alcuni secondi, ed è seguito da una fiacchezza fisica e morale che, alla fine, si trasforma in disgusto. (Il detto: «Sembra un uomo nell'ultimo giorno della sua luna di miele» suggerisce il motivo di tale fiacchezza!) Il sesso, inoltre, attira la mente nei *chakra* inferiori, quindi *lontano* dalla vera felicità!

È inutile dissertare troppo duramente o troppo a lungo contro un'illusione così profondamente radicata nella natura umana! Tuttavia, se non fosse per il fatto che il sesso è necessario a ripopolare il mondo, si dovrebbe dire che esso è, semplicemente, satanico!

Posso proporre due modi, in particolare, per superare il desiderio sessuale:

a) Quando sei colto dal desiderio, inspira ed espira profondamente. In questo modo i polmoni diventano un magnete che attira l'energia verso l'alto, da quel centro inferiore fino alla zona del cuore. Poi siediti a meditare. Concentrati nel punto fra le sopracciglia: il magnetismo creato in quel punto attirerà l'energia in alto verso l'occhio spirituale, allontanandola completamente dagli organi sessuali.

b) Se non puoi fare a meno di abbandonarti a quell'impulso, ritira la mente dal pensiero che stai trovando piacere in esso. Osservati con distacco e di' a te stesso: «Questo non sono io». È una pratica tantrica, pericolosa da praticare ma necessaria quando l'illusione diventa troppo forte.

Yogananda disse che gli esseri umani, inizialmente, creavano i figli congiungendo le energie della coppia nell'occhio spirituale. Questo – spiegò – è il vero significato del giardino dell'Eden. Ad Adamo ed Eva fu detto di godere di ogni cosa, tranne dell'albero «al centro del giardino», cioè dell'impulso sessuale latente, il cui ricordo aleggiava nella loro mente subconscia dalle vite precedenti trascorse in corpi animali. Il serpente rappresentava la stimolazione esteriore attuata dalla forza serpentina nella spina dorsale: *kundalini*.

Una volta Yogananda parlò con un cristiano fondamentalista, il quale sosteneva con insistenza che tutto ciò che la Bibbia afferma è vero in senso letterale. «Molti degli insegnamenti che vi sono contenuti» gli disse Yogananda «sono profondamente simbolici; non sono dei fatti reali».

«No, sono intesi in senso letterale!» ribadì il fondamentalista.

«Che mi dice, allora, del serpente nel libro della Genesi?» chiese il Maestro. «È scritto che *parlò* a Eva».

«A quei tempi» dichiarò risolutamente il fondamentalista «i serpenti potevano parlare».

Il Maestro si tolse il cappello e, con un profondo inchino, disse con un accenno di sorriso: «Mi inchino di fronte al tempio di colossale ignoranza che contemplo dinanzi a me!».

Vorrei ripetere che in origine la riproduzione umana avveniva semplicemente invitando le anime del mondo astrale a entrare nelle famiglie terrene, e quell'invito era fatto concentrando due menti nell'occhio spirituale. Anche oggi, questo è il modo migliore per creare opere d'ispirazione: dipinti, libri, invenzioni ecc. Questo tipo di creatività può non richiedere l'unione di una coppia, anche se c'è un detto famoso: «Dietro ogni grande uomo, c'è l'ispirazione di una donna».

3. LE SOSTANZE INEBRIANTI. Il motivo per cui le persone assumono tali sostanze è che, ottenebrando i propri sensi, credono di poter diminuire almeno per un po' le sofferenze della vita. Il consumo di bevande alcoliche è così diffuso che la domanda comunemente rivolta oggigiorno quando si entra in casa di qualcuno come ospiti è: «Cosa prendi?», cioè «Cosa vorresti bere?»: whiskey? scotch? brandy? tequila? vodka? Mamma mia, quanti modi ha trovato l'uomo per rendere più scivolosa la sua caduta! La mia risposta a quella domanda è: «Vorrei una tazza di tè».

Per ogni "alto", deve esserci un "basso". Ogni gioiosa bevuta è seguita da una depressione, sotto forma di postumi o di semplice malumore.

Ciò nonostante, si può almeno dire questo di buono sull'alcool, rispetto alle droghe come la cocaina: le persone di solito bevono alcolici semplicemente per quel "calore" che collegano all'essere socievoli in compagnia. Le droghe, invece, hanno delle associazioni diverse: vengono assunte per andare volutamente "su di giri" o per "sballarsi". L'effetto è diverso, ma ancora più satanico. Le persone che assumono allucinogeni pensano che la loro mente diventi più chiara durante quell'esperienza, ma posso solo dire che invece, in quei momenti, la loro mente mi sembra estremamente confusa. È difficile persino ragionare chiaramente con loro. Hanno una sorta di logica tutta loro, un linguaggio in cui possono comunicare solo con altri che hanno preso la stessa droga. Ho vissuto a San Francisco durante l'epoca degli hippie e ho potuto vedere molte persone in questo stato di "sballo".

Ho sentito sempre, in loro compagnia, la presenza di una forza satanica che aleggiava su di loro.

L'ordine di rinuncianti creato da Yogananda cominciò a fiorire solo verso la fine della sua vita. Prima vennero le donne, poi, molti anni dopo, gli uomini. La prima donna (ragazza, per essere esatti) fu Faye Wright, all'età di diciassette anni, nel 1931. Il Maestro la chiamava il suo "investimento per il futuro", perché vedeva che attraverso di lei anche altri sarebbero stati attratti. Kamala Silva era arrivata prima di lei, ma il Maestro aveva visto che il suo karma era quello di sposarsi. Laurie Pratt una volta mi disse: «In quegli anni, il Maestro non aveva ancora la grande aspettativa di creare un monastero. Un giorno entrai nella sua stanza dei colloqui. Mi accolse con un sorriso e mi chiese: "Allora, stai pensando di sposarti?"». (Era proprio così.) Durga non desiderava sposarsi, tuttavia era preoccupata soprattutto per la propria salvezza personale. Faye (Daya), quindi, era quella su cui egli faceva affidamento per far decollare l'ordine monastico.

Ciò nonostante, il Maestro era ancora concentrato sul lavoro che doveva svolgere per compiere la sua missione. Michael Krull arrivò sette o otto anni dopo Faye. Bernard arrivò più o meno nello stesso periodo. Arrivarono anche altri uomini, ma il nostro guru una volta ci disse: «Sembravano non capire perché non dovevano andare a ballare il sabato sera!». Fu solo attorno all'epoca del mio arrivo che cominciarono a giungere uomini che desideravano diventare monaci.

Così, prima del mio arrivo non era mai stato fondato un vero e proprio ordine monastico. C'erano monaci e monache, ma non c'era una regola, non c'era uno stile di vita adatto e neppure uno sforzo spirituale di gruppo. Per quanto riguarda il gruppo che conoscevo, c'erano stati degli uomini a capo dei monaci, ma la loro posizione non aveva avuto un significato chiaro agli occhi degli altri; sembrava più o meno indicare soltanto un canale attraverso il quale il Maestro potesse comunicare i propri desideri all'uno o all'altro dei monaci.

Nel 1949, un anno dopo il mio arrivo, il Maestro mi mise a capo dei monaci. All'inizio, tuttavia, anch'io considerai il mio dovere più come un titolo che come un qualcosa di significativo. Poi, però, si verificò un grande esodo.

Cominciò nel gennaio del 1950. Il nostro guru mi chiese di raggiungerlo nel deserto, per aiutarlo nella revisione editoriale. Laurie Pratt, ovviamente, era la principale responsabile di quell'attività, ma il Maestro desiderava anche una lettura preliminare per alleggerirle il lavoro. Io stesso attraversai una grande prova durante i mesi di solitudine nel ritiro dei monaci. Nel frattempo, anche i monaci e le monache a Mount Washington venivano assaliti dal forte impulso interiore di abbandonare il sentiero spirituale.

Nel periodo in cui trascorsi molte ore al giorno con il Maestro (quando ebbe finito di dettare i suoi commenti alla *Bhagavad Gita*), egli mi spiegò che cosa stava accadendo: «Satana sta mettendo alla prova l'organizzazione» disse.

«Ecco cos'era!» esclamai.

«Sì» rispose lui con tristezza. «Cadranno parecchie teste». Io stesso avevo avuto la sensazione che essere sul sentiero spirituale fosse del tutto inutile, perché non sarei mai arrivato da nessuna parte. La grazia che mi salvò in quel momento fu il semplice pensiero: «Qual è l'alternativa? *Non* ci sono alternative!».

Una "pulizia" simile si verificò verso la fine della vita di Gesù Cristo. Sembra proprio che egli avesse messo alla prova i suoi discepoli, quando disse loro: «Dovete mangiare la mia carne e bere il mio sangue». La Bibbia prosegue dicendo: «Da allora molti dei suoi discepoli si tirarono indietro e non andavano più con lui». Il vero significato di quelle parole, come spiegò il mio guru, era stato (dal punto di vista della coscienza cristica e non dell'ego): «Dovete diventare tutt'uno con la Vibrazione Cosmica e sentir scorrere in essa l'onnipresente coscienza cristica». Gesù, tuttavia, lasciò che i suoi discepoli decifrassero da soli ciò che egli aveva voluto dire. I veri discepoli risolsero questa difficoltà come feci io (poiché fu proprio questo a salvarmi, dopo mesi di agonia): riconoscendo semplicemente che lo amavano e che lui amava loro. Come disse Pietro: «Signore, da chi andremo?». E come dissi io al Maestro: «Per me, semplicemente, non c'è alternativa!».

«Questo è lo spirito giusto!» rispose lui amorevolmente.

Nel 1950 decisi di prendere sul serio il mio incarico di capo dei monaci. Mi resi conto, dopo che così tante persone se n'erano andate, che era ora di dar loro un'organizzazione. Mi consultavo con il Maestro di tanto in tanto, ma per la maggior parte agivo attraverso la mia sintonia con lui, insistendo al tempo stesso che i suoi principi venissero applicati da tutti. Questo libro non è il luogo adatto per raccontare le mie difficoltà e i miei trionfi nello svolgere quel compito. Sia sufficiente dire che i miei sforzi si sono trasformati, nel corso degli anni, in una nuova espressione dello spirito monastico: meno legata al rifiuto del mondo e più ispirata all'affermazione di Dio; meno incentrata sul sopprimere l'ego e più dedicata a espanderlo con un senso di compassione per tutti. Il nostro "Ordine di rinuncianti per la nuova era" è, a mio avviso, completamente in sintonia con i desideri del Maestro.

Questo nuovo ordine abbraccia anche coloro che sono sposati ma desiderano vivere in primo luogo per Dio. Inoltre, non è limitato ai seguaci del sentiero del mio guru, ma è aperto a tutti. Quando lo fondai, un sacerdote in Italia mi chiese: «Quante persone ci sono nel suo nuovo ordine?».

«Una» risposi con un sorriso. Ora, tuttavia, il numero è salito a 600 e sta aumentando rapidamente.*

* Per maggiori informazioni su questo nuovo ordine di rinuncianti, si consiglia al lettore il libro di Swami Kriyananda *Un ordine di rinuncianti per la nuova era*, disponibile in formato cartaceo tramite Ananda Edizioni-Sangha (www.anandaedizioni.it) o scaricabile gratuitamente da Internet (www.ananda.it). *(N.d.C.)*

Yogananda non aveva mai voluto concentrarsi su un unico aspetto della società. La sua missione era di mostrare a tutta l'umanità come prepararsi a un livello di coscienza superiore, vivendo insieme in modo cooperativo e non competitivo, orientando le tecniche manageriali verso la condivisione e non l'appropriazione, e trattando la vita stessa come un'opportunità per trovare punti in comune con gli altri, invece di escluderli dalle proprie simpatie.

# Il vero Cristianesimo e il vero Induismo

Una donna che faceva parte della mia congregazione alla chiesa di Hollywood mi raccontò come aveva conosciuto il Maestro. Un mattino stava pregando nella sua casa, quando all'improvviso aveva udito una voce che dichiarava con forza: «Cristo verrà oggi!».

Era domenica. Più tardi, quella stessa mattina, un'amica la portò alla chiesa SRF di Hollywood, dove sentì parlare Paramhansa Yogananda.

Una parte importante della missione del Maestro sulla Terra era quella di mostrare l'unità fondamentale degli insegnamenti di Gesù Cristo e di Krishna, nonché di presentare gli insegnamenti *più profondi* alla base di quelle religioni. Egli ci disse molte volte che era stato Gesù stesso, insieme a Krishna nella sua attuale incarnazione come Babaji, a dare il via a questa missione attraverso di lui. Spiegò, inoltre, che Gesù Cristo si era materializzato davanti a Babaji sull'Himalaya e gli aveva detto:

«Che cosa è accaduto alla mia Chiesa? Stanno ancora facendo opere buone, ma hanno dimenticato l'importanza della comunione diretta, *interiore*, con Dio. Mandiamo un nostro emissario in Occidente, per promulgare nuovamente il mio messaggio originale».

È importante comprendere che nessun grande profeta dirà mai: «Solo la mia via è quella giusta», a meno che con ciò egli non intenda dire: «La via che vi indico è l'unico vero sentiero per ogni uomo, a

L'essenza del Cristianesimo e dell'Induismo è la stessa. Nella sua *Autobiografia*, Yogananda ha scritto: «Gesù ... e altri profeti del passato furono maestri nell'uso del *Kriya* o di una tecnica simile».

prescindere dalla sua religione», spiegando poi che ciò si riferisce al sentiero interiore verso Dio, che si trova già nell'intimo di ogni essere umano: l'autostrada della spina dorsale, l'unico luogo in cui l'ego può essere offerto in alto nell'unione con il Sé Eterno. I veri maestri, in altre parole, parlano di *princìpi*, non di *personalità*. Gesù Cristo non è venuto sulla Terra per dire alle persone quanto era grande *lui*. È venuto per mostrare quanto sono grandi loro stesse, a livello potenziale, nella loro anima. Il suo messaggio fondamentale era: «Ciò che ho fatto io, potete farlo anche voi. Ciò che sono io, potete diventarlo anche voi».

«Dio» soleva dire Yogananda «non crea mai delle manifestazioni uniche di Se Stesso, etichettandole come "DIO". Tutte le Sue dirette manifestazioni umane sono dei figli divinamente risvegliati, che hanno attraversato l'intera gamma delle infinite incarnazioni. Hanno sofferto loro stessi le pene dell'illusione. Loro stessi, grazie a sforzi intrepidi e costanti, hanno conseguito la vittoria finale nell'unione con Dio. Sono tutti, ugualmente, un'unica cosa con "l'unigenito Figlio di Dio", la coscienza cristica, proprio come lo era Gesù».

Sarebbe, ovviamente, impossibile per me presentare in questo contesto tutti gli insegnamenti di Yogananda relativi a Cristo. Devo fare del mio meglio, tuttavia, per sintetizzarli nelle pagine di un breve capitolo, poiché questo aspetto della sua missione era fondamentale per tutto ciò che egli compì in questa vita. Yogananda non si limitò a indirizzare verso Dio la mente e il cuore di innumerevoli migliaia di persone, ma lo fece anche all'interno di una tradizione nella quale aveva avuto il compito di infondere nuova vita.

Verso la fine della sua vita, egli rivolse a Gesù questa preghiera: «Signore, ho dato loro i *tuoi* insegnamenti? Non ho voluto introdurre in essi nulla di estraneo». Ci raccontò cosa successe allora:

«Vidi una luce meravigliosa e Gesù Cristo apparve sopra di me. Il Sacro Graal passò dalle sue labbra alle mie, e udii la sua voce che diceva: "La coppa dalla quale bevo, è la stessa dalla quale bevi tu"». In seguito, la responsabile editoriale del Maestro (Laurie) ritenne irriverente citare quelle parole. Nell'*Autobiografia* gli lasciò dire soltanto: «... parole meravigliose di rassicurazione, di natura così personale che io le serbo nel mio cuore». Il Maestro, tuttavia, ce le ripeteva di frequente. Non vedo quindi la necessità di un tale inutile scrupolo.

Vorrei dunque elencare, il più sinteticamente possibile, gli insegnamenti di Gesù sui quali Yogananda si concentrava in principal modo.

1. Egli diceva che il nostro primo dovere nella vita è amare Dio e che, risvegliando in noi il divino amore, dovremmo amare tutti gli esseri nel Suo nome. Il nostro prossimo – diceva, sempre riferendosi alle parole di Gesù – è colui che si trova in sintonia con noi, chiunque egli sia. A costui dovremmo dare di più, perché si è dimostrato in grado di ricevere di più. In altre parole, non sprecare energia nel dare troppo a coloro che non sono ricettivi. («Non gettate le vostre perle davanti ai porci».) Concèntrati specialmente sulle persone che sono aperte a ciò che hai da dare.

2. Cerca per primo Dio, e ti sarà dato anche tutto il resto di cui avrai bisogno.

3. Non accontentarti di appagamenti minori: diventa perfetto nel tuo Sé, così come Dio è perfetto.

4. Non è sufficiente pregare Dio. Dobbiamo anche ascoltare la Sua risposta, nella profonda meditazione.

5. Le «chiavi del Regno» di cui parlò Gesù sono le tecniche di meditazione che aiutano l'individuo a prepararsi alla divina illuminazione.

6. Il credere non dimostra nulla. Solo la fede conta. Per secoli le persone hanno creduto che la Terra fosse piatta, ma quella convinzione non l'ha resa tale. Io posso credere che tu sia mio amico, ma solo dopo che la nostra amicizia sarà stata messa alla prova dall'esperienza nel corso degli anni, potrò dire di avere veramente fede in te.

7. Il destino dell'uomo non è di vivere per l'eternità in un corpo limitante. Il regno di Dio si trova nell'intimo di noi stessi. Il vero destino dell'uomo è di realizzare la propria unità con l'Infinito.

8. I veri insegnamenti di Cristo non potranno mai essere confinati entro le mura di un'istituzione. Chiunque, in qualunque luogo, segua il suo comandamento di vivere per Dio e di amarLo con tutto il cuore, è suo seguace tanto quanto coloro che si dichiarano cristiani.

9. Possiamo trovare Dio solo attraverso la coscienza cristica, che pervade tutta la Creazione.

10. «Vivere per Dio è martirio». Questo era uno dei detti preferiti del mio guru. Le prove, la sofferenza, l'opposizione, le incomprensioni, sì, anche la persecuzione: tutte queste cose accompagnano il sentiero spirituale, poiché Dio vuole essere completamente sicuro del nostro amore. Se, tuttavia, affrontiamo ogni prova non con un atteggiamento di sopportazione, ma di spontanea e gioiosa accettazione, Dio non ci abbandonerà mai. Alla fine, il devoto scopre infallibilmente che le prove divine gli hanno sempre indicato la via verso la suprema felicità della sua anima nel Signore.

11. Dobbiamo perdonare chiunque cerchi di ferirci, perché tutti gli uomini, nel profondo del loro cuore, desiderano

soltanto la beatitudine. Tutto ciò che fanno, sia esso saggio o sciocco, gentile o scortese, generoso o egoista, ha lo "scopo recondito" di sperimentare la beatitudine. Se qualcuno cerca di ferire un'altra persona, si tratta soltanto di quel desiderio che affiora in modo distorto. A prescindere da come vieni trattato, quindi, accettalo con gratitudine. Consideralo una benedizione di Dio, che ti viene mandata per liberarti dalla schiavitù dell'ego.

12. Non essere mai passivo nella tua dedizione. Perfino Gesù scacciò i cambiavalute dal tempio, quindi consàcrati sempre, senza timore, alla verità. Non possiamo essere responsabili delle azioni degli altri, ma possiamo e dobbiamo accettare la responsabilità delle nostre azioni di fronte a Dio.

13. Dovremmo considerare come veri membri della nostra famiglia soprattutto coloro che amano Dio.

14. Dovremmo attraversare la vita gioiosamente, sapendo che Dio ci ama. Perfino la sofferenza dovrebbe essere abbracciata con gioia come una benedizione di Dio che ha lo scopo di purificarci da ogni illusione. L'immagine popolare di Gesù come «un uomo di sofferenza, che ben conosceva il dolore» è molto lontana dal vero. Gesù ci ha mostrato come, amando Dio, possiamo elevarci per sempre al di sopra di ogni pena.

15. Non dovremmo mai accettare il pensiero di essere peccatori, tranne, forse, come una giocosa espressione di umiltà. Definirsi peccatori significa identificarsi con il peccato. Il peggior peccato di fronte a Dio, quindi, è affermare in tutta serietà: «Sono un peccatore». Dire: «Ho sbagliato» è diverso. Questa ammissione è necessaria, se si desidera cambiare. Ma dire: «Ho sbagliato perché sbagliare fa parte della mia natura» significa concedere a se stessi tutte le scuse necessarie per continuare a

sbagliare. In realtà, dire: «Sono un peccatore» significa giustificare la propria peccaminosità!

Gli insegnamenti di Krishna espressi nella *Bhagavad Gita* sono, punto per punto, gli stessi di Gesù. Il cosiddetto "culto degli idoli" degli indiani è, in realtà, soltanto un "culto degli ideali". Gli insegnamenti di Krishna e quelli di Gesù sono identici in ogni loro elemento essenziale. L'unica differenza è che Krishna sottolinea l'importanza di raggiungere la libertà attraverso l'azione priva di desiderio. Il suo insegnamento può essere compreso a molti livelli: ciò che egli ha detto sulla giusta azione permette anche di concentrarsi completamente su quello che si sta facendo, e costituisce quindi una buona lezione per ottenere il successo nella vita. Gesù, invece, sottolineò soprattutto la necessità della devozione. Il suo popolo era troppo preoccupato di comprendere la Legge di Mosè in tutte le sue ramificazioni. L'insistenza sul fatto che Dio era Uno, inoltre, aveva portato gli ebrei a escludere gli altri invece di *includere* tutti, poiché non riuscivano a comprendere (bisogna ricordare che ciò accadeva nel periodo più profondo del *Kali Yuga*, l'epoca oscura) che ogni cosa, letteralmente *ogni cosa*, era, è, e sempre sarà una parte di Dio.

CAPITOLO TRENTESIMO

# Lake Shrine

Nel 1950 Paramhansa Yogananda inaugurò la sua ultima proprietà, la più bella di tutte: il Santuario del lago (Lake Shrine) della SRF a Pacific Palisades. Il lago, che in precedenza era stato un set cinematografico, è situato in una conca dalle ripide pareti all'interno del grande anello creato dal Sunset Boulevard, un'importante "arteria" di Los Angeles, là dove esso compie un'ultima curva prima di iniziare la ripida discesa verso l'Oceano Pacifico. La proprietà contiene una casa galleggiante e un mulino a vento con una pittoresca casetta. Nel corso degli anni è diventata uno scrigno di grande bellezza. Già quando fu acquistata, nonostante fosse stata trascurata per circa quindici anni, il suo potenziale era evidente.

Noi monaci lavorammo sodo, con la supervisione del nostro guru, per preparare il luogo per la grandiosa cerimonia d'apertura.

Ricordo che mi trovavo in piedi sul fianco della ripida collina insieme a un altro monaco, mentre cercavamo di posizionare un albero di palma. Il Maestro si trovava sotto di noi.

«Un po' più a sinistra» disse; poi: «Un po' più in alto. No, adesso trenta centimetri alla mia destra».

A un certo punto trattammo la pianta in modo un po' brusco. (La collina era *molto* ripida!) «Fate attenzione!» gridò il guru. «Non *sentite*? È *viva*!». Con cautela spostammo la pianta trenta centimetri a destra.

«Ecco! Piantatela lì» ci disse lui.

Il posto era splendido, ma, ahimè, era infestato dalle zanzare! Entravano nelle orecchie, pungevano la pelle, davano fastidio agli occhi. La legge della dualità era alacremente all'opera: grande bellezza, contrastata dalla quasi completa distruzione della nostra capacità di goderne!

«Maestro» esclamai «perché così tanta bellezza deve andare a braccetto con un tale fastidio?».

Con un sorriso, egli rispose: «È il modo che ha Dio di farci muovere costantemente verso di Lui».

Durante una di quelle giornate di lavoro, un grande gruppo di noi monaci si riunì con il Maestro nella casa galleggiante. Il peso era più di quanto la barca potesse reggere, e questa cominciò ad affondare. Per evitare che affondasse del tutto, il Maestro la fece tirare a riva. Ora non è più una vera casa galleggiante, ma sembra comunque tale.

Nel corso della nostra prima visita alla proprietà, il Maestro fece indossare a noi monaci il costume da bagno e ci fece entrare con lui nel lago. Mentre stavamo lì attorno a lui, agitò le mani nell'acqua per alcuni minuti.

«Ho inviato la mia luce in tutto questo lago» dichiarò poi. «Adesso questa è acqua santa. Chiunque verrà qui in futuro sarà benedetto da vibrazioni divine».

Ho detto che Yogananda, verso la fine della sua vita, si riferiva più apertamente al suo stato di coscienza elevato. La sua precedente reticenza su tali questioni era scomparsa, anche se egli non parlava mai vantandosi e neppure in modo tale da attirare l'attenzione su se stesso. Piuttosto, era completamente rilassato nei confronti della propria grandezza, al punto che a volte ci scherzava sopra.

IN ALTO: Lake Shrine, inaugurato nel 1950, con il santuario in cui è custodita una parte delle ceneri del Mahatma Gandhi. IN BASSO A SINISTRA: Il Rev. Bernard, il Rev. Stanley, il dottor Lewis, Paramhansa Yogananda e l'Autore all'inaugurazione di Lake Shrine, nel 1950. IN BASSO A DESTRA: Yogananda durante un incontro pubblico a Mount Washington. Swami Kriyananda si trova in piedi a destra in fondo alla stanza, con altri monaci.

C'era una statua che tutti noi pensavamo rappresentasse il Buddha. Un buddista, in seguito, mi disse che si trattava di qualche altro personaggio di quella linea, ma ora non ricordo chi fosse. In ogni caso, pensando che si trattasse del Buddha, chiesi al Maestro, che si trovava lì accanto: «Signore, dove volete che deponiamo il Buddha?».

Con un calmo sorriso, egli rispose: «Il Buddha preferisce rimanere in piedi».

Il Santuario del lago della SRF è diventato un luogo in cui le persone si recano da ogni parte del mondo. Molte di loro, probabilmente, non hanno alcun legame con Paramhansa Yogananda e forse sono del tutto inconsapevoli della sua esistenza. Si sentono attratte dall'incredibile bellezza di quel luogo e dalle sue ispiranti vibrazioni. I discepoli, senza interruzione nel corso di tutti questi anni, ne hanno amorevolmente conservato la bellezza, contribuendo anche ad accrescerla.

Il Reverendo Stanley, un giovane a cui il Maestro affidò per primo la responsabilità del luogo, vi apportò fin dall'inizio un meraviglioso spirito creativo. Egli mise una statua di Gesù Cristo sulla cima di una piccola collina, appena sopra una cascata artificiale azionata da una pompa.

Chuck Jacot, il figlio di un idraulico che era poi diventato monaco della SRF, un giorno stava cercando di aggiustare quella pompa, quando si rese conto che il lavoro era superiore alle sue capacità. Rifletté e si ricordò che il Maestro, citando Lahiri Mahasaya, aveva scritto nell'*Autobiografia di uno yogi*: «Ogni volta che qualcuno pronuncia con reverenza il nome di Babaji, quel devoto attrae su di sé un'istantanea benedizione spirituale». Chuck si mise immediatamente a sedere e chiamò Babaji in meditazione. Istantaneamente, il grande maestro apparve al suo sguardo. Quando Chuck finì quella meditazione, la pompa funzionava di nuovo perfettamente!

In seguito, Yogananda spiegò: «Ho chiesto a Babaji di dare a Chuck quella benedizione speciale».

Stanley era praticamente da solo a Lake Shrine. Dopo la dipartita del Maestro, accadde quello che succede fin troppo spesso dopo la morte di un fondatore. In questo caso, le donne che vivevano a Mount Washington e che erano a capo dell'organizzazione cercarono di dire a Stanley che cosa dovesse o non dovesse fare, senza conoscere a sufficienza la situazione nella quale egli si trovava. Mi addolorava vederlo lottare contro quelle interferenze. Stanley, tuttavia, si ribellò come io non avrei mai fatto. Per esempio, loro non volevano Gesù su quella collina, pensando che le condizioni atmosferiche avrebbero rovinato la statua, ma era un posto perfetto. Lui creò una protezione per la statua – forse rivestendola con uno strato di intonaco – e insistette nel metterla proprio lì.

Come ho detto, io non mi sarei mai ribellato. Con il tempo, però, dovetti affrontare gli stessi problemi che aveva avuto lui con la "burocrazia" e alla fine fui costretto ad andarmene, assolutamente contro la mia volontà.

Qualche anno fa è stato condotto uno studio sul destino delle organizzazioni dopo la morte dei loro fondatori. Si è scoperto che poche di esse sono sopravvissute a quella perdita. Quelle istituzioni che sono riuscite a sopravvivere hanno proseguito da allora in poi con uno spirito molto diverso.

La Chiesa cattolica si è allontanata molto dagli insegnamenti di Cristo. Sopravvive perché, molto tempo fa, si è racchiusa e cementata nell'ideologia.

La SRF ha deciso di percorrere la stessa strada. Entrambe le istituzioni stanno facendo un buon lavoro, ma entrambe si sono rinchiuse nei dogmi al punto di perdere la libertà di spirito espressa dai loro fondatori. Questo è un bene, dato che probabilmente è sembrato loro che non ci fossero alternative? Non lo so. Quello che so è che ho fatto del mio meglio per far crescere Ananda in modo da evitare che ciò accadesse di nuovo. Se ci sono riuscito oppure no, lo si vedrà.

Ci sono attualmente otto comunità Ananda nel mondo: nei pressi di Nevada City, a Sacramento e a Palo Alto, in California; a Portland, nell'Oregon; a Seattle, nello Stato di Washington; vicino ad Assisi, in Italia; a Gurgaon, nell'India del Nord; nel villaggio di Watunde vicino a Pune, nell'India del Sud. C'è inoltre una comunità nascente a Los Angeles. In queste comunità, circa un migliaio di devoti vivono una vita di armonia, cooperazione e notevole felicità. Abbiamo le nostre imprese che contribuiscono a sostenere le comunità, e anche scuole, alloggi privati per i residenti, ritiri per gli ospiti, fattorie e frutteti. Queste comunità hanno preso il via nel 1968 e hanno dimostrato di essere un ideale per il futuro.

CAPITOLO TRENTUNESIMO

# I suoi ultimi anni

Paramhansa Yogananda lasciò il corpo il 7 marzo 1952. Trascorse i suoi ultimi anni principalmente in ritiro. L'ordine monastico era ormai ben avviato e procedeva senza intoppi. Il Maestro aveva ancora qualche libro da completare.

Nel gennaio del 1950, egli si recò nel suo ritiro nel deserto per lavorare ai suoi commenti alla *Bhagavad Gita*. Mi chiese di andare con lui. Davanti a un gruppo di monaci mi disse: «Ho chiesto alla Madre Divina chi dovessi portare con me per aiutarmi nel mio lavoro, ed è apparso il tuo viso, Walter (era così che mi chiamava). Ho chiesto altre due volte, per essere sicuro, e ogni volta è apparso il tuo viso. È per questo che porto te».

Durante le prime sere che trascorremmo lì, ebbi l'opportunità di stare con lui mentre dettava. Dorothy Taylor, la sua segretaria, trascriveva ogni parola con la macchina da scrivere. Il Maestro sedeva tranquillo e rivolgeva lo sguardo in alto, nel punto fra le sopracciglia. Poi cominciava a dettare. Raramente si fermava per correggersi; i concetti fluivano attraverso di lui senza sforzo. Per me era un'esperienza incredibile.

Poiché ho nominato Dorothy Taylor, vorrei raccontare una piccola storia riguardo a qualcosa che mi disse il Maestro.

«Avevo dato a Michael molto lavoro da fare. Era quello di cui aveva bisogno. Ma Dorothy si sentì dispiaciuta per lui – oh, non era niente di serio, ma una piccola cosa da troncare sul nascere – e Michael rimase un po' colpito dalla sua pietà. Un giorno gli dissi: "C'è un detto nel Bengala: 'Chiunque ti ama più di tua madre è una strega!'. Io sono tua madre. Non credi che io desideri ciò che è meglio per te?". Da quel momento in poi tutto fu sistemato.

«Dorothy, però, è troppo tenera. Un giorno le dissi: "Devi essere più ferma ed esplicita nella tua lealtà. Se qualcuno venisse da te e ti dicesse: "Ho visto Yogananda ubriaco fradicio, riverso in un canale di scolo sulla Main Street" tu risponderesti con gli occhi spalancati: "Davvero?". Io so che non gli crederesti, ma, vedi, difendere con fermezza certe cose, come la lealtà ai propri cari, è un principio importante. Io non chiedo certamente a nessuno di creare subbuglio, ma d'altro canto *bisogna* difendere fermamente ciò in cui si crede e coloro ai quali si è data la propria lealtà».

Io stesso ebbi modo di vedere con quanta forza il mio guru esemplificasse la dote della lealtà.

Egli mi chiedeva spesso di andare a casa di Laurie Pratt, la curatrice delle sue opere, per recapitarle lettere e messaggi e per prendere in cambio le sue comunicazioni. Un giorno il Maestro mi disse che si aspettava che i suoi commenti alla *Bhagavad Gita* fossero pubblicati entro dicembre di quell'anno. Riferii con gioia questa affermazione a Laurie la volta successiva in cui le portai la posta del Maestro. Ella scoppiò a ridere.

«Entro *dicembre*! Non saranno sicuramente pronti così presto!». Riferii quella risposta al Maestro quando tornai da lui.

«Ritardi, ritardi! Sempre ulteriori ritardi!» fu la sua risposta. «Le scriverò una lettera. Tu gliela porterai».

Quando mi diede quella lettera, io immaginai (credo in modo piuttosto naturale) che contenesse un rimprovero. Perciò, nel darla a Laurie, le dissi: «Mi dispiace. È colpa mia».

Ebbene, la lettera non conteneva alcun rimprovero! Forse conteneva un'esortazione (non la vidi mai), ma in ogni caso Laurie venne a conoscenza del dispiacere del Maestro solo attraverso di me, poiché avevo cercato di assumermi la colpa di un eventuale screzio tra loro. Tuttavia, invece di alleggerire un possibile disaccordo, lo avevo *creato*! Laurie comprese immediatamente che cosa era successo e reagì protestando emotivamente. Io avevo cercato di spegnere quello che mi sembrava un potenziale incendio, ma in realtà non avevo fatto altro che soffiare sulla brace, attizzandola!

Ciò nonostante, ci vollero altri quarant'anni prima che quel libro vedesse la luce. Inoltre, quando fu pubblicato non ne fui affatto contento, poiché conteneva ben poca dell'originale brillantezza che ricordavo così bene. Alla fine pubblicai la mia versione e fui stupito di ricordare ogni strofa di ciò che il Maestro aveva scritto, non parola per parola, ma concetto per concetto. Scrissi tutte quelle 600 pagine in meno di due mesi. Il libro si intitola *L'essenza della Bhagavad Gita*.

I giorni che trascorsi con il mio guru a Twentynine Palms racchiudono molti dei momenti più felici e illuminanti che vissi insieme a lui. Quel periodo, tuttavia, non poteva durare. Dovevamo tornare a Los Angeles per preparare la grandiosa inaugurazione di Lake Shrine ad agosto. Il vice-governatore Goodwin J. Knight e sua moglie furono gli ospiti d'onore.

Uno studente del Maestro aveva partecipato alla cremazione di Gandhi, in India, e aveva salvato una parte delle sue ceneri, che aveva inviato a Yogananda in America. Per quanto io ne sappia, non esistono ceneri di Gandhi in nessun altro luogo: non era previsto che una parte delle sue ceneri venisse salvata! Ciò nonostante, Yogananda le aveva. Furono racchiuse in una sacra struttura di pietra – importata, credo, dal Tibet – e il Maestro creò un luogo per questo sarcofago a Lake Shrine. La benedizione del sarcofago fece parte della cerimonia di inaugurazione, il 20 agosto.

Il nostro guru aveva cominciato a dirci che la sua opera era quasi conclusa. Aveva alcuni scritti da completare: non c'era altro. Si ritirò

A SINISTRA: Swami Kriyananda presenta a Yogananda una scatola di *singhara* (una specialità indiana) in occasione della visita a Mount Washington dell'ambasciatore indiano B.R. Sen e della moglie, tre giorni prima del *mahasamadhi* del Maestro. IN ALTO A DESTRA: Il Maestro, seduto con i suoi discepoli a Mount Washington per il banchetto natalizio del 25 dicembre 1951. Seduti rispettivamente alla sua sinistra e alla sua destra sono il dottor Lewis e Rajarshi Janakananda. La donna che serve Rajarshi è la signora Mildred Lewis, moglie del dottor Lewis. L'Autore è in piedi dietro il Maestro, intento a servire gli ospiti. IN BASSO A DESTRA: Yogananda alla sua festa di compleanno, il 5 gennaio 1952. L'Autore, per conto dei monaci, gli mise una di queste ghirlande intorno al collo.

nuovamente nel deserto. Io restai a Mount Washington per finire di organizzare i monaci. All'epoca in cui il Maestro lasciò il corpo, avevo quasi terminato di lavorare a quel progetto.

Il Maestro esprimeva raramente la sua approvazione nelle questioni spirituali, perché voleva che proseguissimo incessantemente fino a raggiungere la cima della montagna. Un giorno, però, poco tempo prima che lasciasse il corpo, mentre eravamo da soli egli mi guardò amorevolmente e mi disse: «Mi hai compiaciuto molto. Voglio che tu lo sappia». Quale peso si sollevò dalla mia mente con quelle poche, semplici parole! Non ero sicuro che ciò che avevo fatto lo avrebbe mai reso contento. (Com'è penosa l'immaturità emotiva!) Quelle parole mi sono state di consolazione per tutta la vita. Da allora, non ho mai più dubitato che egli fosse soddisfatto, per lo meno delle mie intenzioni.

Yogananda lasciò il corpo solo alcuni giorni dopo. Durante quei pochi giorni, gli chiesi se tutti coloro che aveva visto nella sua visione a Ranchi fossero già arrivati.

«La maggior parte sì» rispose. «Ne sto ancora aspettando uno o due». Due altre persone arrivarono nei pochi giorni che rimanevano.

Ho raccontato quei giorni con tutto il mio cuore nel mio libro *Il nuovo Sentiero*. Semplicemente, non voglio riviverli nuovamente. Per me, ora, il Maestro è una presenza sempre viva. Voglio pensare a lui nel mio cuore e non ricordarlo sdraiato lì sul pavimento del Biltmore Hotel, dopo il suo discorso al banchetto in onore di Binay R. Sen, il nuovo ambasciatore indiano negli Stati Uniti.

Due discepoli avevano in programma di venire dall'India; in attesa del loro arrivo, il corpo del Maestro non fu tumulato subito. Il loro viaggio, però, subì dei ritardi. Dopo ventun giorni, fummo costretti a dare ai funzionari dell'obitorio di Forest Lawn il permesso di chiudere la bara.

Qualche giorno dopo giunse una lettera ufficiale di Harry T. Rowe, il quale riferiva che, al momento in cui la bara era stata chiusa, non c'era ragione di affermare che vi fosse stato *alcun* cambiamento nelle condizioni del corpo di Yogananda. «Per quanto ne sappiamo dagli annali dell'obitorio, questo stato di perfetta conservazione è senza precedenti».

Guglielmo il Grande in Inghilterra e Normandia, Ferdinando il Santo in Spagna e ora anche Yogananda in America: l'incorruttibilità del corpo era forse una condizione che avrebbe accompagnato quest'anima per sempre?

La morte di Paramhansa Yogananda fu un colpo devastante per i suoi innumerevoli devoti sparsi in tutto il mondo. Molti di loro affermarono di aver sofferto più per questa morte che per quella dei loro familiari. Sono ferventemente convinto che l'aura d'amore del Maestro dimostrerà di aver avvolto in un incantesimo il mondo intero e di aver trasformato, con il tempo, il nostro pianeta in un posto migliore in cui vivere.

Anni prima, Daya Mata gli aveva chiesto: «Signore, cosa mai potrà prendere il vostro posto, quando ve ne sarete andato?».

Con il più tenero dei sorrisi Yogananda le aveva risposto: «Quando me ne sarò andato, solo l'amore potrà prendere il mio posto». In altre parole, non limitarti a rivolgere il tuo amore solo a Dio, ma amaLo anche negli altri. Tratta con amorevolezza tutti coloro che si rivolgono a te.

Verso la fine della sua vita, il Maestro disse a un gruppo di noi monaci: «Rispettatevi l'un l'altro come rispettate me».

Le persone sono una parte importante di qualunque vita di servizio spirituale. Il nostro primo dovere è di amarle e rispettarle, come immagini di Dio.

Infine, a Twentynine Palms, una volta gli dissi: «Signore, dopo che ve ne sarete andato, ci sarete vicino come lo siete adesso?».

Lui rispose: «A coloro che mi pensano vicino, io sarò vicino».

Anni dopo, la sua vicinanza ci fu rivelata in modo commovente da ciò che accadde alla madre di uno dei membri di Ananda, Irene Schulman.

«Mia madre, a volte, veniva in visita ad Ananda» raccontò Irene. «Un giorno vide il Maestro qui. Gli disse varie cose, e gli parlò anche di quante persone venissero ad Ananda e di quante nuove case fossero in costruzione. Poi lei espresse il desiderio che Ananda fosse sempre come il Maestro la desiderava. A un certo punto gli chiese: "Venite spesso qui?".

«Yogananda rispose con un sorriso: "Io sono sempre qui"».

CAPITOLO TRENTADUESIMO

# La sua eredità

Ho accennato in precedenza all'affermazione di numerosi storici, secondo la quale l'eredità di Guglielmo il Grande (preferisco chiamarlo in questo modo, piuttosto che "Il Conquistatore") avrebbe influenzato la Storia dell'intero mondo occidentale. Ero solito chiedermi perché mai Yogananda ci avesse parlato ripetutamente della sua incarnazione come Guglielmo d'Inghilterra. Dopo tutto, egli deve aver vissuto anche altre vite, meno controverse di questa. È vero che si trattava di un'incarnazione che avremmo tutti riconosciuto, ma se proprio doveva parlarne, perché non l'aveva fatto solo in breve, quasi incidentalmente?

Nel corso degli anni sono giunto a comprendere che il Maestro voleva essere sicuro che non avremmo mai dimenticato quell'incarnazione, poiché anche la sua vita attuale era destinata ad avere un impatto simile sul mondo, anzi, un impatto molto più grande, dato che ora, in un certo senso, le dimensioni del mondo si sono ridotte. Per fare il giro del globo, adesso, ci vogliono meno tempo e meno sforzi di quanti ce ne volessero a quell'epoca solo per viaggiare da un Paese all'altro.

L'eredità di Paramhansa Yogananda è destinata, per molti aspetti, a trasformare il mondo. La sua influenza si estenderà infinitamente oltre i confini della sua piccola organizzazione. I suoi discepoli, tuttavia, si sono dati molto da fare per confinare l'eredità del Maestro entro le mura di quell'organizzazione. Tara (Laurie Pratt) mi accusò di megalomania per aver pensato di dover portare più lontano il messaggio del guru. Era stata lei, inoltre, a dirmi: «Che bisogno c'è di più libri?». Lei stessa non cercò mai di completare la revisione editoriale di alcune delle opere più importanti del Maestro, inclusi i suoi commenti alla *Bhagavad Gita*. Di lei, Yogananda disse: «Quando arrivai a Mount Washington per la prima volta, nel 1925, l'unico commento di Laurie fu: "Adesso cominciano i vostri guai!"». Per quanto riguarda poi la megalomania, io non ritengo neppure di esistere: vivo soltanto per rendere conosciuto il *suo* messaggio.

Il Maestro, tuttavia, *voleva* che "pensassimo in grande". Mi incoraggiava personalmente a farlo, fino al punto di dirmi con insistenza: «E tu *non devi* deludermi!». Da parte mia, ho cercato di considerare tutti i modi in cui la sua opera possa essere significativa per gli altri. Qual è la sua eredità? Quali erano i doni speciali che egli ha portato all'umanità? Vorrei elencare quelli di cui sono a conoscenza, anche se potrebbero essercene altri che io non conosco.

1. Yogananda incoraggiava le persone a riunirsi in comunità. Lo fece ripetutamente fin quasi dall'inizio, a volte perfino con fervore. Io stesso ho fondato finora otto comunità di questo tipo, nelle quali vivono complessivamente circa mille persone.

Il Maestro a volte parlava con fervore, come ho detto, dell'esigenza di tali comunità. Nel 1949, a una festa in giardino organizzata da una certa Mrs Myers di Beverly Hills, verso la fine della serata egli fu invitato a parlare come ospite d'onore. Invece di offrire i pochi, cortesi apprezzamenti che sono usuali in tali circostanze, tenne il discorso più potente che io abbia mai udito in vita mia.

«Questo giorno» egli tuonò «segna la nascita di una nuova era! Sto seminando i miei pensieri nell'etere e le mie parole *non moriranno*!». Poi proseguì dicendo: «Migliaia di giovani devono andare a nord, sud, est e ovest, per diffondere il messaggio delle colonie di fratellanza mondiale». Quindi affermò, sempre con grande forza, che questa idea avrebbe risolto innumerevoli problemi sociali e personali che sarebbero sorti in futuro, specialmente in seguito alla depressione economica mondiale.

Nei suoi "scopi e ideali" Yogananda scrisse che questo ideale occupava un posto centrale nella sua missione sulla Terra. In seguito, quegli "scopi e ideali" furono cambiati in questo modo: «... per diffondere uno *spirito* [il corsivo è mio] di fratellanza». La dichiarazione, in realtà, era questa: «... per contribuire a creare colonie di fratellanza».

Il Maestro parlò anche diffusamente del futuro del mondo: di una depressione economica a livello mondiale «molto peggiore di quella degli anni Trenta». Parlò di guerre di distruzione di massa. L'immagine che ho creato nella mia mente è di città che spariranno ovunque dalla faccia della Terra, mentre piccole comunità consapevoli spunteranno in ogni luogo. Le persone che vivranno insieme, condividendo le proprie convinzioni e i propri ideali, costituiranno una forza che eleverà gradualmente il mondo intero.

A un certo punto, durante un sermone della domenica, il Maestro si fermò un istante, poi esclamò con grande forza: «Voi non sapete che *terribile* cataclisma sta per arrivare!». Cataclisma? Questa parola suggerisce qualcosa di più grande di ciò che l'uomo stesso è capace di produrre. Forse una cometa che colpirà la Terra? l'inversione dei poli? l'avvicinarsi di un corpo celeste dall'esterno del sistema solare? In ogni caso, le comunità saranno d'aiuto per controbilanciare qualunque calamità di questo tipo.

Per quanto riguarda la guerra, ci sono più di trentamila armi atomiche conosciute ammassate nel mondo, e questo numero, va sottolineato, include soltanto le armi *conosciute*, non quelle sconosciute. È possibile che nessun Paese ne lancerà mai una? E se una tale bomba dovesse cadere sulla costa occidentale degli Stati Uniti, quale sarebbe l'obiettivo più probabile: il Monte Shasta o la sempre più estesa città di Los Angeles? La risposta è scontata.

L'eredità di Yogananda si manifesterà appieno soprattutto dopo che quei tempi difficili saranno passati. Essa mostrerà a tutta l'umanità la via verso un modo di vivere nuovo e migliore.

2. In ogni luogo, le scuole sono divenute una fonte di preoccupazione per i genitori, i quali sentono che i propri figli vengono sovraccaricati di conoscenze. Il fatto che ai bambini venga insegnato, esplicitamente o implicitamente, che la vita è priva di significato, rappresenta un serio problema. L'educazione moderna è fondamentalmente atea; di conseguenza, ci sono molti suicidi fra gli adolescenti.

Gli ideali di Yogananda per l'educazione dei bambini non poterono essere perfezionati durante la sua vita. La scuola di Ranchi finì per essere controllata dal governo, che impose le sue idee costrittive di un'istruzione "da catena di montaggio". In America, il terreno non era ancora fertile per far crescere gli ideali di Yogananda sull'educazione. Egli mi disse: «Il modo in cui stiamo operando funziona meglio per ora: adulti maturi che desiderano ardentemente apprendere da noi, piuttosto che ragazzi con diversi tipi di karma, che dopo il diploma si disperdono in molte direzioni, per la maggior parte verso una vita mondana». In ogni caso, ho potuto creare questo tipo di scuole in tre continenti e il loro impatto promette di essere enorme, in un'epoca in cui le persone, ovunque, stanno perdendo la fiducia nei moderni sistemi educativi.

3. Gli scritti di Paramhansa Yogananda abbracciano un'ampia gamma di argomenti importanti e sono destinati ad avere una grande influenza.

a) Il suo libro *La scienza della religione* afferma in modo semplice, ma estremamente illuminante, che ogni essere sulla Terra cerca solo due cose nella vita: come evitare il dolore e come trovare la felicità. Questa semplice verità getterà le basi per un nuovo sistema di etica, una nuova definizione del successo, un nuovo approccio all'elevazione sociale. Io stesso ho riscritto quel libro, che era stato oggetto di una pomposa revisione editoriale da parte di Swami Dhiranandа, fino al punto di divenire oscuro. Non ho avuto il permesso di dargli lo stesso titolo, perciò l'ho intitolato *Dio è per tutti*.

b) Un altro libro scritto dal Maestro è *Affermazioni scientifiche di guarigione*.* In questo libro Yogananda ha insegnato a usare il potere mentale per curare una grande quantità di malattie fisiche. Sempre più persone comprendono il potere di guarigione della mente. Le affermazioni aiutano a focalizzare quel potere e ad aumentarne enormemente l'efficacia.

c) Egli scrisse *Sussurri dall'Eternità*, che mostra l'atteggiamento giusto e migliore per avvicinarsi a Dio.

d) Scrisse anche dei commenti sulla vita e sugli insegnamenti di Gesù Cristo. Credo che questi commenti siano destinati, con il tempo, a far scomparire le diverse sette del Cristianesimo e a convincere tutti che l'essenza del messaggio di Cristo si trova ben oltre qualsiasi organizzazione o sistema di credenze, nella comunione interiore dell'anima con Dio. Il fatto che Yogananda non appartenesse alla tradizione cristiana gli rese più facile mostrare che il Cristianesimo, come un diamante, ha molte facce. Le sue spiegazioni contengono intuizioni fresche e nuove, rese in parte possibili dal fatto che egli non doveva partecipare o rispondere agli interminabili dibattiti che si sono sviluppati nel corso dei secoli all'interno della dottrina tradizionale del Cristianesimo.

e) Yogananda scrisse anche quello che, per molti versi, è il suo commento più importante alle Scritture: il commento alla

*Paramhansa Yogananda, *Affermazioni scientifiche di guarigione*, Edizioni Astrolabio. *(N.d.C.)*

*Bhagavad Gita*, che presenta un modo di vivere completamente nuovo e trasformante per tutti.

4. Sono convinto che la vita di Yogananda avrà un effetto trasformante di ampia portata anche a livello sociale. Essa diffonderà nel mondo degli affari la consapevolezza che il successo premia con maggiore certezza coloro che antepongono il servizio al guadagno. Ad esempio, in un momento in cui molte librerie in tutto il Paese stanno chiudendo i battenti e anche grandi catene stanno fallendo, le librerie di Ananda prosperano, perché danno maggiore importanza alle esigenze dei clienti che al guadagno. Il *Dwapara Yuga* porterà, e sta già portando, un atteggiamento più fluido e meno rigido nei confronti della vita. Yogananda ha insegnato alle persone a dipendere meno dai dogmi e più dall'esperienza. Questa flessibilità sta anche contribuendo a mantenere a galla le nostre librerie, man mano che esse ampliano il loro inventario per includere, oltre ai libri, altri prodotti compatibili che attraggono i clienti.

5. La vita familiare sta soffrendo ovunque, a mano a mano che nuove direzioni di vita dividono coppie che un tempo avrebbero camminato insieme nella stessa direzione. Yogananda ha fatto così tanta luce sul vero scopo della vita che queste biforcazioni nella strada dell'esistenza diventeranno sempre meno frequenti.

6. I governi, di solito, sono dei vortici di bramosia di potere. Così, mentre i governi diventano sempre più grandi, le persone che possiedono quella bramosia fanno di tutto per controllare gli altri, cercando di conquistare sempre il voto popolare. In futuro, i governi diventeranno più piccoli e i politici considereranno il proprio ruolo principalmente come un servizio.

7. Le prigioni non saranno più luoghi di punizione, ma di correzione impartita con spirito di sostegno.

8. Gli eserciti si concentreranno più sulla difesa che sull'aggressione.

9. I poliziotti saranno portati ad aspettarsi la collaborazione, piuttosto che l'opposizione delle persone, poiché queste comprenderanno meglio che il vero scopo della vita è la felicità, e che è più facile raggiungere ciò che si desidera realmente attraverso la condivisione con gli altri che sottraendo loro qualcosa. Naturalmente, non mi aspetto che tutti i criminali depongano coltelli e pistole! Le persone dal karma fortemente negativo continueranno a esprimere negatività e i poliziotti dovranno tenersi pronti ad affrontare i malfattori. Nel complesso, però, gli atteggiamenti sociali fondamentali cambieranno e porteranno maggiore armonia a tutta l'umanità.

«Ogni qual volta la virtù declina e il vizio predomina, Io Mi incarno come *avatar*. Apparendo di era in era in forma visibile, vengo per distruggere il male e ristabilire la virtù» (*Bhagavad Gita* 4,7-8).

Questa, dunque, è l'eredità di Paramhansa Yogananda. Grazie alla sua vita, il mondo diventerà un posto migliore.

Paramhansa Yogananda mentre suona l'*esraj*, un tipico strumento indiano.

# Come si diffonderà la sua eredità?

Paramhansa Yogananda, una volta, disse alla sua fedele discepola, Faye Wright (che in seguito prese il nome di Daya Mata): «Quanto cambierete l'opera voi tutti, dopo che me ne sarò andato! Se dovessi tornare fra cent'anni, mi chiedo se la riconoscerei». È storicamente dimostrato che l'insegnamento di ogni grande maestro, con il tempo, è stato annacquato: frainteso, alterato per adattarlo alle convenienze (sia in modo sottile che palese) e cucito su misura per soddisfare le percezioni prevalenti della verità. Quando l'umanità non è pronta ad accettare qualcosa, lo altera trasformandolo in qualcos'altro di più tollerabile. Dio, quindi, ha ritenuto opportuno inviare nuovamente su questa Terra, più e più volte, i Suoi figli risvegliati, affinché riconducessero pazientemente gli altri Suoi figli ancora assopiti alla verità fondamentale del loro stesso essere.

Sarebbe ingenuo immaginare che all'eredità di Yogananda verrà risparmiato questo destino universale. Egli fondò un'organizzazione, la Self-Realization Fellowship, per diffondere quell'eredità, ma indicò anche chiaramente che la fedeltà alla sua eredità sarebbe dipesa, in ultima istanza, dalla dedizione dei singoli individui.

In *Autobiografia di uno yogi*, Yogananda scrisse che la virtù deve nascere nel cuore dell'individuo, prima di poter fiorire nella virtù civica.

A noi discepoli rinuncianti, inoltre, egli disse una volta: «Dovete fare l'amore con Dio *individualmente*». La semplice appartenenza a un'opera spirituale, anche se come discepoli diretti di un grande maestro, non è una garanzia.

È importante comprendere che nella perpetuazione di un'eredità divina ciò che conta non è né l'organizzazione né lo status formale degli individui che la rappresentano, ma l'eredità stessa. Fin dall'avvento della democrazia nei tempi moderni, le persone hanno cominciato a considerare la verità come un qualcosa di cui si possa decretare l'esistenza o la scomparsa attraverso il voto. «Il potere al popolo» è uno slogan di cui si è notevolmente abusato. Gli insegnamenti divini non vengono manifestati per soddisfare l'interesse dell'uomo, ma perché la sua anima si elevi e si immerga infine nella beatitudine divina. Tali insegnamenti vanno necessariamente contro le innumerevoli idee che gli esseri umani ritengono necessarie per la loro felicità e il loro agio: per esempio, la soddisfazione dei desideri materiali, l'attaccamento ai propri averi, la gratificazione personale.

Gesù Cristo ha insegnato: «Chiunque avrà lasciato case, o fratelli, o sorelle, o padre, o madre, o figli, o campi per il mio nome, riceverà cento volte tanto e avrà in eredità la vita eterna» (Mt 19,29). Marco, dopo «... cento volte tanto ...» aggiunge (al versetto 10,30): «insieme a persecuzioni». (Yogananda citava spesso questo brano di Matteo, aggiungendo quasi altrettanto spesso le ulteriori parole di Marco.)

Gesù insegnò anche: «Chi ama il padre o la madre più di me non è degno di me; chi ama il figlio o la figlia più di me non è degno di me» (Mt 10,30).

Quante sono le Chiese cristiane che oggi predicano questi detti fondamentali – così socialmente sconvenienti! – del loro stesso maestro?

Gesù disse inoltre: «Siate voi dunque perfetti come è perfetto il Padre vostro celeste» (Mt 5,48). Quanti cristiani mettono in risalto questo insegnamento? Quanti lo accettano anche solo come una possibilità? Praticamente nessuno! Le versioni moderne della Bibbia, invece, sostituiscono la parola *perfetto* con qualcosa di più accettabile e "realistico", come ad esempio: «Siate voi dunque *buoni*». Ovviamente, i traduttori devono basarsi sul testo greco, dato che l'originale aramaico non è disponibile oppure è troppo arcano per essere generalmente compreso. Ciò nonostante, Yogananda insegnò che il destino finale dell'anima è di divenire una cosa sola con Dio, e quindi di essere perfetta come Lui.

Dio ha inviato ripetutamente sulla Terra la "religione eterna", espressa in modo sempre nuovo attraverso i Suoi figli risvegliati, per venire incontro alle mutevoli esigenze dell'umanità. Essi hanno ricondotto gli uomini alla loro vera Origine in Lui. L'eredità di Yogananda dovrà sicuramente soccombere, con il tempo, al destino di ogni missione di questo tipo. La colpa, però, non sarà della missione stessa, ma della natura umana, poiché essa finisce inevitabilmente per annacquare persino quegli insegnamenti divini che accetta con entusiasmo.

Gesù parlò di quello stesso destino di unione con Dio, ma i cristiani di oggi credono che il destino supremo dell'anima sia di vivere eternamente separata da Dio, per sempre racchiusa in un piccolo corpo egocentrico (seppure trascendente). Tuttavia, chiunque fosse imprigionato in questo modo finirebbe sicuramente per considerare quel destino come un inferno vivente! C'è infatti qualcosa nella consapevolezza spirituale che anela a protendersi in modo espansivo verso l'unione con ogni forma di vita.

Come si può perpetuare un'eredità divina assicurandone la purezza e la durata? Nel Cristianesimo, la risposta comunemente accettata è stata la seguente: «Attraverso le organizzazioni ecclesiastiche». Nell'Islam, ciò è accaduto tramite una regola assoluta, preceduta dalla *Jihad*, o "Guerra santa". Entrambe le religioni hanno cercato di soffocare ogni opposizione, a volte con la denuncia dogmatica e – quasi altrettanto spesso – con la forza. In ogni caso, l'idea è stata quella di imporre un'interpretazione, e un'interpretazione soltanto.

Le organizzazioni assolvono indubbiamente a un buono scopo: contribuiscono a diffondere un nuovo insegnamento e sono anche dei sicuri contrafforti per chi desidera la garanzia di essere circondato da altri che condividano senza dubbio le stesse opinioni. Le organizzazioni, però, non garantiscono, come invece affermano di fare, la purezza di un insegnamento. Perché no? Semplicemente perché la loro priorità non può essere il servizio, sia esso all'umanità o a un ideale, ma deve essere piuttosto il semplice principio darwiniano della sopravvivenza.

Tara Mata (Laurie Pratt), la principale curatrice editoriale delle opere del Maestro, espresse questo concetto con la sua caratteristica schiettezza, dicendo: «In ogni situazione, la nostra principale considerazione deve essere: "*Che cosa è meglio per l'opera*?"». Con *opera*, Tara intendeva l'organizzazione.

Questa affermazione avrebbe dovuto essere confutata con il comandamento di Mosè: «Non avrai altro dio all'infuori di Me», poiché violava quelle antiche parole. Sostanzialmente – cioè in pratica – "l'opera" fu trasformata in un nuovo dio. Questo divenne un modo per giustificare la meschinità, la mancanza di gentilezza, l'assenza di carità e la completa indifferenza nei confronti non solo dei diritti, ma perfino delle valide necessità degli individui. Le considerazioni politiche, non quelle umane, divennero il punto focale, la linea guida suprema.

Tara insistette affinché questo principio fosse imposto unilateralmente, anche spietatamente, e perfino se ciò significava tradire l'insegnamento che il nostro guru aveva definito fondamentale per l'armonioso sviluppo della sua missione. Egli, infatti, aveva detto a Daya Mata: «Quando me ne sarò andato, solo l'amore potrà prendere il mio posto».

Io stesso ho subìto in parte lo stesso trattamento e, con dolore, l'ho visto infliggere anche a molti altri.

La necessità di autoconservazione è uno degli svantaggi delle istituzioni religiose. Un altro svantaggio inevitabile è che, in ogni organizzazione, coloro che raggiungono posizioni di autorità non sono i santi, e neppure le persone dalla natura santa che possiedono anche delle abilità pratiche, ma gli individui dotati dei migliori talenti in campo amministrativo. Questo non significa che i santi non salgano mai fino ai vertici, poiché a volte anch'essi hanno le giuste attitudini pratiche. Tuttavia, se c'è da operare una scelta tra una persona santa ma priva di quell'attitudine e qualcuno che è solo relativamente buono ma possiede le giuste competenze istituzionali, la preferenza andrà invariabilmente a quest'ultimo. Un'istituzione può sopravvivere a un compromesso con la propria virtù, ma non può sopravvivere all'incompetenza. In altre parole, non può sopravvivere alla bancarotta.

Per questo motivo, perfino la più spirituale delle organizzazioni tenderà, con il tempo, ad avere troppi dirigenti dalla mentalità burocratica. E il principio secondo cui «i simili si attraggono» diverrà prevalente. Gli individui dalla mentalità burocratica si sentiranno sicuramente più a loro agio con altri dalla mentalità simile. Quando si troveranno a dover scegliere tra persone "competenti" e sante, e altre "competenti" ma non sante, si sentiranno certamente più a loro agio con un nuovo candidato che non sia *troppo* santo. Anzi, con il tempo potrebbero optare per una persona le cui qualifiche siano *soltanto* l'efficienza burocratica.

Così le organizzazioni, siano esse spirituali o mondane, sviluppano un pregiudizio che le porta a privilegiare la competenza e l'efficienza, allontanandosi da ideali come la gentilezza, la sincerità e l'aderenza ai principi elevati. In questo senso bisogna dire che, sebbene le organizzazioni religiose offrano inizialmente qualche garanzia di preservare la purezza dei loro insegnamenti originari, quella garanzia deve necessariamente essere controbilanciata fin dall'inizio dal principio conflittuale dell'interesse personale. Un po' alla volta, quindi, il loro insegnamento finisce per essere considerevolmente annacquato, a causa dell'inevitabile processo di umanizzazione – cioè di de-spiritualizzazione – degli insegnamenti più elevati dell'*avatar* che le ha fondate.

Con il passare del tempo, questo processo farà nascere inevitabilmente un tipo di moralità fondamentalmente buona, ma disperatamente compromessa: una moralità che lascia le persone più o meno al punto in cui erano prima che cominciassero ad andare in chiesa.

Nella Chiesa cattolica, i custodi degli insegnamenti sono stati i veri santi (i quali, spesso, non sono quelli istituzionalmente riconosciuti). Nelle Chiese protestanti, ai santi viene dato poco o nessun credito – visto che tutti i loro membri vengono definiti santi – e i sublimi insegnamenti di Gesù sono presentati come poco più di una rassicurazione che egli stesso farà la maggior parte – o tutto – il lavoro per salvare quelli che credono in lui, a prescindere da quanto male si comportino.

L'insegnamento corrispondente, naturalmente, è che tutti coloro che non credono in Gesù Cristo saranno dannati per sempre, anche se vivono in modo virtuoso!

Ovviamente, è necessario qualcosa di meglio dell'insegnamento del Protestantesimo. Quando la verità religiosa diventa così annacquata da non chiedere nient'altro che un distintivo di appartenenza e alcuni slogan proclamati ad alta voce, è ora che Dio mandi un nuovo *avatar* a ricordare alle persone il vero destino dell'anima.

Se le organizzazioni hanno degli svantaggi, lo stesso vale (ovviamente) per gli individui. Entrambi sono necessari a questo mondo; in verità, svolgono un ruolo bilanciato di reciproco controllo. Gli individui, tuttavia, per lo meno non hanno l'esigenza di scendere a compromessi per garantire la propria sopravvivenza. Possono dichiarare la verità così come onestamente la comprendono. Nel loro caso, il problema può essere che quella comprensione sia errata, come nel caso di Martin Lutero, il quale dichiarò che le Scritture stesse avrebbero garantito la correttezza della comprensione di una persona. (In seguito, però, Lutero ebbe una controversia con Zwingli, un compagno protestante, sul significato di un importante insegnamento delle Scritture.)

Ovviamente, il pericolo che l'ego possa interferire con la comprensione è presente in egual modo sia nei singoli che nelle istituzioni; per lo meno come una possibile linea guida, però, è degno di nota che i salvatori, o *avatar*, vengono inviati sulla Terra singolarmente e non in comitati.

Un giorno mi trovavo fuori dall'edificio principale di Mount Washington insieme a Herbert Freed, un mio condiscepolo. Il Maestro stava per andarsene in macchina, ma si fermò per dare a Herbert alcuni consigli dell'ultimo minuto per il suo nuovo incarico di assistente ministro presso la chiesa SRF di Phoenix, in Arizona. Poi si fermò un istante, quindi aggiunse: «Hai una grande opera da compiere».

Mi girai verso Herbert per congratularmi con lui.

«È di te che sto parlando, Walter» mi corresse il Maestro. Quella volta non aggiunse altro.

In occasioni successive – purtroppo, però, sempre quando eravamo soli – il Maestro fece la stessa affermazione. Una volta, fuori dal suo ritiro di Twentynine Palms, egli mi disse (ho già citato in parte le sue parole): «Tranne San Lynn, tutti gli uomini mi hanno deluso. E *tu NON DEVI deludermi*!». Pronunciò quelle ultime parole quasi con veemenza, come se volesse assicurarsi che penetrassero profondamente nella mia coscienza. Sapevo che non intendeva dire che tutti i suoi discepoli uomini lo avevano deluso dal punto di vista spirituale, perché alcuni di loro erano spiritualmente profondi. Tuttavia, erano sempre stati interessati principalmente alla propria salvezza. Io, invece, avevo nutrito fin dall'inizio il profondo desiderio che il suo messaggio potesse espandersi fino ad abbracciare l'intera umanità.

Da questo punto di vista, le energie maschili e femminili sono diverse. L'energia degli uomini tende a essere più esteriore, mentre quella delle donne è più interiore. Affinché il messaggio del Maestro si diffondesse fino ad abbracciare tutta l'umanità, l'energia maschile era essenziale. Solo io sembro aver manifestato questa particolare caratteristica. Deve essere stato questo il motivo per cui il Maestro dedicò così tante ore a spiegarmi dettagliatamente molti degli aspetti più sottili dei suoi insegnamenti. Mi disse anche: «Il tuo compito è di insegnare, scrivere e occuparti della revisione editoriale».

«Signore» obiettai in quell'occasione «non avete già scritto voi tutto ciò che è necessario?».

«Non dire così!». Mi sembrò quasi scioccato dal mio suggerimento. «*Molto* di più è necessario!».

Tara, tuttavia, non era interessata neppure a completare la revisione dei libri che il Maestro stesso aveva scritto. «Perché mai la gente ha bisogno di più libri?» mi chiese una volta, come domanda retorica. «Hanno già tutto quello che è necessario per la loro salvezza!».

Si può immaginare, allora, la probabilità che uno qualunque dei miei scritti venisse pubblicato all'interno della SRF! Nulla era mai pubblicato senza l'approvazione editoriale di Tara. Quindi, figuriamoci se mi sarebbe stato dato il permesso perfino di scrivere un libro serio.

A volte mi sono chiesto perché fossi giunto presso il Maestro così tardi nella sua vita. Ora lo capisco: ovviamente, era per assicurare che vivessi abbastanza a lungo da completare questo aspetto della sua missione.

Per molti anni, ho creduto fermamente che avrei sempre operato di concerto con i miei condiscepoli. Loro, però, avevano idee molto diverse. Rifiutavano sempre i miei suggerimenti, quasi per consuetudine, giudicandoli «poco pratici». Con il tempo, iniziarono a chiedersi l'un l'altro con sempre maggiore apprensione: «Perché non può semplicemente aspettare che gli venga detto cosa fare?».

Alla fine, fui semplicemente allontanato dall'organizzazione. Non descriverò quel doloroso periodo della mia vita o gli anni di insicurezza che esso comportò. Dirò soltanto che, alla fine, quella si è rivelata la più grande benedizione della mia vita, che mi ha reso libero di compiere tutto ciò che ho fatto per rendere noto nel mondo il messaggio del mio guru.

Mi sento profondamente benedetto per aver potuto rendere questo servizio, nel quale, in realtà, io non figuro affatto. È l'opera del mio guru. Io ho semplicemente fatto del mio meglio per manifestarla pienamente. Nulla di ciò che ho fatto è importante, se non perché il Maestro stesso voleva che lo facessi.

Rimane una domanda importante: e Ananda? L'ho fondata per portare a compimento alcuni aspetti della missione di Yogananda nei quali la SRF aveva dichiarato di non essere interessata, in particolare la fondazione di comunità residenziali. Le comunità Ananda si atterranno sempre ai principi elevati del Maestro? Sarei ingenuo a pensarlo! Tuttavia, per lo meno ho fatto del mio meglio per assicurare che ciò accada il più a lungo possibile. Ho limitato la tentazione all'orgoglio nei leader, decentralizzando il più possibile la gestione, rendendo autonome le comunità, assegnando i ruoli di leadership a coloro che non ne avevano alcun desiderio, dando l'incarico di ministri a coloro che desideravano soltanto condividere gli insegnamenti del nostro guru e istituendo in ogni comunità sia un direttore spirituale sia un direttore generale, incarichi per i quali le persone vengono nominate e non elette. Yogananda prese delle misure per evitare una possibile insurrezione dal basso, istituendo un comitato direttivo che elegge i propri membri. Come risultato, sfortunatamente, si è avuta una crescente insensibilità alle esigenze e ai validi interessi degli altri. Non sono mai stato in grado di seguire il suo esempio in questo ambito; semplicemente, non avrebbe funzionato. Le comunità Ananda, invece, sono create da coloro che in seguito ne diventano membri. Così, probabilmente, l'annacquamento verrà dal basso, piuttosto che dall'alto. Ma chi può dirlo? L'illusione, come l'Idra, è un mostro dalle mille teste. Non sono stato capace di imitare Ercole e di tagliarle tutte contemporaneamente. È un'impresa che una persona può compiere su se stessa, con un supremo atto d'amore, ma che nessuno potrà mai imporre agli altri. Anche se fosse possibile, non sarebbe comunque desiderabile farlo.

Così, anche Ananda con il tempo seguirà il sentiero battuto e verrà meno ai propri ideali. La cosa migliore sulla quale possiamo insistere è che agli individui venga permesso di mantenere la propria integrità e di seguire la propria stella, a prescindere dall'opinione comune. Le comunità, inoltre, funzioneranno finché un numero sufficiente di membri penserà: «Cosa posso dare?» e non: «Cosa posso prendere?».

Per quanto riguarda invece la religione, solo i santi ne sono i veri custodi.

# Indice analitico

**B**



**C**



**D**

**T**



**V**

## Swami Kriyananda

Nato nel 1926 in Romania da genitori americani, Swami Kriyananda (J. Donald Walters) ha compiuto i suoi studi dapprima in Svizzera e in Inghilterra e successivamente in America, al Haverford College e alla Brown University.

Divenuto discepolo nel 1948 di Paramhansa Yogananda, Kriyananda ha diffuso in tutto il mondo gli insegnamenti di Yogananda sulla realizzazione del Sé, mostrandone l'applicazione in ogni ambito dell'esitenza quotidiana: gli affari, i rapporti con gli altri, il matrimonio, l'arte, l'educazione, la vita comunitaria, ecc. Su questi argomenti Kriyananda ha scritto più di cento libri, pubblicati in ventisei lingue in novanta Paesi.

Oltre a essere un rinomato autore e insegnante spirituale, Kriyananda è anche un compositore di fama internazionale, che ha composto oltre quattrocento brani di musica d'ispirazione.

Nel 1968, Swami Kriyananda ha dato il via alla prima comunità Ananda. Da allora queste comunità – veri e propri laboratori viventi per una vita semplice con alti ideali – si sono diffuse in America, Europa e India. Oggi accolgono oltre mille residenti e sono ogni anno la meta di migliaia di ricercatori spirituali.

Swami Kriyananda è stato insignito del Premio della Bontà 2003 su nomina di Tara Gandhi Bhattacharjee, nipote del Mahatma; nel 2006 è stato nominato Membro Onorario del Club of Budapest International.

# ANANDA

Fondata nel 1968 da Swami Kriyananda, Ananda è un insieme di comunità spirituali con centinaia di centri e gruppi di meditazione negli Stati Uniti, in Europa e in India.

Nelle colline adiacenti ad Assisi sorge una delle comunità Ananda. Vi risiedono circa cento persone che sperimentano, vivendo in armonia, gli insegnamenti di Paramhansa Yogananda.

In questo luogo di pace giungono ogni anno migliaia di ricercatori spirituali provenienti da ogni parte del mondo, in cerca di riposo e rigenerazione interiore. Nello splendido Tempio di Luce, dedicato a tutte le religioni, vengono offerti tutto l'anno corsi della durata di cinque giorni o di un fine settimana, con pratiche di yoga, meditazione e lezioni, in un'atmosfera di profonda tranquillità.

Gli insegnamenti presentati esprimono il messaggio universale alla base delle discipline spirituali di Oriente e Occidente: l'antico insegnamento della realizzazione del Sé. Ogni programma comprende l'istruzione nelle tecniche di base del *Kriya Yoga*, con sessioni di meditazione ogni mattina e sera, sia per principianti sia per praticanti più esperti.

*Se desideri maggiori informazioni su Ananda, puoi visitare il sito www.ananda.it oppure telefonare allo 0742.813.620.*

## Autobiografia di uno yogi

***Edizione originale del 1946, disponibile anche in audiolibro!***

*Paramhansa Yogananda*

Uno dei classici spirituali più amati degli ultimi sessant'anni, ora nell'edizione fedele alla versione originale del 1946. Lo spirito e le vibrazioni del grande Maestro indiano Paramhansa Yogananda sono qui catturati in tutta la loro inalterata forza e immediatezza. Un libro straordinario che dona ispirazione, speranza e illuminazione ai ricercatori della verità di ogni sentiero. Questa nuova traduzione include brani affascinanti finora inediti in italiano. 528 pagine, con fotografie in bianco e nero.

AUDIOLIBRO: Alcuni dei capitoli più famosi letti dal noto attore Enzo Decaro in un'interpretazione calda e coinvolgente, con ispiranti musiche di sottofondo. Il CD Mp3 contiene oltre 5 ore di ispirazione.

## Il nuovo Sentiero

*Swami Kriyananda*

Il meraviglioso seguito di *Autobiografia di uno yogi*, racconta gli anni di Paramhansa Yogananda in America, visti attraverso gli occhi del suo giovane discepolo americano Swami Kriyananda. Seguendo i ricordi e le esperienze di Kriyananda sarai trasportato alla presenza di Yogananda, mentre apprenderai i più alti insegnamenti di questo grande maestro. 500 pagine, con foto. *Da ottobre 2012.*

Vincitore in America del Premio Eric Hoffer "Miglior Libro Self-Help/Spirituale del 2010" e "Miglior Libro Spirituale del 2010".

## Conversazioni con Yogananda

***461 dialoghi inediti del grande maestro, oggi con DVD***

*Swami Kriyananda*

Swami Kriyananda aveva solo ventidue anni quando giunse dal grande Maestro, che personalmente lo esortò a prendere nota delle sue conversazioni. Per più di cinquant'anni Kriyananda ha custodito questi preziosi "appunti" e, dopo avere meditato a lungo su queste verità, condivide con noi questi gioielli di saggezza, devozione e umorismo.

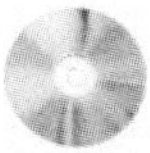

DVD ALLEGATO: Swami Kriyananda ci spiega, con intimità e chiarezza, come ha incontrato Paramhansa Yogananda nel 1948 e come la sua vita è stata trasformata da quell'incontro. DVD 52 minuti.

«Uno di quelli da tenere sul comodino e da consultare sempre».

*–Paola Giovetti, scrittrice, giornalista*

Sussurri dall'Eternità

*Paramhansa Yogananda*

*Tra i più ispiranti libri di preghiere mai scritti!* In questa raccolta Yogananda condivide i suoi meravigliosi pensieri colmi di anelito al divino, ispirandoci a cogliere la segreta presenza di Dio negli eventi quotidiani. Ognuna di queste poesie-preghiere ha il potere di accelerare la crescita spirituale, fornendoci centinaia di modi per iniziare una conversazione con Dio. 320 pagine.

Poesie dall'Eternità

***con testo inglese a fronte***

*Paramhansa Yogananda*

Un'edizione speciale con tutte le poesie contenute nel libro *Sussurri dall'Eternità,* per godere pienamente non solo del significato, ma anche del suono e della vibrazione originale di questi capolavori, scritti in inglese dal grande maestro Paramhansa Yogananda. 136 pagine.

## Collana "La Saggezza di Paramhansa Yogananda"

Come vincere le sfide della vita

*Paramhansa Yogananda*

Per risvegliare il coraggio, la calma e la fiducia in noi stessi, questa raccolta di brani inediti ci aiuta a trasformare le sfide in vittorie e a riscoprire l'invincibile forza del nostro stesso Sé. Contiene indicazioni concrete ed efficaci per attingere alle invincibili qualità dell'anima, sintonizzarsi con la presenza divina e superare gli ostacoli più grandi, come la paura, il nervosismo e la collera. 208 pagine, con fotografie in bianco e nero.

Come creare il proprio destino

*Paramhansa Yogananda*

Quanto nella nostra vita è già fisso e immutabile, per sempre segnato da un destino a volte cieco e capriccioso, e quanto invece possiamo cambiare con la nostra volontà e le nostre azioni? Possiamo davvero creare un futuro migliore? In questi scritti inediti, Paramhansa Yogananda ci presenta una visione nuova ed espansiva delle nostre potenzialità più profonde! 176 pagine, con foto in bianco e nero.

## Come essere sempre felici
*Paramhansa Yogananda*

Con questi scritti inediti, Paramhansa Yogananda ci offre una mappa da seguire passo dopo passo per trovare il tesoro della vera felicità nel luogo in cui più raramente lo cerchiamo: nel nostro stesso Sé. In questo libro sono svelati i segreti, semplici ma profondi, per portare la felicità in ogni momento della tua vita: nei rapporti con gli altri, nel lavoro e in ogni aspetto delle tue giornate. Imparerai a cercare la felicità là dove realmente si trova. 200 pagine, con fotografie in bianco e nero.

«Se decidi di essere felice, nessuno e niente al mondo può toglierti la felicità».
–*Paramhansa Yogananda*

## Come essere una persona di successo
*Paramhansa Yogananda*

La nostra definizione del successo si limita di solito alla prosperità monetaria e al potere, ma esistono aspetti del successo molto più vitali e spirituali, che sono spesso trascurati. Per ricordarci che quello che cerchiamo davvero nella vita sono la felicità, la salute e l'illuminazione spirituale, è necessario un grande maestro autorealizzato. In questa raccolta di scritti inediti, Yogananda condivide con noi i segreti per raggiungere le più alte vette del successo materiale e spirituale. 200 pagine, con fotografie in bianco e nero.

«La prosperità non consiste soltanto nel fare denaro; richiede anche lo sviluppo dell'efficienza materiale, attraverso cui l'uomo può costantemente acquisire salute, ricchezza, saggezza e pace». –*Paramhansa Yogananda*

## Come amare ed essere amati
*Paramhansa Yogananda*

Imparando a sviluppare l'amore più puro di tutti – l'amore non egoistico – riusciremo finalmente a esprimere il nostro vero amore verso gli altri, senza paura di essere respinti. Questo libro è una guida pratica per: espandere i confini del nostro amore; superare le cattive abitudini che compromettono la vera amicizia; scegliere il partner giusto e creare un rapporto duraturo; fare l'esperienza dell'Amore Universale dietro tutte le nostre relazioni. 192 pagine, con fotografie in bianco e nero.

«L'Amore Divino, l'amore della vera amicizia, consiste nel desiderare la felicità per la persona che amate, e nel provare un sentimento di pura gioia quando pensate alla sua anima». –*Paramhansa Yogananda*

## L'essenza della Bhagavad Gita

***Commentata da Paramhansa Yogananda***

*Swami Kriyananda*

Swami Kriyananda, dopo aver trascorso un'intera vita in sintonia con il suo guru, ha magistralmente completato questo *opus magnum*. Destinato a diventare un classico spirituale, questo commento rende gli antichi insegnamenti così comprensibili che ha davvero il potenziale di portare milioni di anime a Dio, come predisse lo stesso Yogananda». 552 pagine.

«Un libro affascinante ... Sarà accolto con entusiasmo in tutto il mondo».
*–Dr. Karan Singh, leader politico e spirituale indiano*

«Monumentale!». *–Prof. Ervin Laszlo, candidato al Nobel per la Pace*

## Le rivelazioni di Cristo

***Proclamate da Paramhansa Yogananda***

*Swami Kriyananda*

Attingendo alla saggezza e agli insegnamenti del grande maestro Paramhansa Yogananda, il suo discepolo Swami Kriyananda ci offre in questo libro una visione del Cristianesimo moderna, potente e libera dal dogmatismo. Quest'opera riporta alla luce il Cristianesimo originario, dimostrando attraverso una profonda e yogica lettura dei Vangeli l'unità di tutte le religioni, donando nuova autorevolezza alle parole di Cristo e mostrandone la completa compatibilità con le scoperte della scienza. 400 pagine.

«Una visione di Gesù, di Dio e della vita stessa molto più ampia e profonda di quanto avremmo mai potuto immaginare...». *–Dott. Paolo Lissoni, teologo*

## Supercoscienza

***Risvegliarsi oltre i confini della mente***

*Swami Kriyananda*

Molte persone hanno sperimentato momenti di coscienza elevata, ma non sanno come accedere volontariamente a questi stati supercoscienti. Attraverso semplici meditazioni, canti, affermazioni e preghiere, Kriyananda ci guida a esplorare gli stati di consapevolezza più elevati, per imparare a raggiungerli con successo e regolarità e ad ottimizzarne gli effetti benefici. Un libro utile e indispensabile per tutti. Con prefazione di Fabio Marchesi. 304 pagine.

«Uno splendido lavoro per tutta l'umanità».
*–Fiorella Rustici, ricercatrice spirituale, scrittrice*

«Potrebbe essere l'esperienza più felice della tua esistenza». –
*–Fabio Marchesi, scienziato*

## Vivere con saggerzza, vivere bene

*Swami Kriyananda*

Ogni giorno portiamo nella testa migliaia di pensieri rumorosi e affollati, chiudendoci dentro un tunnel di confusione. Non notiamo più le sfumature e la bellezza del mondo, e questo ci impedisce di trovare la nostra naturale felicità. Apri questo libro, leggi una frase qualsiasi, poi chiudilo e goditi un momento di chiarezza, di risveglio, di tranquillità. Lascia che questa goccia di saggezza scorra dentro il tuo essere. Con 366 frasi, questo libro può guidarti in modo semplice e profondo. 216 pagine.

## Io amo meditare con CD

*Swami Kriyananda*

È un fatto: in tutto il mondo sempre più persone praticano la meditazione... e la amano! La meditazione non è affatto difficile da imparare. In questo prezioso libro sarai guidato passo per passo da uno dei massimi esperti contemporanei, Swami Kriyananda, che ha imparato a meditare con il grande maestro indiano Paramhansa Yogananda e pratica e insegna la meditazione da oltre cinquant'anni. Con visualizzazioni.

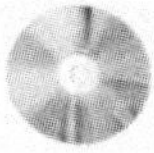

LASCIATEVI GUIDARE: Oggi con best-seller CD in allegato, 10 meditazioni guidate con musica ispirante in sottofondo. Libro 144 pagine, CD 66 minuti.

## Educare alla Vita

***Il sistema educativo che prepara bambini e adulti a trovare la vera gioia***

*Swami Kriyananda*

Ispirato agli insegnamenti del grande maestro indiano Paramhansa Yogananda, Educare alla Vita è un sistema educativo olistico in cui apprendimento, gioia ed esperienza si fondono. Questo sistema, sperimentato da oltre trent'anni in numerose scuole negli Stati Uniti e in Italia, valorizza il potenziale unico di bambini e ragazzi, aiutandoli a sviluppare gli strumenti per essere più felici nella vita e per acquisire la vera maturità. 304 pagine, con foto.

«Questo libro è un piccolo tesoro che ci aiuta ... a rafforzare lo sviluppo spirituale di tutti, a valorizzare il significato dell'esperienza diretta, del sentire e intuire oltre che del capire ... Un libro per tutti noi! Grandi e piccoli. Educatori e non». *–On. Giovanna Melandri, dalla Prefazione*

## Raja Yoga
***Il manuale completo di yoga e meditazione***
*Swami Kriyananda*

*Raja Yoga* è molto più di un libro, è un corso completo sullo yoga e la meditazione in cui l'antica scienza dello yoga emerge in tutta la sua gloria. Assolutamente unico nel suo genere, questo manuale contiene tutto ciò che serve per ispirare il ricercatore spirituale con entusiasmo e determinazione. Il corso, con spiegazioni dettagliate sull'essenza del Raja Yoga (lo "yoga regale"), è articolato in 14 lezioni, con pratiche ed esercizi per ogni livello di studente. L'autore, Swami Kriyananda, insegna lo yoga da oltre 60 anni ed è una guida par excellence. 408 pagine, con foto a colori e ricette.

## Ananda Yoga
***Per una consapevolezza più elevata***
*Swami Kriyananda*

Basato sugli insegnamenti del grande maestro indiano Paramhansa Yogananda, l'*Ananda Yoga* ci offre l'*Hatha Yoga* così come era originariamente inteso: come strumento per elevare la coscienza e contribuire allo sviluppo spirituale. Esplorando passo dopo passo questa dimensione più profonda, insegna a sintonizzarsi con la coscienza di ogni posizione, per raggiungere attraverso la pratica un maggiore benessere fisico, atteggiamenti positivi, chiarezza mentale e una consapevolezza più elevata. Con indicazioni sugli aspetti spirituali di ogni posizione. Un gioiello per chiunque pratichi lo yoga. 252 pagine con foto a colori.

«Tutta la mia gratitudine ... per la sensibile, sistematica e bella trasmissione dello yoga». *–Willy van Lysebeth, pres. Institut de Yoga, Bruxelles*

## L'amore in 30 giorni
***I segreti delle coppie felici***
*Jyotish Novak*

Metti in pratica per trenta giorni, uno per ogni giorno del mese, i pratici suggerimenti ed esercizi consigliati in questo libro e potrai trasformare la tua vita a due in maniera semplice, divertente e profonda. L'autore, Jyotish Novak (discepolo di Paramhansa Yogananda), è da oltre trent'anni counsellor per migliaia di coppie e single, insieme alla moglie Devi con la quale è felicemente sposato da quarant'anni. 160 pagine con foto a colori.

CON CD MUSICALE *Secrets of Love* di Swami Kriyananda, ideale per i vostri momenti di relax insieme.

## Altri libri di Swami Kriyananda
*basati sugli insegnamenti di Paramhansa Yogananda*

Affermazioni per l'autoguarigione

L'intelligenza intuitiva

Attrarre la prosperità

L'arte di guidare gli altri

Perché non adesso?

Dio è per tutti

Città di Luce

Il matrimonio come espansione del Sé

Un luogo chiamato Ananda

Speranza per un mondo migliore!

La religione nella nuova era

La promessa dell'immortalità

I Segreti

### Collana poemi

La terra del sole d'oro

Il gioiello nel loto

Il Cantante e l'usignolo

Titolo originale:
Paramhansa Yogananda.
A Biography with Personal Reflections and Reminiscences

Prima edizione italiana: gennaio 2012

Design: Amala Cathleen Eliott e Tejindra Scott Tully
Grafica: Tejindra Scott Tully

*Si ringraziano tutti coloro che hanno partecipato, spiritualmente e finanziariamente, alla realizzazione di quest'opera.*

*Un ringraziamento particolare a Massimo e Manuela Masotti, Giovanni Angiulli e Luigi Perencin per il loro prezioso contributo alla revisione editoriale.*

ISBN: 97 88897 586 029

Ananda Edizioni

Ananda Edizioni Associazione
Frazione Morano Madonnuccia, 7
06023 Gualdo Tadino (PG)
tel. 075-9148375 / fax 075-9148374
internet: www.anandaedizioni.it
e-mail: info@anandaedizioni.it

*Finito di stampare nel gennaio 2012 presso CSR Tipolitografia, Roma*

*Stampato su carta ecologica Munken Print Cream*

- leggendolo sembra di "conoscere" [redacted] una persona ancora in "vita", le sue esperienze sono così attuali e presenti che sembra di viverle in prima persona o essere comunque presenti alla scena.

- grazie per il sorriso che mi hai donato durante la meditazione di gruppo.

-